제자가 리더다

제자가 리더다

들어가는 글

헬라 철학자 중 변혁의 철학자로 알려져 있는 주전(BC) 6세기 시대의 헤라클리투스는 '같은 강물에 발을 두 번 담글 수 없다'라는 의미심장한 말을 남겼다. 그는 그 표현을 통해 모든 사물은 영원할 수 없으며, 필연적으로 변화하게 되어 있다는 변화의 연속성을 지적하고 있다. 요즈음 세상을 보면 이 말이 유난히 실감난다. 그 이유는 단순히 변화라는 단어로 인한 것이 아니라 변화의 속도와 변화의 규모와 연관되어 있기에 더욱 더 그럴 것이다.

인간 역사에서 전례가 없을 정도로 모든 것이 급변하고 있는 세상이 우리의 눈앞에 펼쳐져 있다. 점차적인 변화가 아니기에 단순히 '변화'(change)라는 단어보다 가히 '혁명'(revolution)이라는 단어가 사용되고 있는 것은 결코 과장이 아닌 듯하다. 변화의 속도감뿐 아니라 변화의 영역 및 정도 등 총체적인 변화를 경험하고 있는 이러한 시대의 상황을 포괄적으로 설명하고자 노력한 토머스 프리드먼(Thomas Friedman)의 적절한 조어(造語)능력이 유난히 돋보인다. 뉴욕타임즈의 국제담당 칼럼리스트인 그는 『렉서스와 올리브나무』라는 저서에서 '글로벌루션'(globalution이라는 global[세계적]과 revolution[혁명]을 합하여 만든 신조어)이라는 표현을 통해 우리 시대의 상황을 잘 묘사하고 있다. 혁명적인 변화는 비록 정도의 차이가 있을지는 모르지만 어느 지역, 계층, 분야에도 '예외 없이' 일어나고 있다는 사실을 직시할 것을 분명히 하고 있다.

프리드먼에 더해 우리에게 매우 친숙한 '긍정적인 미래학자'로 알려진 알빈 토플러(Alvin Tofler) 또한 변하는 세상 및 다가오는 미래를 논하며 『Revolutionary Wealth』(우리말로는 『부의 미래』라고 번역됨)라는 (부인[Heidi Tofler]과 공저한) 최근 저서의 제목 자체에 '혁명'이라는 단어를 포함하고 있다. 그는 자신의 저서에서 우리 모두가 경험할 미래의 변화를 논하며 과거에는 미래가 '과거의 모조품'이었으나 더 이상 그러한 종류의 미래는 존재하지 않을 것이라고 주장한다. 모든 것이 예외 없이 급속하게 변화하고 있으며, 그 변화의 영역뿐 아니라 정도라는 측면에서 인간 역사상 어느 때도 경험해 보지 못한 정도로 변화가 일어날 것을 예견하고 있다. 그러한 현상을 바라보며 프리드먼이나 토플러 모두 이러한 작금의 상황과 곧 경험할 미래의 모습을 농축한 표현으로 '혁명'이라는 단어를 사용하고 있다는 것은 결코 지나치지 않다고 말할 수 있다.

변화 자체는 대부분의 사람들에게 기대감보다는 미래에 대한 불확실성으로 인해 불안함을 가중시킨다. 특별히 인류가 경험해 보지 못했던 속도와 정도의 변화로 인한 불안함은 불확실한 미래에 대한 다양한 반응으로 나타나고 있다. 이러한 급격한 변화를 목도하며 단체나 회사 차원에서는 다가오는 앞날에 관해 과거의 어느 때보다도 관심이 많아지고 있다. 과거의 경우에는 상대적으로 점진적인 변화를 감지하며 대응할 수 있는 '여유(?)'가 있었다면 이제 그것이 불가능해져 버렸기 때문일 것이다. 실제로 회사의 미래에 대한 특별한 관심이 다른 어느 때보다도 많은 것은 이러한 것을 잘 보여 주고 있다. 어떤 세상이 다가오는가를 알아야 회사가 그것을 대비하며 변해갈 수 있기에 그럴 것이다. 이것은 단순한 성장을 의미하는 것이 아니라 많은 경우 실제로 생존을 결정하기에 중요성이 더욱 더 부각되고 있다.

우리 나라 최고 재벌회사의 CEO가 5년, 10년 후를 향한 불안감을 논하고 있으며, 중국과 일본 사이의 '샌드위치' 상황에 대한 염려와 걱정을 논하고 있는 것도 같은 맥락이다. 회사의 평균 수명이 갈수록 짧아지고 있을 뿐 아니라(평균 30년이라고 하는데 이것 또한 더욱 더 단축되고 있다) 어떤 분야에 어떠한 투자를 하느냐가 너무나도 가까운 미래에 회사의 운명을 결정해 버린다. 이러한 것을 염두에 둔다면 미래 예측 능력은 회사의 리더들에게 요구되는 능력일 수밖에 없다. 이러한 분위기(ethos)를 잘 전해 주는 것이 GE의 전 회장인 잭 웰치의 『위대한 승리(Winning)』라는 저서에 잘 반영되어 있다. 그는 상위 직급의 리더를 채용할 경우 꼭 점검해야 할 특성 중에 '미래를 내다보는 힘: 앞으로 어떤 시장 변화가 예측되는가?'를 포함하고 있는 것 자체가 회사나 기업들의 고민과 대처를 잘 반영하고 있다.

유사한 경향이 개인적 측면에서도 감지되고 있다. 크게 두 가지로 간략하게 정리해 볼 수 있다. 어떤 세상이 다가오는가를 알아야 자신을 거기에 맞추어 준비할 수 있기에 그럴 것이다. 많은 이들이 지적하듯 세상이 경험하고 있는 변화의 속도가 가장 빠르거나 혹은 가장 빠른 무리 중에 속한 나라로 우리 나라를 들 수 있다. 우리 민족이 이루어낸 한강의 기적을 보며 '압축 성장'이라는 표현을 사용하듯, 변화마저도 '압축변화'를 겪고 있는 듯하다. 우리 가운데 일어나는 급속한 변화의 모습을 보며 뉴요커 잡지사의 말콤 글래드웰(Malcolm Gladwell)은 다른 이들의 평가에 유난히도 예민한 우리 민족의 특성과 연결하여 분석하기도 한다. 우리 민족의 한 특성으로 언급되는 '쏠림현상'을 빌어 작금의 현상을 표현하자면 변화라는 측면에서도 '쏠림현상'이 일어나고 있다고 말할 수 있을 것이다. 이유야 어떻든간에 우리가 경험하고 있는 압축 변화는 불안감을 증폭시킬 수밖에 없다. 최근에 더욱 더 극성을 부리고 있는 젊은이들간에 사이버 점집뿐 아니라 신세대 천막 점집들이 인기를 얻고 있는 것도 이와 무관하지 않다고 생각한다. 급속한 변화를 좇으면서 생기는 피로 현상에 더해, 무엇엔가 불안해하며 그러기에 어딘가에 의지하고자 하는 마음의 표현일 것이다.

불안함은 다른 형태의 대처를 낳기도 한다. 예를 들어 리더십에 관한 수많은 책들이 서점가에 범람하는 현상을 이해할 수 있을 것이다. 실제로 많은 이들이 리더십과 관련된 자기 계발의 영역에 '투자'를 하고 있다. 이러한 현상은 '자기 계발'과 연관하여 리더십의 영역에 대한 관심도가 매우 높아졌다는 것을 반증하고 있으며, 이에 더해 '리더십'이라는 단어가 과거와 같이 소수의 (엘리트) 그룹이나 집단에 속한 단어가 아니라 일반인들에게도 관심을 끄는 일상적인 단어가 된 것을 보여 준다.

일반 회사에서의 교육과 훈련에서도 유사한 경향을 발견할 수 있다. 신입사원부터 리더십 훈련은 일반화되고 있어 어느 정도 리더십의 역량을 가지고 있어야 급변하는 변화에 대처할 수 있다는 것을 염두에 두고 있는 것이다. 이러한 움직임과 같은 맥락 안에서 사원들의 리더십 계발을 촉진시키고자 '코칭'이라는 방법이 점점 더 자리를 잡아가고 있다. 코칭 자체가 대상자로 하여금 목표를 정하고 그 목표에 도달할 수 있도록 옆에서 도와주고자 하는 리더십 계발의 좋은 도구로 부각되고 있는 것이다. 한 예로 LG전자의 경우 임원에게 요구되는 역할로 솔선수범(modeling), 권한 하부 이양/부여(empowerment)와 더불어 코칭(coaching)으로 요약하고 있다는 것은 이러한 경향을 잘 반영하고 있다.

리더십이라는 측면에서 자기 계발을 논하는 책들 가운데 두드러진 공통점을 살펴보면 매우 흥미롭다. 얼마 전부터 리더십 계발을 테크닉 측면에서 접근하기보다는 인격/품성적 측면에서 접근해 온 것이 사실이다. 이러한 추세가 최근에 와서 온전히 자리를 잡은 것 같다. 윤리의 중요성, 인격의 중요성, 섬김의 중요성 등이 리더십의 핵심 키워드로 자리를 잡은 것이다. 예를 들어 기업에서는 '윤리경영'을 외치고 있으며, 필립 코틀러의 저서인 『착한 기업이 성공한다』(원제는 Corporate Social Responsibility[CSR])에서 주장하듯 CSR(우리 말로 하면 '사회공헌'이 적절할 것이다)이 점점 더 중요하기에 그것을 행하는 데 있어 전략적일 필요가 있다고 주장하고 있다. 미국 아리조나 주 상원의원인 존 메케인은 『인격이 운명이다』(원제는 Character is destiny)에서도 세상에 영향을 주는 리더들의 공통점이 인격/품성에 있다는 것을 분명히 하고 있다. 이에 더해 섬김, 이심전심, 역지사지 등의 단어들이 리더십과 연결이 되어 등장하는 키워드들이다.

이러한 키워드들은 성경에서 요구하는 크리스천의 삶과 교집합 부분에 해당한다는 것을 쉽게 발견할 수 있다. 다르게 표현하자면 세상에서 중요하다고 여기는 요소들이 지극히 '성경적'이라는 것이다. 물론 세상이 성경을 인용하거나 세상의 경향이 성경에서 답을 찾았다는 것이 아니다. 오히려 세상이 발견한 급변하는 세상 속에서 '성공 및 생존전략'이 성경에서 강조하고 있는 것들과 일치한다는 것을 말한다. 이것을 다르게 표현하자면 성경적으로 사는 것이 '하나님께 영광'을 돌리는 길일 뿐 아니라 세상에서도 성공하는 길이 될 수 있음을 보여주고 있다는 것이다. 이러한 추세는 어쩌면 당연하다고 말할 수 있다. 토머스 프리드먼이 위에서 언급한 책에서 주장하듯 인터넷 등을 통한 '정보의 민주화'를 피해갈 수 없기에 그렇다. 프랑스의 미래학자이자 세계적인 석학인 자크 아탈리도 『미래의 물결』에서 "모든 사람이 모든 삶들에 대해서 모든 것을 아는 세상이 도래하고 있다"고 까지 예견하고 있는 것은 앞으로 일어날 변화의 방향성을 가늠하게 만든다. 점점 더 바로 사는 사람들이 아니고는 다른 이들의 리더가 될 수 없는 세상이 만들어지고 있는 것이다.

위의 경향을 지켜보며 크리스천들이 맺을 수 있는 결론은 '성경적 삶과 훈련이 효과적인 리더십 과정'이라는 것이다. 특별히 리더십을 염두에 두고 성경을 볼 때 예수님의 리더십을 보아야 하며 그것의 일부인 제자도를 살펴보아야 하는 것은 지극히 당연하다고 할 수 있다. 리더와 제자 또는 리더십과 제자도간에는 단순한 공통점이 있다기보다는, 서로 뗄래야 뗄 수 없는 동전의 양면과 같기에 그렇다. 다음과 같은 것을 볼 때 그러한 주장이 설득력이 있을 것이다.

첫째, 훌륭한 리더(leader)가 되려면, 먼저 훌륭한 펄로워(follower)가 되어야 하는 것이 당연하기에 그렇다. 이런 면에서 제자라는 개념으로 시작하는 리더십 훈련은 당연하다고 할 수 있다. 나폴레옹도 하사관에게 명령을 받는 법을 배우지 못한 사람은 훌륭한 장군이 될 수 없다고 말했다고 한다. 리더십(leadership) 개발은 펄로워십(followership)을 굳건히 하는 데로부터 시작된다.

둘째, 위에서 지적한 성경적 가르침과 교집합을 이루는 세상의 강조점이 예수님께서 제자들을 향한 가르침에 담겨 있기에 그렇다. 다르게 표현하자면 예수님께서 제자들에게 요구하신 삶 속에 세상에서 찾고 있는 리더로서의 주요 개념과 일치한다는 것이다. 인격 또는 청렴 또는 고결성(integrity)이 강조되는 분위기 속에 언행의 일치를 요구하는 예수님의 제자로의 훈련은 매우 중요하다.

엔론 CEO였던 케네스 레이는 엄청난 회개 부정이 밝혀지기 전에

"나는 고도로 도덕적이고 윤리적인 환경, 즉 만인이 천부적인 잠재 능력을 발휘할 수 있도록 허용하거나 권유하는 환경을 조성하는 것이야말로 인생에서 가장 보람된 일 가운데 하나라는 강한 신념을 지닌 인물이며 과거에도 그렇게 해 왔다."고 말하곤 했다. 이렇게 말한 레이였지만 결국은 그의 회사인 엔론은 회계부정의 산실로 드러나 버렸다. 이 사건으로 인해 그는 미국이 새로운 천 년을 시작하면서 기업마다 윤리 경영이 화두가 되어버리도록 만든 장본인으로 회계 부정의 대명사로 남아 버린 불명예스러운 CEO의 대명사가 되어 버렸다. 이 사건은 실천이 따르지 않는다면 아무런 쓸모가 없는 것을 적나라하게 보여 주고 있다.

셋째, 일반적인 개념의 배우기만 하는 제자와는 달리 예수님의 제자는 운동과 변혁을 일으키기 위해 보냄을 받은 자들이라는 사실로 인해 그렇다. 리더란 무엇을 하는 사람들인가에 대한 답으로 변화를 읽을 뿐 아니라 '변화를 일으키는 사람' 이라는 각도에서 예수님이 가르치시며 요구하는 제자로서의 삶은 뛰어난 리더십 훈련이다.

위와 같은 이유들은 온전한 리더는 예수 그리스도의 제자일 때만이 가능하다고 결론을 내릴 수밖에 없게 만든다. 이 책에서는 먼저 제자에 대한 분명한 이해와 함께 예수님의 제자도에 관한 가르침을 보며 원리를 찾아내고자 한다. 그리고 예수님과 함께 동행했던 제자들의 삶을 자세히 살펴보며 21세기에 접목할 수 있는 교훈을 찾아내며 적용점을 찾고자 노력했다. 책을 읽어가며 독자들이 반복적으로 발견할 사실은 '훌륭한 리더가 되기를 원한다면 먼저 훌륭한 제자가 되어야' 하며,

다르게 표현하자면 '훌륭한 제자가 될 때만이 훌륭한 리더가 될 수 있다'는 것이다. 제자도 훈련이 최고의 리더십 과정이 된다는 것이며, 온전한 예수님의 제자가 될 때 세상에서 뛰어난 리더가 될 수 있다. 한마디로 '제자가 리더'인 세상이 우리 앞에 펼쳐져 있다. 우리 모두 예수님의 신실한 제자가 되어 멋진 리더의 역할을 감당하자.

박성민 목사 · 한국 CCC 대표

목차

들어가는 글   5

1부 _ 사복음서를 통해 배우는 21C 제자도

제자로의 부르심을 아십니까? 사복음서 속의 제자의 삶   19

가르치는 예수를 닮은 가르치는 제자들 마태복음을 중심으로   34

예수님의 삶 속에 나타난 제자도의 패러다임 마가복음을 중심으로   48

희생을 감수하며 좇아야 하는 도(the Way) 누가복음을 중심으로   70

뛰어라! 세상 속에서 다 함께 뭉쳐 요한복음을 중심으로   98

2부 _ 섬기는 리더십만이 진정한 리더십이다

섬기는 리더십만이 진정한 리더십이다   129

3부 _ 예수님의 제자들과 나

변화되기 전의 베드로 하나님의 방법은 우리와 다를 수 있다　157

변화된 후의 베드로 하나님께서는 우리를 리더로 키우신다　165

안드레 드러나지 않은 선구자　173

야고보 조용한 리더　180

요한 길고 굵게 산 자　187

빌립 신중한 전도자　194

나다나엘 예수님의 영광을 본 자　201

도마 가치 있는 것에 목숨을 건 자　208

마태 사람 낚는 어부로 부름 받은 자　215

가롯 유다 메시아를 판 자　222

4부 _ 제자도와 연관된 Q&A

Q&A로 풀어보는 제자도　231

부

사복음서를 통해 배우는 21C 제자도

제자로의 부르심을 아십니까?
사복음서 속의 제자의 삶

만약 복음서를 영화에 비유한다면, 제자들은 자신들의 인생에서 가장 중요한 시기를 '예수'라는 주인공과 함께 보내며 주인공을 도드라지게 하는, 감칠맛 나는 연기의 조연들이라고 할 수 있다. 제자들은 예수님이 공적 사역을 시작하시던 그때부터 그의 고난과 죽음과 부활, 승천까지의 모든 장면에서 때로는 믿음의 화신으로, 때로는 승리자의 모습으로, 때로는 상식 이하의 행동을 보이는 어리석은 사람들로, 때로는 철저한 패배자의 모습으로 등장한다.

사복음서에 약 230번 정도 나오는 '제자'라는 단어는 예수님께서 선택하신 열두 명을 향하여 주로 사용되고 있으나, 간혹 예수를 따라다니던 일반 군중을 지칭하기도 한다(예: 요 6:66 "이러므로 제자 중에 많이 물러가고 다시 그와 함께 다니지 아니하더라"). 또한 마태복음 28장 18~20절 등을 통하여 크게는 모든 세대의 모든 기독교인들이 다 예수님의 제자라는 것을 간접적으로 시사하고 있다("예수께서 나아와 일러 가라사대 하늘과 땅의 모든 권세를 내게 주셨으니 그러므로 너희는 가서 모든 족속으로 제자를 삼아 아버지와 아들과 성령의 이름으로 세례를 주고 내가 너희에게 분부한 모든 것을 가르쳐 지키게 하라 볼찌어다 내가 세상 끝날까지 너희와 항상 함께 있으리라 하시니라"). 이렇게 볼 때, 사복음서에 등장하는 제자들과 그들에게 주어진 제자의 길에 대한 예수님의 가르침은 그 시대의 '예수' 와 '그들' 이라는 역사적이고 객관적인 사실을 넘어, 이 시대의 '예수' 와 '우리' 라는 개인적이고 주관적인 사실로 자연스럽게 연결시켜 볼 수 있다.

이 부분에서는 마치 다이아몬드의 여러 면과도 같이 신약 중에서도 예수님과 제자들간의 관계와 삶을 직접적으로 다루고 있는 사복음서에 나타나 있는 '제자의 길'에 관한 각 권마다의 독특한 강조점들을 살펴보고자 한다. 이렇게 하는 목적은 우리 모두가 이를 통해 각자의 삶을 재평가해 보고, 여기서 나타나는 제자의 길에 대한 진리들을 종합해 '빛을 비추는 제자들의 삶'을 살아가도록 도전하기 위해서다. 먼저 사복음서가 가지고 있는 공통된 특성들을 살펴본 후에 사복음서 각 권의 독특한 특성들을 살펴보자.

1. 예수와 제자간의 독특한 관계 형성

'제자' 라고 해석된 헬라어 단어는(어느 사람이나 그 사람의 가르침을) '좇는 자' 라는 의미로 폭넓게 사용되며, 그 개념 또한 우리 모두에게 익숙한 것이다. 그러나 '예수님의 제자' 라는 개념은 일상적으로 같은 단어로 표현되는 다른 관계와 비교해 볼 때 독특한 특징이 존재한다. 특별히 유대교 내에서의 랍비와 제자와의 관계를 염두에 두고 볼 때 예수님의 제자는 다음과 같은 세 가지의 독특성을 가지고 있다.

첫째, 예수님의 제자는 그분의 직접적인 초청으로 제자라는 관계가 형성된다는 사실이다.

유대교에서 랍비와 제자와의 관계는 제자가 주도권을 잡음으로써 시작된다. 제자가 되기를 원하는 사람이 직접 자신이 선생으로 삼기를 원하는 랍비를 찾아가 그에게 배움으로써 스승과 제자의 관계가 시작되고, 그러한 배움을 통하여 제자는 랍비와 같은 수준에 이르거나 또는 그보다 더 뛰어난 랍비가 된다.

그러나 예수님의 제자는 예수님의 주도권으로 이루어진다. 누가복음 5장 1~11절에 예수님이 제자를 부르시는 모습이 잘 나타나 있다: "무리가 옹위하여 하나님의 말씀을 들을새 예수는 게네사렛 호숫가에 서서 호숫가에 두 배가 있는 것을 보시니 어부들은 배에서 나와서 그물을 씻는지라 예수께서 한 배에 오르시니 그 배는 시몬의 배라 육지에서 조금 띄기를 청하시고 앉으사 배에서 무리를 가르치시더니 말씀을 마치시고 시몬에게 이르시되 깊은 데로 가서 그물을 내려 고기를 잡으라 시몬이 대답하여 가로되 선생이여 우리들이 밤이 맞도록 수고를 하였으되 얻은 것이 없지마는 말씀에 의지하여 내가 그물을 내리리이다 하고 그리한즉 고기를 에운 것이 심히 많아 그물이 찢어지는지라 이에 다른 배에 있는 동무를 손짓하여 와서 도와달라 하니 저희가 와서 두 배에 채우매 잠기게 되었더라 시몬 베드로가 이를 보고 예수의 무릎 아래 엎드려 가로되 주여 나를 떠나소서 나는 죄인이로소이다 하니 이는 자기와 및 함께 있는 모든 사람이 고기 잡힌 것을 인하여 놀라고 세베대의 아들로서 시몬의 동업자인 야고보와 요한도 놀랐음이라 예수께서 시몬에게 일러 가라사대 무서워 말라 이제 후로는 네가 사람을 취하리라 하시니 저희가 배들을 육지에 대고 모든 것을 버려두고 예수를 좇으니라."

먼저 자신이 어떤 분인지를 그들에게 보이시고 그 후에 그의 제자들을 자신이 직접 선택하여 부르시는 예수님의 모습을 볼 수 있다. 예수님의 제자는 제자가 예수님을 선택하는 것이 아니라 예수님이 제자를 선택하심으로써 스승과 제자의 관계가 이루어진다.

둘째, 예수님께서는 제자들이 자신의 사역에 동참하도록 해 주셨다.

이것은 제자와 선생간의 관계를 생각할 때 떠오르는, 일반적인 지식 전달을 목적으로 한 '가르침과 배움'의 관계를 뛰어넘는 것임을 뜻한다. 마가복음 3장 14절에는 예수님께서 제자들을 불러 '보내사 전도'를 하게 하셨다고 기록되어 있다. 마가복음에서 '전도'라는 단어는 특별한 뉘앙스를 가지고 있다. 마가복음 1장 38절과 39절에 그 뉘앙스가 잘 나타나 있다: "이르시되 우리가 다른 가까운 마을들로 가자 거기서도 전도하리니 내가 이를 위하여 왔노라 하시고 이에 온 갈릴리에 다니시며 저희 여러 회당에서 전도하시고 또 귀신들을 내어 쫓으시더라."

이 구절들에서 알 수 있는 사실은 저자가 예수님이 오신 목적과 그분의 사역 전체를 '전도'라는 단어 속에 담고자 했다는 것이다. 다시 말해 예수님의 제자가 된다는 것은 예수님의 가르침을 받는 그 자체로 끝나는 것이 아니라 그분의 사역에로의 동참에 초청받은 것이라는 사실이다. 결국 예수님의 제자는 예수님이 시작하신 사역에 동참하는 자들로서 보내심을 받은 자들('사도'라는 단어의 문자적 의미)인 것이다.

셋째, 예수님은 단순히 사역에 동참케 하신 것만이 아니라 사역을 감당할 수 있는 능력과 권세도 부여하셨다.

마가복음 3장 15절을 보면 "귀신을 내어 쫓는 권세도 있게 하려 하심이러라"는 표현이 나와 있다. 이것 역시 마가복음 1장 39절에 나타난 예수님의 사역과 평행을 이루는 부분이다. 즉 예수님께서 '귀신들을 내어 쫓으셨듯이' 제자들에게도 동일한 능력을 사용할 수 있도록 권세를 주셨다는 것을 말하는 것이다. 다시 말해, 예수님은 제자들을 선택하여 가르치시고, 사역에 동참케 하실 뿐 아니라 그 사역을 감당할 권세와 능력도 함께 부여하셨다. 이 부분은 마가복음을 다루며 좀 더 자세히 살펴보기로 하자.

2. 제자를 향한 예수님의 요구

제자로 부름을 받은 자들에게 예수님께서 기대하시는 모습은 앞에서 이미 다룬 예수님과 제자들 간의 관계에 있어서의 특징 세 가지와 직접 관련지어 생각해 볼 수 있다.

첫째, 예수님의 제자로의 초청은 신중한 검토를 한 후에 단호한 결단을 내릴 것을 요구한다.

앞서 누가복음 5장에서 본 것처럼 제자들은 예수님의 부르심에 자신들의 경험과 지식을 의존하지 않았다. 다만 그 부르심에 즉각 응답해 순종하였고('순종', 5절 "시몬이 대답하여 가로되 선생이여 우리들이 밤이 맞도록 수고를 하였으되 얻은 것이 없지마는 말씀에 의지하여 내가 그물을 내리리이다 하고"), 자신들이 죄인이라는 것을 고백했으며('인정', 8절 "주여 나를 떠나소서 나는 죄인이로소이다"), 모든 것을 버리고 그분을 좇았다('결단 및 헌신', 11절 "저희가 배들을 육지에 대고 모든 것을 버려두고 예수를 좇으니라"). 이런 과정과 모습은 예수님의 제자가 되는 궁극적 모델을 제시하고 있다.

그러나 그분을 좇아 제자가 된다는 것은 결코 쉬운 일이 아니다. 거기에는 희생과 대가가 따라야 한다. 그러하기 때문에 누가복음 14장 25~33절에서는 그 부르심에 대한 신중한 검토와 단호한 결단을 요구하고 있는 것이다: "허다한 무리가 함께 갈쌔 예수께서 돌이키사 이르시되 무릇 내게 오는 자가 자기 부모와 처자와 형제와 자매와 및 자기 목숨까지 미워하지 아니하면 능히 나의 제자가 되지 못하고 누구든지 자기 십자가를 지고 나를 좇지 않는 자도 능히 나의 제자가 되지 못하리라 너희 중에 누가 망대를 세우고자 할찐대 자기의 가진 것이 준공하기까지에 족할는지 먼저 앉아 그 비용을 예산하지 아니하겠느냐 그렇게 아니하여 그 기초만 쌓고 능히 이루지 못하면 보는 자가 다 비웃어 가로되 이 사람이 역사를 시작하고 능히 이루지 못하였다 하리라 또 어느 임금이 다른 임금과 싸우러 갈 때에 먼저 앉아 일만으로서 저 이만을 가지고 오는 자를 대적할 수 있을까 헤아리지 아니하겠느냐 만일 못할터이면 저가 아직 멀리 있을 동안에 사신을 보내어 화친을 청할찌니라 이와 같이 너희 중에 누구든지 자기의 모든 소유를 버리지 아니하면 능히 내 제자가 되지 못하리라."

제자로서 '삶의 우선 순위와 중심을 예수님께 분명히 두는 삶을 살겠는가' 라는 질문을 던져 보아야 한다. 그렇기에 신중한 검토가 요구되는 것이다. 예수님의 제자로서 '하나님의 나라'에 관한 가치관을 논할 때 그것을 삶의 최중심에 둘 것인가 아니면 그 외의 다른 것을 중심에 둘 것인가의 선택을 요구하시는 것이다. 다시 말해 제자로서의 삶은 단순히 자신의 부모와 자기 목숨을 미워해야 하는 삶이 아니라 하나님의 나라를 최우선적으로 놓고 살아야 하기 때문에 다른 모든 것들을 상대적으로 '미워하지 않으면 안 되는' 것이다. 둘 중의 어느 것을 우선시 여길 것인가 결정하라는 말씀을 하고 계시는 것이다.

그렇다고 성경이 제자로서의 삶에 있어서 '희생과 대가'만 강조하고 있는 것은 아니다. 거기엔 보상과 약속이 따른다. 우리에게 친숙한 말씀 중의 하나인 "너희는 먼저 그의 나라와 그의 의를 구하라 그리하면 이 모든 것을 너희에게 더하시리라"(마 6:33)는 말씀을 제시할 수 있다.

이것은 하나님 나라를 중심으로 우선 순위를 확고하게 정해 놓으면, 그분이 삶의 다른 영역들을 책임지신다는 약속의 말씀이다. 이외에도 성경에는 제자로 초청받은 사람들이 결단과 선택을 할 수 있도록 돕는 여러 가지 가르침이 있다. 천국의 가치를 논하는 예수님의 비유를 예로 들 수 있다. 마태복음 13장 44~46절의 말씀을 보자: "천국은 마치 밭에 감추인 보화와 같으니 사람이 이를 발견한 후 숨겨 두고 기뻐하여 돌아가서 자기의 소유를 다 팔아 그 밭을 샀느니라 또 천국은 마치 좋은 진주를 구하는 장사와 같으니 극히 값진 진주 하나를 만나매 가서 자기의 소유를 다 팔아 그 진주를 샀느니라."

천국의 가치는 마치 감춰진 보화처럼 하나님께서 보여 주시는 것(우연히 발견한 밭의 보화처럼)이기도 하고 자신이 열심히 노력해서 찾을 수 있는 것(좋은 진주를 구하다가 발견한 것처럼)이기도 하다는 것을 뜻하는 말씀이다. 하나님께서 보여 주셔야 하기에 '기도'가 필요하며, 우리의 노력이 요구되기에 '간절한 노력' 또한 필요하다. 중요한 것은 그 가치를 발견한 사람은 천국(마태복음에서 사용되는 '하나님의 나라'의 우회적 표현)의 가치가 다른 어떤 것과도 비교할 수 없다는 것을 알게 된다는 것이다.

반면에 이런 가치를 발견하지 못하거나 체험하지 못하고 고민과 망설임 끝에 결국 제자로의 부르심에 응하지 못한 부자 청년의 경우는 우리 모두에게 안타까움과 함께 도전을 주고 있다: "어떤 사람이 주께 와서 가로되 선생님이여 내가 무슨 선한 일을 하여야 영생을 얻으리이까 예수께서 가라사대 어찌하여 선한 일을 내게 묻느냐 선한 이는 오직 한 분이시니라 네가 생명에 들어가려면 계명들을 지키라 가로되 어느 계명이오니이까 예수께서 가라사대 살인하지 말라, 간음하지 말라, 도적질하지 말라, 거짓 증거하지 말라, 네 부모를 공경하라, 네 이웃을 네 몸과 같이 사랑하라 하신 것이니라 그 청년이 가로되 이 모든 것을 내가 지키었사오니 아직도 무엇이 부족하니이까 예수께서 가라사대 네가 온전하고자 할찐대 가서 네 소유를 팔아 가난한 자들을 주라 그리하면 하늘에서 보화가 네게 있으리라 그리고 와서 나를 좇으라 하시니 그 청년이 재물이 많으므로 이 말씀을 듣고 근심하며 가니라"(마 19:16~22).

　여기에 나오는 부자 청년은 제자의 삶에 관한 가치를 깨닫지 못하였기 때문에 부르심에 응한 다른 예수님의 제자들과는 다른 선택을 했다.

둘째, 예수님의 제자로서 그분의 사역에 동참한다는 것은 단순히 '사역' 자체만을 의미하는 것이 아니다.

　마가복음 6장 12절에 나와 있듯이 제자들은 나가서 "회개하라!"고 전파함으로 예수님의 사역에 동참했다. 이것은 그들이 예수님께서 시작하신 '하나님 나라의 전파'에 참여했다는 것을 의미한다. 그러나 여기서의 동참은 그런 좁은 의미에 국한시킬 수 없다. 달리 말해 '예수님의 사역에 동참한다'는 것은 예수님이 겪으셨던 것과 동일한 어려움이나 핍박에도 동참한다는 의미이다.

　실제로 예수님께서는 핍박과 순교를 포함한 사역의 어려움을 뜻하는 맥락으로 '제자가 선생보다 높지 못하다'라는 말씀을 하셨다(마 10:24). 이 말씀은 종종 문맥에서 벗어나 잘못된 의미로 자주 사용되고 있다. 원래 이 말의 뜻은 바로 앞에 나오는 22절("또 너희가 내 이름을 인하여 모든 사람에게 미움을 받을 것이나 나중까지 견디는 자는 구원을 얻으리라") 또는 28절("몸은 죽여도 영혼은 능히 죽이지 못하는 자들을 두려워하지 말고 오직 몸과 영혼을 능히 지옥에 멸하시는 자를 두려워하라")을 염두에 두어야 올바르게 이해할 수 있다. 다시 말해 제자로서 사역에 동참하는 것은 그분의 삶과 결코 분리될 수 없는 삶에 동참하는 것이요, '영광의 사역'이라고 할 수 있는 복음 전하는 일이며, '고난의 사역'이라고 할 수 있는 십자가를 지는 고통까지도 포함하고 있다는 말이다.

예수님께서 고난을 통하여 영광을 얻으셨듯이 자기를 부인하고, 자기 십자가를 지고 예수를 좇는 고난을 거친 후에만 영광이 주어진다는 사실을 알아야 한다. 이 사실을 잊어버린 채(마가복음의 경우를 통해 더욱 깊이 다룸) 영광에만 초점을 맞춤으로써 예수님의 십자가 사건 이전에 실패하고 마는 제자들의 모습은, 우리 모두에게 많은 것을 일깨워 준다. 예수님의 제자는 예수님 사역에의 진정한 동참(고난과 핍박까지도 포함하는 동참)을 통해서만이 그와 한 몸을 이루게 된다는 것을 알아야 한다.

셋째, 제자들에게 부여하신 예수님의 능력과 권세를 의지하며 살아야 한다.

아무 권한과 힘이 부여되지 않은 지위는 아무런 의미가 없듯 '능력과 권세가 없는' 사도들(보냄을 받은 자들)로서의 제자들은 온전하다고 할 수 없다. 그러기에 예수님께서는 그의 제자들에게 '귀신을 제어하는 권세'(막 6:7)뿐 아니라 모든 병과 모든 약한 것을 고치는 권능을 부여하셨으며(마 10:1 "예수께서 그 열두 제자를 부르사 더러운 귀신을 쫓아내며 모든 병과 모든 약한 것을 고치는 권능을 주시니라"), 그것을 사용하도록 허락하셨다. 그러나 성경에서 볼 수 있듯이 능력과 권세를 받은 사람들이라고 해서 모두가 항상 부여된 능력과 권세를 성공적으로 발휘하는 것은 아니다. 그런 실패나 무능함의 이유를 찾아봄으로써 우리는 간접적인 교훈을 얻을 수 있다.

마가복음의 경우를 통해 구체적으로 다루겠지만, 예수님의 제자로서 부여받은 권능과 권세는 믿음과 기도를 통하여 경험할 수 있다는 것을 알 수 있다. 예수님은 제자들에게 놀라운 권세와 능력을 주셨다. 그뿐 아니라 제자들을 향하여 머리털까지 다 세신 바 되었다는 하나님의 보살핌이라는 특별한 약속 또한 주셨다. 거기에다 영원토록 함께하는 보혜사 성령의 임재를 약속해 주심으로써 예수님의 제자들이 '예수님께서 시작하셨고 또 그의 제자들에게 맡겨 주신' 그 사역을 아무 두려움 없이 성공적으로 수행하도록 이끌어 주고 계신다.

3. 우리는 어떠한 제자의 삶을 살아야 하는가?

오늘날 소위 예수 그리스도의 제자들이라 불리는 사람들 중에 적지 않은 이들이 '무분별', '무책임', '무능력'이라는 말로 묘사되는 삶을 살아가고 있다.

어떤 이들은 제자로서의 부르심에 대한 가치를 하찮게 여기며 살아간다. 성경 속의 한 부자 청년처럼 세상 것들에 더 가치를 두고 고민고민하다가 결국은 제자로서의 삶을 포기하고 타협하고 만다.

성경에서는 대개 '세상'이라는 단어를 부정적인 의미로 사용하고 있다. 하나님의 가르침에 역행하는 무리들과 그들의 주장을 종합적으로 지칭해서 '세상과 세상에 있는 것들'(요일 2:15)이라고 표현하고 있다. 그러기에 우리는 예수님의 제자로서 '세상이나 세상에 있는 것들을 사랑하지 말아야 한다'. 왜냐하면 "세상에 있는 모든 것이 육신의 정욕과 안목의 정욕과 이생의 자랑이니 다 아버지께로 좇아온 것이 아니요 세상으로 좇아온 것"(요일 2:16)이기 때문이다. 또한 인간의 죄성을 부인하는 세상이기에 마음의 소원대로 행하는 '육신의 정욕'(the cravings of sinful man)은 죄를 짓게 하고 결국 죄는 사망을 낳게 한다는 것을 알아야 하기 때문이다. 더욱이 오늘날 만연된 물질주의의 영향으로 눈에 보이는 것 중심으로 사는 것은 물론이고, 외모지상주의로 치닫고 있는 이 세상은 '안목의 정욕'(the lust of his eyes)이 무엇을 의미하는지를 다시 한 번 생각해 보게 만든다.

세상에 만연되어 있는 이런 현상은 차츰 교회 안으로도 파고들어 그리스도인들의 삶에 적잖은 영향을 끼치고 있는 것이 현실이다. 또한 자아도취와 이기주의로 가득한 세상에서 '이생의 자랑'(the boastings of what he has and does)이 우리에게 야기되는 문제점들은 아무리 비판해도 지나치지 않는다. 결국 하나님의 말씀에 근거한 기독교적 세계관과 가치관을 따라 사느냐 아니면 세상의 가치관을 좇아 사느냐 하는 문제인 것이다. 다수가 한다고 무분별하게 좇아 하거나 현재의 추세이기 때문에 따라가는 것이 아니라, 무엇이 옳고 어떤 것이 지혜로운가를 질문하며 사는 것이 필요하다. 지금은 과거의 그 어느 때보다도 예수님의 제자로서 이 세상을 어떻게 살아야 하는지에 대한 분별을 더욱 요구하고 있다.

어떤 이들은 예수님의 사역에 동참은 하지만 고난과 핍박은 피하고 영광스럽게 보이는 지위와 일들만 좇아 다니는 '반쪽(?) 제자의 삶'을 살고 있기도 하다. 이것은 기독교의 힘이 어느 때보다 커져 '핍박'의 의미가 퇴색되고 고난이 사라진 현대를 살아가는 우리들이 쉽게 빠져들 수 있는 유혹일 수 있다.

예수님께서는 제자가 되고자 하는 사람들을 향하여 '아무든지 나를 따라오려거든 자기를 부인하고 자기 십자가를 지고 나를 좇을 것이니라' (막 8:34)고 말씀하셨다. 여기서 '나를 따라오려거든' 이라는 표현이나 '나를 좇을 것이라' 는 표현 모두 '제자가 된다' 는 의미다. 그리고 '자기를 부인한다' 는 표현이나 '자기 십자가를 진다' 는 표현 모두 같은 의미를 담고 있다(신약 속에서 '십자가' 라는 단어는 항상 단수이며 예외 없이 '죽음' 의 의미를 가지고 있다).

간단히 말해 제자의 삶은 더 이상 자신의 삶이 아니라는 것이다. 그러기에 사도 바울은 갈라디아서 2장 20절에서 "내가 그리스도와 함께 십자가에 못 박혔나니 그런즉 이제는 내가 산 것이 아니요 오직 내 안에 그리스도께서 사신 것이라 이제 내가 육체 가운데 사는 것은 나를 사랑하사 나를 위하여 자기 몸을 버리신 하나님의 아들을 믿는 믿음 안에서 사는 것이라."고 고백하였다. 또한 갈라디아서 6장 14절에서는 "그러나 내게는 우리 주 예수 그리스도의 십자가 외에 결코 자랑할 것이 없으니 그리스도로 말미암아 세상이 나를 대하여 십자가에 못 박히고 내가 또한 세상을 대하여 그러하니라."고 말함으로 제자의 삶에 관한 자신의 이해를 분명히 하고 있다. 이는 예수님의 제자로서 자신이 따르고 있는 예수 그리스도와의 관계뿐 아니라 세상과의 관계를 분명히 해야 할 것을 가리킨다.

예수님의 제자가 되기로 했다는 것은 자기의 삶은 사라지고 예수님이 자기 안에 그분의 삶을 살아가게 하는 것을 의미한다. 한마디로 예수님이 제자들을 통해 제자들 안에서 사시는 것이다. 그러기에 세상과는 관계가 없는 삶, 즉 세상의 평가와는 무관하게 오직 예수 그리스도의 평가만을 중시하는 삶을 살아가야 한다는 것이다. 그것이 제자로서의 책임을 다하는 삶이다. 우리는 책임 있는 제자의 삶을 살아야 한다.

예수님의 제자가 무분별하거나 무책임하게 살아갈 때 그 삶은 그 자체로 끝나지 않는다는 데 문제가 있다. 제자로서의 삶을 살지 않기 때문에 결국 하나님께서 주시는 능력과 권세의 역사를 경험할 수 없게 된다. 한마디로 무능력한 삶을 사는 사람으로 전락해 버리는 것이다. 이럴 때 흔히 나타나는 공통적인 경향이 있다. 성경의 제자들 사이에서도 발견되는 것으로, 서로 간에 '자리 다툼' 같은 정치적 싸움에 몰두하게 된다는 것이다.

이 부분은 뒤에서 더욱 심도 있게 다루겠지만 간단히 말하면, 자신의 무능력을 감추기 위해 노력하거나 그 무능력함을 극복하기 위한 수단으로 정치적 시도를 하게 된다는 것이다. 그러나 더 심각한 문제는 무능력함이라는 문제가 단순히 무능력한 제자들에게서 끝나는 것이 아니라는 데 있다. 바로 무능한 제자들로 인해 기독교 자체가 무능력하게 보일 수 있다는 것이다. 교회와 크리스천들의 신용이 추락하고 있는 요즘의 상황 속에서 이것은 우리가 다시금 회복으로의 전환을 꾀하고 어떻게든 해결하기 위해 애써야 할 문제가 아닐 수 없다.

진정한 예수님의 제자가 아닌 무늬만 예수님의 제자인 사람들은 마지막 때에 어떤 변명과 구실을 내세워도 '내가 너희를 도무지 알지 못하니'(마 7:21~23)라는 말을 듣게 될 수 있다. 그러나 사실 우리 모두 예외 없이 이와 같은 약점들을 가지고 있으며 위에서 지적한 문제들을 얼마든지 야기시킬 수 있는 가능성을 안고 있기 때문에 우리는 끊임없이 성령에 의존하며 살아야 한다.

진정 예수 그리스도가 원하시는 제자가 되기 위하여 우리는 겸허한 마음으로 그리스도의 장성한 분량에 이르기까지 성장하여야 한다. 하나님께서 우리의 그 같은 약점들에도 불구하고 우리의 낮아지고 가난한 심령(마 5:3)을 보신다는 사실을 기억하며 우리를 진정한 제자로 만들어 가실 것이라는 믿음과 기대를 가지고 살아가야 한다. 하나님께서는 자신을 낮추는 자들을 높이시며, 자신의 부족함을 인정하는 자들을 채워 주시고, 자신의 능력을 부인하는 자들에게 성령의 능력을 경험하게 하신다. 우리는 바로 이런 역설의 역사를 경험하는 제자의 삶을 살아야 한다.

가르치는 예수를 닮은 가르치는 제자들
마태복음을 중심으로

　복음서에 기록된 그대로 영화로 만들고자 한다면 마태복음은 예수님의 가르침이 중간 중간에 묶여 나오는 탓에 진행이 느릴 뿐 아니라 조금 따분한 영화가 될 수 밖에 없을 것이다. 특히 장면전환이 빠르고 짧은 장면이 연속해서 나오는 요즈음 영화에 익숙한 사람들에게는 참기 어려운 것일 수도 있다. 실제로 영화의 주인공이 되시는 예수님은 이 영화 전체의 약 30퍼센트 가량을 '강의'(가르치심)하는 모습으로 등장하실 것이기 때문이다. 이 때문에 마태복음은 흔히 '가르치는 복음서'(Teaching Gospel)로 알려져 있다. 마태복음에서는 제자의 삶을 갈망하는 우리에게 매우 중요한 한 가지를 부각시켜 주고 있는데, 바로 '가르치는 삶'의 중요성이다.

1. 유일무이한 '선생', 예수

마태복음은 예수님의 가르침으로 가득 차 있으며, 마태는 그러한 가르침들을 의도적으로 묶어서 기록하고 있다. 그 가르침들은 '산상수훈'(5~7장), '전도여행에 대한 지침'(10장), '천국(=하나님의 나라)에 대한 비유들'(13장), '교회라는 공동체 안에서의 삶에 관한 가르침'(18장), '종말에 관한 가르침'(23~25장) 등 다섯 개로 묶을 수 있으며, 각 가르침의 끝에는 예외 없이 '예수께서 말씀(또는 비유)을 마치시고' 라는 표현을 사용해 이 각 가르침에 대한 묶음의 경계를 분명히 하고 있다(7:28; 11:1; 13:53; 19:1; 26:1). 이러한 구조적 특징과 연관지어 마태복음을 연구하는 학자들은 마태복음에서 크게 두 가지를 지적한다.

첫째로 마태복음은 이야기(Narrative)와 가르침(Teaching)의 반복이라는 구조를 가지고 있다는 것이다. 다시 말해 이야기를 통해 예수님의 사역을 묘사해 가되 중간 중간에 예수님의 가르침 모음을 배치함으로 예수님의 가르침을 두드러지게 부각시키고 있다는 것이다.

둘째로 어떤 학자는 저자 마태가 마태복음을 통해 예수님을 '새로운 모세'(New Moses)로 부각시키려 했다고 주장한다. 그 학자는 이런 주장의 근거로 모세가 쓴 오경이 다섯 개이듯 마태가 묶어 놓은 가르침도 다섯 개로 되어 있다는 것을 들면서 모세오경과의 숫자적 연관성을 얘기한다. 그러나 숫자상의 동일성을 넘어서 복음서 자체에서 뒷받침될 수 있는 내용적인 뒷받침이 약해 호응을 얻지 못하고 있는 이론이다. 그러나 이 주장은 마태복음이 예수님을 '새로운 모세'로 묘사하고 있지는 않는다 할지라도 복음서 가운데서 가르침이 두드러지게 강조되어 있다는 점과 그 가르침이 다섯 개라는 점을 부각시켜 줌으로써 마태복음의 특징과 구조를 우리가 더 잘 기억할 수 있도록 도움을 준다.

예수님의 사역에서 가르침이 차지하는 중요성은 마태복음의 전반적인 전개 속에서도 어렵지 않게 발견할 수 있다. 1장과 2장을 통해 나타나는 예수님의 정체성은 '자기 백성을 죄에서 구원할 자'(1:21), '내 (하나님) 백성 이스라엘의 목자'(2:6)라는 것이다. 마태는 구원자이며 목자로서의 예수님의 사역을 '가르치심, 전파하심, 고치심'(4:23 "예수께서 온 갈릴리에 두루 다니사 저희 회당에서 가르치시며 천국 복음을 전파하시며 백성 중에 모든 병과 모든 약한 것을 고치시니", 또한 9:35)으로 요약해 표현하고 있다. 이것은 구원자로서 그리고 목자로서 예수님이 하실 역할 중에서 '가르치심'이 얼마나 중요한 것인지를 분명하게 보여 주고 있는 것이다.

그러나 '가르치다'라는 단어 때문에 예수님을 일반적 의미의 선생 (teacher)으로 생각하는 것은 오산이다. 왜냐 하면 '선생'이라는 단어가 마태복음에서 매우 신중하게 사용되고 있기 때문이다. 마태복음에서는 '그를 대적하며 시험하는 자들'이 예수님을 선생이라고 불렀고 (9:11 "바리새인들이 보고 그 제자들에게 이르되 어찌하여 너희 선생은 세리와 죄인들과 함께 잡수시느냐", 또한 12:38; 17:24; 19:16; 22:16 등), 열두 제자들이나(14:28 "베드로가 대답하여 가로되 주여 만일 주시어든 나를 명하사 물 위로 오라 하소서 한대", 또한 16:22 등) 그를 따르던 자들은(8:6 "가로되 주여 내 하인이 중풍병으로 집에 누워 몹시 괴로와하나이다", 또한 9:28; 15:22 등) 모두 그를 '주'라고 불렀던 것을 볼 수 있다. 또한 예수님도 자신을 선생으로 칭하지만(26:18 "가라사대 성 안 아무에게 가서 이르되 선생님 말씀이 내 때가 가까왔으니 내 제자들과 함께 유월절을 네 집에서 지키겠다 하시더라 하라 하신대", 또한 10:24~25; 23:8) 그가 말하는 '선생'은 흔히 생각하는 일반적 의미의 '선생'의 개념이라기보다는 차별화된 의미에서의 선생이다. 예수님께서 분명히 하고 있듯이, 23장 1~7절에 나오는 특권층의 모든 혜택을 누리면서 사람들을 억압하고 위선과 교만으로 가득 찬 '선생들'과는 대조를 이루는 '선생', 곧 온유하고 겸손하며 사람들을 속박에서 풀어 주시는(11:29~30 "나는 마음이 온유하고 겸손하니 나의 멍에를 메고 내게 배우라 그러면 너희 마음이 쉼을 얻으리니 이는 내 멍에는 쉽고 내 짐은 가벼움이라 하시니라") 유일무이한 '선생'으로서의 예수임을 가리키고 있는 것이다(23:8 "그러나 너희는 랍비라 칭함을 받지 말라 너희 선생은 하나이요 너희는 다 형제니라").

2. 가르치는 예수, 가르치는 제자들

가르치시는 '선생' 예수님의 모습을 열두 제자들의 모습과 연결하여 살펴보자. 예수님이 열두 제자들을 부르실 때 "사람을 낚는 어부가 되게(will be) 하리라"(4:19)고 하신 말씀을 염두에 두고 나머지 복음서를 읽어 보면, 왜 이 말씀이 미래형인지를 이해하게 된다. 이 표현만 보면 '제자들이란 예수님의 사역을 돕는 자들'이라는 느낌을 받지만, 실제로 예수님의 공생애 동안에 보여 준 제자들의 모습은 그렇지 못하다. 도움을 거의 주지 못할뿐 아니라 심지어는 예수 그리스도를 유혹하는 행동을 함으로써 사단의 역할을 대신하기까지 했다(16:22~23 "베드로가 예수를 붙들고 간하여 가로되 주여 그리 마옵소서 이 일이 결코 주에게 미치지 아니하리이다 예수께서 돌이키시며 베드로에게 이르시되 사단아 내 뒤로 물러 가라 너는 나를 넘어지게 하는 자로다 네가 하나님의 일을 생각지 아니하고 도리어 사람의 일을 생각하는도다 하시고).

결국 예수님의 모습이 제자들에게 반영되고 투영되어 제자들이 가르치는 자들이 되려면 좀 더 많은 시간을 기다려야 했던 것이다. 그것이 바로 제자들이 예수님의 공생애 기간이 아닌 예수님이 승천하신 후 곧 미래에, 예수님처럼 가르치는 제자들이 될 것이라고 말한 이유인 것이다.

제자들의 가르치는 역할 수행에 대한 이런 의구심과 함께 제자들의 미래사역 모습 또한 예견되어 있다. 예를 들어 예수님 부활 후 제자들은 부활의 증인 역할을 하게 될 것(17:9 "저희가 산에서 내려올 때에 예수께서 명하여 가라사대 인자가 죽은 자 가운데서 살아나기 전에는 본 것을 아무에게도 이르지 말라 하시니") 마지막 심판에 동참(19:28 "예수께서 가라사대 내가 진실로 너희에게 이르노니 세상이 새롭게 되어 인자가 자기 영광의 보좌에 앉을 때에 나를 좇는 너희도 열두 보좌에 앉아 이스라엘 열두 지파를 심판하리라")하게 될 것을 말씀하셨다. 그리고 그 사이에 제자들이 하여야 할 임무 중의 임무라고 할 수 있는 천국 복음의 온 세상 전파(24:14 "이 천국 복음이 모든 민족에게 증언되기 위하여 온 세상에 전파되리니 그제야 끝이 오리라") 또한 분명히 제시되어 있다.

제자들의 이같은 미래 모습은 우리 모두의 마음속에 '지금의 저러한 모습을 지닌 제자들이 과연 어떻게 그런 엄청난 일들을 감당할 수 있을 것인가?' 라는 의문을 떠오르게 한다.

이 질문에 대한 해답은 바로 마태복음 전체에서 불완전한 제자들이 예수님과 함께 다니는 동안 예수님의 가르침을 통하여(답답할 정도로 느리긴 하지만) 조금씩 깨달아가고 있는 모습이 반복적으로 강조되어 있다는 데서 알 수 있다.

즉 예수님은 모든 질문에 대한 '궁극적인' 해답을 주시는 동시에

'깨닫게' 하시는 분이라는 것을 보여 주고 있다. 예를 들면 11장 25~27절의 경우, 그런 역사가 일어난 것은 예수님께서 원하셨기 때문이며 그 결과 그러한 역사가 가능해졌다는 것을 말해 주고 있다: "그때에 예수께서 대답하여 가라사대 천지의 주재이신 아버지여 이것을 지혜롭고 슬기있는 자들에게는 숨기시고 어린 아이들에게는 나타내심을 감사하나이다 옳소이다 이렇게 된 것이 아버지의 뜻이니이다 내 아버지께서 모든 것을 내게 주셨으니 아버지 외에는 아들을 아는 자가 없고 아들과 또 아들의 소원대로 계시를 받는 자 외에는 아버지를 아는 자가 없느니라".

여기에 13장 16~18절에서는 예수님의 선택이 특별한 은혜를 의미하는 것이며, 그분의 말씀을 들음으로써 그러한 일이 가능해질 것을 말해 주고 있다: "그러나 너희 눈은 봄으로, 너희 귀는 들음으로 복이 있도다 내가 진실로 너희에게 이르노니 많은 선지자와 의인이 너희 보는 것들을 보고자 하여도 보지 못하였고 너희 듣는 것들을 듣고자 하여도 듣지 못하였느니라 그런즉 씨 뿌리는 비유를 들으라".

마태복음에서의 제자들이 펼칠 미래의 활약은 우리가 보기에 '의심스러운' 것이나 예수님께서는 그들의 가능성을 보시고 우리가 알고 있는 28장 18~20절의 지상명령을 그들에게 부여하신다: "예수께서 나아와 일러 가라사대 하늘과 땅의 모든 권세를 내게 주셨으니 그러므로 너희는 가서 모든 족속으로 제자를 삼아 아버지와 아들과 성령의 이름으로 세례를 주고 내가 너희에게 분부한 모든 것을 가르쳐 지키게 하라 볼찌어다 내가 세상 끝날까지 너희와 항상 함께 있으리라 하시니라".

이 구절에서 주목할 것은, 지금까지 배우기만 하던 제자들을 향해 예수님께서 처음이자 마지막으로 '가르치라'는 말씀을 주셨다는 사실이다. 이 명령은 예수님 스스로 목자 된 자신을 치신 후(26:31, 즉, 십자가의 구속의 죽음) 약속된 모든 권세를 부여받고(28:18) 언제나 그들과 함께하는 다스리시는 목자의 모습으로 자신을 계시하신 후에 주셨다. 이 명령은 제자 삼는 것을 세례 주는 것, 즉 예수님과 하나가 되게 하고, 또 그분의 가르침을 가르쳐 지키게 하는 것으로 표현하고 있다.

다시 말하면 예수님은 이 지상명령에서 큰 목자로서 가르침을 주셨고, 이제 자신의 제자들과 '함께하심'('임마누엘'을 풀어 쓴 표현. 비교: 1:23 "보라 처녀가 잉태하여 아들을 낳을 것이요 그의 이름은 임마누엘이라 하리라 하셨으니 이를 번역한즉 하나님이 우리와 함께 계시다 함이라," 18:20 "두세 사람이 내 이름으로 모인 곳에는 나도 그들 중에 있느니라")으로 그들을 통하여 모든 족속 가운데서 자신의 제자들이 만들어지기를 원하고 계신다. 다시 말해 마태복음에서 말하는 제자는 자신들과 함께하시는 큰 목자의 가르치는 사역을 감당하는 작은 목자인 것이다.

3. 당신은 '작은 목자'로서의 제자인가?

예수님께서는 우리 모두에게 이 작은 목자로서의 제자의 삶에 예외 없이 동참할 것을 명하고 계신다. 예수님과 개인적 관계를 맺게 하며 그분의 가르침을 배우고 지키게 하는, 사역에의 동참을 위한 명령인 것이다. 그러한 동참에의 초청을 향해 우리가 보여야 할 반응은 무엇인가?

첫째, 열심으로 그분의 말씀을 배우고 알아야 한다.

말씀을 배우고 아는 것이 무엇보다 우선적으로 중요하다. 다르게 표현하면 성경 배우기를 사모하고 힘쓰는 자가 되어야 한다는 말이다. 그분의 가르침을 지키고 또 그것을 다른 사람들에게 가르치기 위해선 우리가 먼저 알아야 하기 때문이다.

성경의 중요성은 아무리 강조해도 지나치지 않다. 인터넷의 보급으로 다양한 성경 연구와 자료들을 과거의 어느 때보다 우리 손안에 쉽게 넣을 수 있고 가까이 하기 쉬운 시대에 살고 있지만 성경에 대한 사람들의 관심은 그 어느 때보다 최하점에 맴돌고 있다는 것은 역설이 아닐 수 없다. 심지어 목회자들 중에서도 목회와 교회 성장의 중심에 하나님의 말씀을 두고 있기 보다는 소위 '뜨고' 있는 프로그램에 더욱 더 큰 관심이 있는 것을 볼 때 참 안타까운 생각이 든다.

우리는 성경이 그 자체에 힘이 있다는 사실을 잘 알고 있다. 히브리서 4장 12절은 "하나님의 말씀은 살았고 운동력이 있어 좌우에 날선 어떤 검보다도 예리하여 혼과 영과 및 관절과 골수를 찔러 쪼개기까지 하며 또 마음의 생각과 뜻을 감찰하나니"라고 분명히 말씀하고 있다. 교회 역사 속에서 하나님의 말씀을 공부하는 사경회 등이 교회 성장과 영적 각성의 시작이었으며 원동력이 되었다는 것을 기억해야 한다.

그리고 디모데후서 3장 16절에서 말씀하고 있듯이 '모든 성경은 하나님의 감동으로 된 것으로 교훈과 책망과 바르게 함과 의로 교육하기에 유익하다' 는 사실을 기억해야 한다. 성경의 가르침은 변화하는 세상을 향해 영원히 변치 아니하는, 우리가 움직일 기준 좌표를 설정해 준다. 그뿐 아니라 연이어 나오는 17절에서는 "이는 하나님의 사람으로 온전케 하며 모든 선한 일을 행하기에 온전케 하려 함이니라"고 말함으로써 하나님 말씀이 초래하는 결과들까지 더해 주고 있다. 이 구절에 나오는 '하나님의 사람'이라는 표현은 신약에서 두 번밖에 나오지 않는다. 디모데전서 6장 11절("오직 너 하나님의 사람아 이것들을 피하고 의와 경건과 믿음과 사랑과 인내와 온유를 좇으며")에서 쓰였을 때는 디모데를 향한 것이지만 이곳에서는 디모데를 포함한 모든 믿는 성도들을 지칭하고 있는 표현임을 문맥을 통해 알 수 있다.

그 표현이 담고 있는 의미를 깨닫기 위해서는 구약 속에서 이 표현이 다양한 사람들에게 사용되었다는 사실을 알아야 한다. 구약에서 '하나님의 사람'이라는 표현은 모세(신 33:1; 수 14:6 등), 사무엘(삼상 9:6), 다윗(대하 8:14; 느 12:24, 36), 엘리야(왕상 17:18), 엘리사(왕하 4:7) 등에게 쓰였다. 그들 모두에게 해당되는 공통점은 하나님이 함께 하셨을 뿐 아니라 하나님의 권능을 체험하며 살았다는 것이다. 이것은 신약 시대를 살고 있는 우리들에게도 동일하게 적용해 볼 수 있다.

하나님께서 쓰시는 사람, 쓰실 수 있는 사람이 되기 위해서는 모든 것의 기초라고 할 수 있는 하나님 말씀 중심의 삶을 살아야 한다. 그것이 바로 예수님께서 요한복음 8장 31~32절을 통해("그러므로 예수께서 자기를 믿은 유대인들에게 이르시되 너희가 내 말에 거하면 참 내 제자가 되고 진리를 알지니 진리가 너희를 자유케 하리라") 말씀이 우리 모든 삶과 사역의 근간이 된다는 것을 분명히 하고 계시는 이유다.

성도들 가운데 성경필사를 하시는 분들의 얘기를 듣곤 한다. 단순히 성경을 베껴 쓰기만 하는데도 놀라운 체험들을 했다는 것이다. 마음의 병뿐 아니라 육체의 병까지도 나았다는 간증을 듣기도 했다. 쓰는 것 자체가 능력이 있어서가 아닐 것이다. 말씀을 써 내려가며 집중할 수 있으며, 천천히 말씀을 음미할 수 있어 더욱더 깊은 감동을 받을 수 있기에 그러한 일이 가능할 것이다.

성경이 인쇄된 상태 또는 쓰여진 글자로 존재하는 한 우리가 받을 수 있는 감동은 지극히 제한적일 수밖에 없다. 그 말씀이 살아서 역사하기 위해서는, 비유적으로 말씀을 '꼭꼭 씹어 먹어야' 한다. 성경은 읽고, 공부하고, 외우며 또한 행동으로 옮기는 모든 크리스천들의 삶의 매뉴얼이 되어야 한다.

둘째, 예수님처럼 이 세상의 불신자들을 '목자 없는 양'으로 인식하고 그에 따라 민망히 여기는 마음이 있어야 한다(9:36 "무리를 보시고 민망히 여기시니 이는 저희가 목자 없는 양과 같이 고생하며 유리함이라").

그러한 마음은 예수님이나 하나님에게서 공통적으로 발견되는 마음이다. 이것은 이 부분을 잘 표현해주고 있는 다른 복음서인 누가복음 15장에 나오는 세 가지 비유들 속에서 잘 살펴볼 수 있다.

3절에서 10절은 양 한 마리를 잃어버린 목자와 동전 하나를 잃어버린 여인의 모습을 통해 하나님의 잃어버린 자들을 향한 적극적인 태도를 그리고 있다: "예수께서 저희에게 이 비유로 이르시되 너희 중에 어느 사람이 양 일백 마리가 있는데 그중에 하나를 잃으면 아흔 아홉 마리를 들에 두고 그 잃은 것을 찾도록 찾아 다니지 아니하느냐 또 찾은

즉 즐거워 어깨에 메고 집에 와서 그 벗과 이웃을 불러 모으고 말하되 나와 함께 즐기자 나의 잃은 양을 찾았노라 하리라 내가 너희에게 이르노니 이와 같이 죄인 하나가 회개하면 하늘에서는 회개할 것 없는 의인 아흔 아홉을 인하여 기뻐하는 것보다 더하리라 어느 여자가 열 드라크마가 있는데 하나를 잃으면 등불을 켜고 집을 쓸며 찾도록 부지런히 찾지 아니하겠느냐 또 찾은즉 벗과 이웃을 불러 모으고 말하되 나와 함께 즐기자 잃은 드라크마를 찾았노라 하리라 내가 너희에게 이르노니 이와 같이 죄인 하나가 회개하면 하나님의 사자들 앞에 기쁨이 되느니라."

　이 구절에서 목자의 경우를 보면 아흔아홉 마리에 비해 한 마리는 얼마 안 되는 수이지만 그럼에도 포기하지 않고 찾고자 하는 목자로서의 예수님과 하나님의 마음이 강조되어 있다. 여인의 경우에는 가치로 볼 때 그리 대단하지 않는 한 드라크마를 찾아 기뻐하는 모습을 통해 '배보다 배꼽이 더 클 수도 있다'는 경제 논리보다는 잃었던 것을 찾은 기쁨을 선택했다는 것이 강조되어 있다. 두 비유 모두 잃어버린 자들을 향하여 하나님께서 어떤 마음을 가지고 계시며, 그들을 찾기 위하여(즉 구원하기 위하여) 얼마나 적극적인 태도로 임하시는가를 보여 주고 있다.

　그 다음에 나오는 '돌아온 탕자'의 비유에서도 동일한 하나님의 마음을 읽을 수 있다. 안타까움을 가지고 기다리시는 아버지의 마음과 용서하시는 아버지의 사랑을 통해 우리는 하나님이 어떤 분이신지, 어떤 속성을 가지신 분인지를 알 수 있다. 이러한 비유들은 하나님의 백성이라는 사실을 믿고 하나님의 자녀라고 주장하며 사는 우리 스스로에게 '우리는 과연 잃어버린 것들, 잃어버린 영혼들에 대해 어떤 마음을 품고 살고 있는가?' 라는 질문을 해 보게 만든다.

흔히 쓰는 표현에 '그 아버지에 그 아들' 또는 '그 어머니에 그 딸'이라는 것이 있다. 부모와 자식 간에 서로 닮았다는 사실을 표현하는 것이다. 우리 모두가 '우리의 영적인 부모인 하나님과 예수님을 닮았는가?' 라는 질문을 해 보아야 한다. 잃어버린 자들을 향한 안타까움이 우리 모두에게 필요하다. 하나님의 마음을 품어야 한다.

셋째, 예수님이 하신 것처럼 잃어버린 자들을 향한 초청이 필요하다

(11:29 '내게 배우라').

그러나 이러한 초청은 단순한 말로 이루어지는 것이 아니다. 예수님과 같이 본을 보이는 '의로운' 삶을 살아 보임으로써 초청해야 한다. 마태복음 속에서도 구원을 얻은 삶이 그렇지 못한 삶과 질적으로 얼마나 차이가 있는지 강조하고 있음을 간과해서는 안 된다. 예를 들어 다음과 같은 구절들에서 이러한 주장이 부각되어 있다: 5:6 "의에 주리고 목마른 자는 복이 있나니 저희가 배부를 것임이요"; 5:20 "내가 너희에게 이르노니 너희 의가 서기관과 바리새인보다 더 낫지 못하면 결단코 천국에 들어가지 못하리라"; 7:21~27 "나더러 주여 주여 하는 자마다 천국에 다 들어갈 것이 아니요 다만 하늘에 계신 내 아버지의 뜻대로 행하는 자라야 들어가리라 그날에 많은 사람이 나더러 이르되 주여 주여 우리가 주의 이름으로 선지자 노릇하며 주의 이름으로 귀신을 쫓아 내며 주의 이름으로 많은 권능을 행치 아니하였나이까 하리니 그때에 내가 저희에게 밝히 말하되 내가 너희를 도무지 알지 못하니 불법을 행하는 자들아 내게서 떠나가라 하리라 그러므로 누구든지 나의 이 말을 듣고 행하는 자는 그 집을 반석 위에 지은 지혜로운 사람 같으리니 비가 내리고 창수가 나고 바람이 불어 그 집에 부딪히되 무너지지 아니하나니 이는 주초를 반석 위에 놓은 연고요 나의 이 말을 듣고 행치 아니하는 자는 그 집을 모래 위에 지은 어리석은 사람 같으리니 비가 내리고 창수가 나고 바람이 불어 그 집에 부딪히매 무너져 그 무너짐이 심하니라"; 12:50 "누구든지 하늘에 계신 내 아버지의 뜻대로 하는 자가 내 형제요 자매요 모친이니라 하시더라"; 13:49 "세상 끝에도 이러하리라 천사들이 와서 의인 중에서 악인을 갈라 내어"

결국 예수님과 같은 목자로의 '선생'(10:25 '제자가 그 선생 같고')이 되기 위해서는 지(知), 정(情), 의(意) 세 가지 면에서의 헌신이 필요하다. 또한 그분의 가르침에 분명히 나와 있듯, 작은 목자와 양의 관계는 상하관계가 아니며(23:8~10 "그러나 너희는 랍비라 칭함을 받지 말라 너희 선생은 하나요 너희는 다 형제니라 땅에 있는 자를 아버지라 하지 말라 너희의 아버지는 한 분이시니 곧 하늘에 계신 이시니라 또한 지도자라 칭함을 받지 말라 너희의 지도자는 한 분이시니 곧 그리스도시니라"), 함부로 권세를 행사하는 관계가 될 수 없다(20:25 "예수께서 제자들을 불러다가 가라사대 이방인의 집권자들이 저희를 임의로 주관하고 그 대인들이 저희에게 권세를 부리는 줄을 너희가 알거니와"). 오히려 큰 목자이신 예수님을 통하여 이루어진 새로운 공동체 안에서 자신을 다른 사람들을 이끄는 자들은 다른 사람들을 위한 섬기는 사람으로 여겨야 한다(20:26~28 "너희 중에는 그렇지 아니하니 너희 중에 누구든지 크고자 하는 자는 너희를 섬기는 자가 되고 너희 중에 누구든지 으뜸이 되고자 하는 자는 너희 종이 되어야 하리라 인자가 온 것은 섬김을 받으려 함이 아니라 도리어 섬기려 하고 자기 목숨을 많은 사람의 대속물로 주려 함이니라", 23:11~12 "너희 중에 큰 자는 너희를 섬기는 자가 되어야 하리라 누구든지 자기를 높이는 자는 낮아지고 누구든지 자기를 낮추는 자는 높아지리라").

결국 '제자는 태어나는 것이 아니고 만들어지는 것이다' 라는 평범한 진리를 기억하며 새롭게 헌신하는 제자들이 되어야 한다. 각자에게 질문해 보자. 나는 '작은 목자' 로서의 제자인가?

예수님의 삶 속에 나타난 제자도의 패러다임
마가복음을 중심으로

　마태복음을 진행이 느린 영화에 비유한다면, 마가복음은 그와 대조적으로 템포가 매우 빠르며 액션이 가득한 영화라고 말할 수 있다. 사실 마가복음은 사복음서 중에서 가장 적은 지면을 차지하나, 다른 복음서와 비교해 볼 때 매우 독특한 모습으로 전개된다.

　예를 들어 다른 복음서에서 중요하게 다루고 있는 사건일지라도 마가복음에서는 매우 간략하게 묘사가 되어 있는가 하면(예: 예수님이 시험 받으시는 사건이 마태복음 4장과 누가복음 4장에 상세하게 나타나 있는 것과는 달리 마가복음에서는 1장 12~13절에 간략하게 묘사되어 있음), 마가복음 6장 39절의 경우와 같이 오병이어의 사건을 서술하며 '푸른' 잔디라고 말하고 있다. 그런가 하면 8장 22~26절에 기록되어 있는, 소경이 눈 뜨는 장면이 두 단계로 묘사가 되어 있는 것처럼 다른 복음서와는 달리 도리어 어떤 부분들은 더욱 섬세하고 자세하게 다루고 있는 독특함도 발견할 수 있다. 이 같은 생생한 표현들과 함께 과거의 사건들을 현재형 시제로 표현함으로써 사실상 독자들로 하여금 예수님의 오심으로 시작된 구속의 드라마, 그 현장 속으로 들어올 것을 초청하고 있는 듯한 생동감이 넘치는 분위기를 느끼게 해 준다.

마가복음이 가장 강조하고 있는 것은 '고난 받는 하나님의 선택된 종'으로서의 예수이다. 또한 그것과 밀접한 관계를 가지고 있는 제자도에 관한 가르침이다. 이것은 마가복음을 제자도라는 관점에서 보는 데 있어서의 핵심이다. 이 두 가지의 연관성을 염두에 두고 마가복음을 통한 제자도의 원리를 찾아보기로 하자.

1. '잘 나가는' 듯 보였던 제자들의 추락

다른 복음서와 다르게 마가복음은 예수님의 제자들의 부르심을 아주 앞 부분에 기록하고 있다. 그들은 예수님이 '원하셔서'(3:13) 택한 자들로 예수님과 함께하며, 보냄을 받아 전도도 하고, 또한 귀신을 내어쫓는 권세도 부여 받은 자들이었다(3:14~15). 이러한 면모는 6장에서 열두 제자들의 선교여행을 둘러싼 모습 속에서도 여실히 나타난다 (6:7 "열 두 제자를 부르사 둘씩 둘씩 보내시며 더러운 귀신을 제어하는 권세를 주시고" 6:12~13 "제자들이 나가서 회개하라 전파하고 많은 귀신을 쫓아내며 많은 병인에게 기름을 발라 고치더라"). 제자들은 그때까지만 해도 누구도 막을 수 없는 능력 있고 승리하는 훌륭한 모습으로 그려져 있었다. 그러한 기사와 이적을 행했던 덕분에 일반 사람들도 그들을 알아줄 정도로 유명세를 누리는 것을 볼 수 있다(6:33 "그 가는 것을 보고 많은 사람이 저희인 줄 안지라 모든 고을로부터 도보로 그곳에 달려와 저희보다 먼저 갔더라").

그러나 이렇게 '잘 나가는 듯' 보이던 모습은 금세 하강세로 급변한다. 오병이어 사건의 의미를 이해하지 못하고 오히려 그 마음이 '둔하여졌으며'(다른 곳에서는 불신자들에게 쓰이는 강도 있는 표현임: 6:52 "이는 저희가 그 떡 떼시던 일을 깨닫지 못하고 도리어 그 마음이 둔하여졌음이러라." 또한 8:17 "예수께서 아시고 이르시되 너희가 어찌 떡이 없음으로 의논하느냐 아직도 알지 못하며 깨닫지 못하느냐 너희 마음이 둔하냐"), 그 이후에도 제자들은 계속적으로 깨닫지 못하는 자들로 평가되고 있다: 7:18 "예수께서 이르시되 너희도 이렇게 깨달음이 없느냐 무엇이든지 밖에서 들어가는 것이 능히 사람을 더럽게 하지 못함을 알지 못하느냐"; 8:17~21 "예수께서 아시고 이르시되 너희가 어찌 떡이 없음으로 의논하느냐 아직도 알지 못하며 깨닫지 못하느냐 너희 마음이 둔하냐 너희가 눈이 있어도 보지 못하며 귀가 있어도 듣지 못하느냐 또 기억지 못하느냐 내가 떡 다섯 개를 오천명에게 떼어 줄 때에 조각 몇 바구니를 거두었더냐 가로되 열둘이니이다 또 일곱 개를 사천 명에게 떼어 줄 때에 조각 몇 광주리를 거두었더냐 가로되 일곱이니이다 가라사대 아직도 깨닫지 못하느냐 하시니라"

제자들의 더딘 깨달음에 대한 문제의 심각성이 확연히 드러나는 사건은 8장에 나오는 '제2의 오병이어' 사건, 즉 사천 명을 먹이신 기록에서 찾아볼 수 있다. 8장에는 예수님이 오병이어의 기적을 일으키셨던 6장과 유사한 상황이 다시 발생한다. 논리적으로 생각했을 때 그런 상황이라면 6장의 기적이 당연히 생각날 듯도 한데 제자들은 아무 기억이 없는 듯한 반응을 보인다: "이 광야에서 어디서 떡을 얻어 이 사람들로 배부르게 할 수 있으리이까"(4절). 6장에서의 오병이어 기적을 감쪽같이 잊어버린 듯한 그들의 어처구니없는 질문은 우리들로 하여금 '아직도 깨닫지 못하느냐'(8:21)라는 말씀을 하고 계시는 예수님의 답답한(?) 마음을 엿보게 한다.

더디게 깨닫는 우둔한 제자들의 모습은 삶 속에서의 권능 부재로 이어진다. 귀신을 쫓아내며 승승장구하던 6장의 모습과는 달리 9장에서 그들의 모습은 초라하기만 하다. 세 명의 제자들(베드로, 요한, 야고보) 앞에서 변화산의 영광을 보여 주신 예수님의 모습(9:1~13)과는 대조적으로 나머지 제자들의 참담한 실패담을 가감없이 다루고 있다. '벙어리 귀신 들린 아들'의 아버지가 제자들에게 귀신을 내쫓아 달라는 부탁을 하였으나 제자들이 '능히 하지 못하더이다'(18절)라는 고백은 제자들을 향한 실망감과 낙심이 담겨 있다. 한편으로 이 사건을 통해 저자 마가는 예수님과 제자들 사이의 차이점을 부각시키고 있다고 볼 수도 있다.

제자들의 모습은 몰이해와 실패로 그치지 않는다. 갈수록 문제는 더 심각해진다. 제자들은 '철없는' 태도와 요구를 반복한다. 그런 태도들 가운데 가장 핵심적이라고 할 수 있는 예는 십자가에서의 죽음에 대해 예수님이 세 번씩이나 반복해 예언을 하시는 장면에서 나타나는 제자들의 반응에서 찾아볼 수 있다.

뒤에서 자세히 다룰 것이므로 여기서는 그들의 반응에만 초점을 맞추어 보자. 첫 번째 예언에 대한 반응으로 오히려 예수님을 '꾸짖는' 베드로(8:32, 개역한글판에서는 '간하매'라고 번역되어 있으나 헬라어 본문에서는 33절에서 '꾸짖어'라고 해석된 단어와 동일함), 두 번째 예언에 대해 '누가 더 큰가?'를 놓고 쟁론을 벌이는 제자들(9:30 이후), 세 번째이자 마지막으로 자신의 죽음에 대한 예수님의 예언에 이어지는 야고보와 요한의 그리스도 좌우편 자리에 대한 어리석은 요구(10:33 이후)는 '그리스도의 제자'에 대한 그들의 이해가 근본적으로 잘못되어 있음을 적나라하게 보여 주고 있다.

이러한 제자의 삶, 제자의 길에 대한 제자들의 오해와 몰이해가 그들의 실패와 깊은 연관이 있음을 직간접적으로 시사하고 있다. 마침내 십자가의 사건 앞에서 제자들은 다 예수님을 버리고 도망가 버린다. 저자 마가는 이들의 '철저한 부끄러운 배반'을 비유적으로 보여 주고자 의도한 듯이 이들의 패배한 모습에(다른 복음서에는 기록되어 있지 않은) 독특한 한 사건을 연이어 기록하고 있다: "제자들이 다 예수를 버리고 도망하니라 한 청년이 벗은 몸에 베 홑이불을 두르고 예수를 따라가다가 무리에게 잡히매 베 홑이불을 버리고 벗은 몸으로 도망하니라"(14:50~52).

이 기록을 통한 저자 마가의 의도는 분명한 것 같다. 마가복음에만 기록된 사건인 '벌거벗은 몸으로 도망하는 정체 불명의 한 청년'의 모습을 통해 '한 치의 여지도 남기지 않은 제자들의 완전한 실패'를 상징적으로 표현하고자 한 것이다. 이 청년의 정체에 관해 마가 자신의 경험을 말하고 있는 것이라는 주장이 있을 정도로 흥미로운 이야기로도 볼 수 있다(그러나 확실한 증거가 없다). 그러나 이러한 주장은 실패한 제자들의 이미지와 연결하지 않는다면 기록 의도 자체에 의문이 제기될 수 있을 것이다. 이 모든 것을 기록한 마가의 의도는 그야말로

'잘 나갈' 듯 보였던 제자들이 어떻게 '파산 선고를 받아 부도가 나게 되었는지'를 적나라하게 묘사해 주려는 것이었다고 할 수 있다.

2. 제자들이 제자도의 '부도'를 맞게 된 근본적 원인

제자들의 추락을 설명하면서 저자는 복음서의 전개에 따라 나타나 있는 말씀 속의 구조를 통하여 그들의 문제점을 우리 모두가 발견하기를 원하고 있다. 특별히 세 번씩 반복하신 예수님의 십자가 죽음의 예언들과 그때마다 예외 없이 대조되어 있는 제자들의 '완벽한' 넌센스는 그들이 안고 있는 문제점의 원인을 분석하는 우리에게 열쇠를 제공한다.

특별히 첫 번째 죽음 예언 후 예수님을 꾸짖었던 베드로는 예수님으로부터 곧 "사단아 내 뒤로 물러가라 네가 하나님의 일을 생각지 아니하고 도리어 사람의 일을 생각하는도다"(8:33)라는 질책을 받는다. 이 말씀을 통해 예수님은 하나님의 일을 생각지 아니하고 사람의 일을 생각하는, 다시 말하면 하나님의 생각과 시각으로 보지 않고 세상과 세상에 속한 사람들의 안목으로 일을 처리하려는 그들의 모습이 이러한 모든 몰이해의 근본적인 원인이라는 것을 말씀하고 계신다. 그렇다면 여기서 말하고자 하는 '하나님의 일을 생각하지 아니하고 도리어 사람의 일을 생각하는 모습'은 구체적으로 무엇을 말하는 것일까를 질문해 보아야 한다.

이 질문에 관해 저자 마가는 조심스럽게 마치 양파 껍질을 하나씩 벗겨가듯 두 번 더 주어지는 예수님의 죽음에 관한 예언과 그것에 대한 제자들의 반응을 통해 답을 주고 있다.

 9장 31절에서 예수님은 다시 한번 제자들에게 자신의 죽음에 관해 가르치신다. 그러나 이번에는 제자들이 8장에서처럼 담대하게 예수님을 향해 꾸짖듯 항의하던 모습과는 대조적으로 "제자들은 이 말씀을 깨닫지 못하고 묻기도 무서워하였다"(32절)고 저자 마가는 요약하고 있다. 마치 8장에서 경험한 꾸중으로 인해 제자들은 더 이상 묻는 것조차 부담스러워하거나 또는 무엇을 물어야 할지도 모르는 분위기를 보여 주고 있는 듯하다. 대신 그 다음에 기록된 사건을 통해 제자들의 관심이 어디에 있는가를 독자들이 간접적으로 알 수 있도록 도와준다. 예수님은 당신의 죽음을 논하고 계시는데 제자들은 '노중(路中)에서 서로 누가 크냐 하고 쟁론'(34절)하고 있었다는 것이다. 예수님의 관심과 제자들의 관심 간의 괴리감이 점점 더 심각해지고 있음을 보여 주는 것이다.

 이렇게 부실하고 부족한 제자들의 모습은 10장에 기록된 예수님의 죽음에 관한 마지막 예언과 연결되어 다시 한번 부각된다. 앞에서 이미 언급한 두 번의 예언에 이어 세 번째 예언이자 마가복음에서의 마지막 이 예언은 다른 두 예언보다 더 자세하게 묘사되어 있을 뿐 아니라, 새로운 요소들이 더해져 기록되어 있음을 볼 수 있다: "보라 우리가 예루살렘에 올라가노니 인자가 대제사장들과 서기관들에게 넘기우매 저희가 죽이기로 결안하고 이방인들에게 넘겨 주겠고 그들은 능욕하며 침 뱉으며 채찍질하고 죽일 것이니 저는 삼일 만에 살아나리라 하시니라"(10:33~34).

'우리가' 라는 표현을 통해 간접적으로 제자들 역시 예수님의 고난 여정에 동참하게 될 것이라는 느낌을 분명히 하고 있으며, 앞에서는 전혀 언급되지 않은 '이방인들이 능욕하며 침 뱉으며 채찍질 할 것' 이라는 표현을 통해 유대인의 관점으로 볼 때 다른 어떤 것과도 비교할 수 없는 모욕을 이방인들에 의해 받을 것임을 말하고 있다.

요약해 보면 예수님은 고난을 넘어 버림받으시고 동시에 모욕과 치욕을 당하실 것을 예언하고 계시며, 제자들 또한 그 여정의 일부에 (최소한 이번 예루살렘까지의 여정에서는 그러하나 결국 대부분 같은 경험을 하게 된다) 동참하게 될 것을 분명히 하고 계시는 것이다.

예수 그리스도의 죽음에 대한 예언 다음에 연속해서 기록된 사건은 제자들의 영적 상태(다시 한번 그러나 이번에는 더욱더 적나라하게)이다. 그렇다고 예수님께서 이 말씀을 하시자마자 그것을 무시하고 즉각적으로 야고보와 요한이 자신들이 원하는 바를 예수님께 요청했다고 말하는 것은 무리일 수 있다(10:35 "세베대의 아들 야고보와 요한이 주께 나아와 여짜오되 선생님이여 무엇이든지 우리의 구하는 바를 우리에게 하여 주시기를 원하옵나이다." 비교: 마태복음 20장 20절 이후에는 이들의 어머니가 요청했다고 되어 있는 것을 보아 이들의 부탁으로 어머니가 예수님께 간청했을 가능성이 있다).

이 두 사건의 시간적 관계를 묘사하는 표현이 없어서 정확하게 알 수는 없지만 마가가 이들의 요구를 예수님의 죽음 예언 바로 다음에 기록해 놓음으로써 그 당시 제자들의 관심이 어디에 있으며 그때 분위기가 어떠했는지를 보여 주려 했다는 것만은 분명하다고 말할 수 있다.

야고보와 요한의 요청의 요지는 예수님께서 받으실 영광의 자리우편과 좌편에 자신들이 앉게 될 것이라는 데에 초점이 맞추어진 것이었다(37절 "허락하되 주의 영광 중에서 우리를 하나는 주의 우편에, 하나는 좌편에 앉게 하여 주옵소서").

이들의 요청에 예수님께서는 먼저 그들에게 책망조의 질문을 하신다: "너희 구하는 것을 너희가 알지 못하는도다 너희가 나의 마시는 잔을 마시며 나의 받을 세례를 받을 수 있느냐"(38절).

이들은 그 질문이 무엇을 의미하는 것인지에 관해 정확히 모른 채 '할 수 있다'(39절)고 응답한다. 그런 그들을 향하여 예수님께서는 "너희가 나의 마시는 잔을 마시며 나의 받는 세례를 받으려니와 내 좌우편에 앉는 것은 나의 줄 것이 아니라 누구를 위하여 예비되었든지 그들이 얻을 것이니라"(39후반절~40절)고 답하신다.

십자가 사건이 있고 난 이후 시대를 살고 있는 우리들은 이 대화 속에 담긴 완전한 의미를 이해하고 있다. 야고보와 요한의 관심은 영광에 있었으나 예수님께서는 자신뿐 아니라 그들 또한 통과해야 할 고난이 있음을 말씀하고 계시며 고난 이후의 영광에 관해서는 의도적으로 언급을 회피하고 계시는 것이다. 그러나 야고보와 요한만이 영광에 눈 먼 제자들이 아니라는 사실은 그 다음에 연속해서 기록되어 있는 제자들의 반응을 통해 알 수 있다: "열 제자가 듣고 야고보와 요한에 대해 분히 여기거늘"(41절).

왜 이들이 이렇게 분하게 여겼을까? 지금까지 전개된 복음서를 염두에 두고 생각해 볼 때 그 이유는 어렵지 않게 추측할 수 있다. 자신들도 그들과 같은 욕심이 있었으나 감히 요청할 용기가 없었으며 기회를 빼앗긴 꼴이 되어버린 것으로 인하여 화가 났을 것이다. 그중에서도 이름이 언급되어 있지는 않으나 제자들의 리더격인 베드로 사도가 가장 분개하지 않았을까 생각된다. 이런 제자들의 모습을 보시며 예수님께서는 영광이라는 단어와 종종 결부되어 나타나는 리더십이라는 개념과 연관을 지으신다.

먼저 세상적인 리더십에 대해 말씀하신다: "이방인의 소위 집권자들이 저희를 임의로 주관하고 그 대인들이 저희에게 권세를 부리는 줄을 너희가 알거니와"(42절). 세상에서 말하는 리더의 모습은 맡겨진 이들 위에 군림하며 그들 위에서 권력을 행사하는 모습이라는 것이다. 갑자기 예수님께서 이것을 언급하시는 이유는 제자들이 생각하는 영광의 의미가 이것과 맥락이 닿아 있었고, 영광이라는 개념이 앞에서 야고보와 요한의 언급처럼 자리나 직위와 관련되어 있기에 그러셨을 것이다.

세상의 리더십이 남들 위에 군림하는 모습을 영광스럽게 생각하는 것과는 대조적으로 하나님 나라에 부합하는 리더십은 전혀 다른 패러다임과 모습으로 존재한다. 예수님께서 다음과 같이 설명하신다: "너희 중에는 그렇지 아니하니 너희 중에 누구든지 크고자 하는 자는 너희를 섬기는 자가 되고 너희 중에 누구든지 으뜸이 되고자 하는 자는 모든 사람의 종이 되어야 하리라"(43~44절). 크고자 하는 자에게는 섬김이 필요하며 으뜸이 되고자 하면 종이 되어야 한다는 주장은 세상적인 눈으로 보기에 괴변 중의 괴변이라 할 수 있는 것이었다.

예수님이 오심으로 시작된 하나님의 나라는 세상과 본질적으로 다른 나라이므로 그 나라의 리더십은 당연히 세상 나라 리더십과 대조적일 수밖에 없다. 여기서는 '군림하는 리더십'이 아닌 '섬기는 리더십'이라는 새로운 패러다임과 새로운 모델이 하나님 나라의 시작과 함께 이 세상에 소개되고 있다. 이 말씀에서 예수님은 제자들에게 그들이 지금까지 보고 배우고 영향받아 왔던 세상적 리더십의 개념과 견해를 버리고 새로운 리더십의 개념을 받아들이고 새로운 모델을 택해야 한다고 말씀하고 계신 것이다.

리더십에 관한 새로운 이해는 거기에 늘 따라다니는 '영광'이라는 개념에 관해서도 새로운 이해를 할 것을 요구한다. 제자들에게 영광의 새로운 개념을 이해시키기 위해서 예수님은 인간적인 관점과 기준으로 하나님 나라의 특권을 해석하려던 그들에게 자신의 사역과 삶을 연관시켜 이렇게 도전하신다: "인자의 온 것은 섬김을 받으려 함이 아니라 도리어 섬기려 하고 자기 목숨을 많은 사람의 대속물로 주려 함이니라"(10:45). 앞에서 야고보와 요한이 요청할 때 사용한 "주의 영광 중에서"(37절)라는 표현과 의도적으로 대조시키고 있는 듯하다. 많은 사람의 대속물로 오신 그리스도의 영광은 섬기는 데 있으며, 자신을 내어주는 데 있다는 점에서 세상이 이해하고 추구하고 있던 영광과는 극적인 대조를 이루고 있다. 제자들이 가지고 있던 '그리스도'(메시아)의 모습이 부귀와 영화만을 누리며 군림하는 자의 이미지를 가지고 있던 것과는 대조적으로 예수님께서는 자신이 직접 실천하시며 가르치신다. 또한 예수님께서 원하시는 제자의 모습은 남을 위한 희생과 섬김의 삶을 살고, 십자가의 삶을 사는 모습에 있다는 것을 분명히 하고 있다.

여기에서 살펴본 것처럼 예수님의 공생애 기간에 함께하던 제자들의 모습은 하나님의 생각과는 거리가 먼, 세상적이며 인간적인 생각으로 가득하다. 이런 인식과 태도 그리고 자세로 사는 제자도는 한마디로 '부실한 경영'이요, '방만한 경영의 삶'이 되어 파산에 이르거나 부도가 나게 된다는 것을 저자 마가는 분명하게 가르쳐 주고 있다.

3. 제자들의 실패는 우리의 '성공'의 거울

저자 마가는 우리에게 제자도를 가르쳐 주며, 잘못된 제자도가 초래할 수 있는 위험에 대해 경고하고 치료책을 제시하는 단순한 방법이 아닌, 열두 제자들의 실패의 본보기를 통해 제자도의 교훈을 가르쳐 주는 극적인 방법을 택하고 있다. 그렇다면 그들의 실패를 통해 우리는 무엇을 배워야 하는가? 서로 밀접하게 연결되어 있는 다음의 세 가지로 정리해 볼 수 있다.

첫째, 마가복음의 기독론과 제자도는 깊은 연관성을 가지고 있다.

좀 더 직접적인 표현을 쓴다면, 마가복음 속 예수님의 삶 자체가 바로 우리들에게 제자도의 올바른 삶에 대한 '청사진'으로 제시되고 있다. 다르게 말해 제자도에 관한 올바른 이해를 하기 위해서 우리는 제자들을 바라볼 게 아니라 바로 예수님의 삶 자체를 바라봄으로써 제자도의 새 패러다임을 이해해야 한다는 것이다. 최소한 마가복음에서 우리의 제자도 모델은 제자들이 아닌 예수님이라는 것이다. 그리스도가 모델인 제자도는 바로 섬김의 리더십이며 그것이 기독론에 아주 중요하다고 할 수 있다.

불확실성이 주도하는 변혁의 시대를 살고 있어서 그런지 세계 어느 곳을 가도 가장 관심 있어 하는 주제 중의 하나는 리더십이다. 그만큼 리더십에 대한 갈급함이 있다는 반증이다. 우리 나라의 경우도 예외는 아니다. 리더십에 관한 수많은 책들이 경영 관련뿐 아니라 다양한 영역에서 출간되고 있다.

이렇게 리더십에 관심을 갖는 이유는 자명하다. 급속하게 변화하는 세상에 그 변화를 창의적으로 예측하고 능동적으로 대처해 나가는 역량 있는 리더가 요구되기 때문이다. 알빈 토플러가 『부의 미래』(Revolutionary Wealth)에서 지적했듯이 제2의 물결에서 제3의 물결로 이동된 상황에서는 더 이상 미래는 과거의 모조품이거나 답습이 아니라 새로운 사고와 지혜가 필요하며 결국 새로운 접근이 필요하다. 리더십은 그 자체가 가지고 있는 중요성으로 인해 다른 어느 것보다도 변화가 요구되고 있다는 것을 시사하고 있다.

그런 면에서 예수님께서 가르쳐 주신 '섬기는 리더십'은 중요한 방향성을 제시해 준다. 실제로 최근에 출간되는 리더십에 관한 책들의 추세 속에서 많은 공통점들을 발견할 수 있다. '섬김'이라는 단어가 강조되고 있고, 같은 맥락 속에 있는 '코칭'(coaching)이나 '계발' 또는 '임파워먼트'(empowerment) 등을 통해 리더로서 팔로워(followers)들을 향한 태도 및 자세가 달라져야 한다는 점이 강조되어 있음을 지적할 수 있다. 한마디로 말해 변화하는 세상에서 기업이나 단체들이 생존을 위한 새로운 리더십 패러다임으로 선택한 것이 예수님의 리더십에 대한 가르침과 일치한다는 것이다. 물론 세상이 성경적으로 움직이고 있는 것은 아니다. 그러나 이런 흐름은 성경 말씀이 궁극적으로 시대를 초월한 진리이며 불변하는 지혜의 보고라는 것을 반증하는 예이다.

세상에서 부각되고 있는 섬김의 리더십에 대한 이해를 돕기 위해 몇 가지 최근에 출간된 리더십에 관한 책을 예로 들 수 있다. 잭 웰치(Jack Welch)는 그의 아내인 수지 웰치와 공저한 『위대한 승리』(Winning)에서(이미 리더가 된 사람들을 향하여) 리더십에 관하여 다음과 같이 설명하고 있다: "리더십이란 자신만을 위한 것이 아니라 다른 사람을 위한 것… (그러기에) 리더가 되기 전에는 자기 자신이 성장하는 것이 성공의 핵심이었다면 리더가 되면 다른 사람들을 성장시키는 것이 핵심이 된다."

심지어 이러한 생각은 자신보다 뛰어난 사람들을 향해서도 동일해야 한다고 그는 주장한다. 이런 근거 하에서 그는 회사의 고위층의 자격 중 하나로 "자신보다 훌륭하고 똑똑한 사람들을 주위에 둘 수 있으며… 자신을 가장 멍청한 사람으로 만들 수 있을 정도로 우수한 사람들을 모으는 용기를 가져야 한다."고 주장한다. 책의 말미에서 그는 "나와 관련하여 기억되어지기를 원하는 무엇인가가 있다면 그것은 '리더십이란 다른 사람들이 성장하고 성공하도록 돕는 것이란 점을 사람들이 이해하는 데 내가 도움이 되었다'는 사실이다. 다른 말로 리더십은 자신에 대한 것이 아니라 다른 사람들에 대한 것이라고 말하고 싶다."고 밝히고 있다.

스티븐 코비(Stephen Covey)는 자신의 저서인 『성공하는 사람들의 8번째 습관』에서 "인간은 선택의 산물로, 리더는 선택된 반응을 통해 스스로 만들어진다."고 주장한다. 그는 리더십을 '공식적 지위'로서가 아니라 '선택'으로서 정의하며 "리더십은 사람들이 자신의 가치와 잠재능력을 볼 수 있도록 그 가치와 잠재능력을 아주 분명하게 인식하게 하는 것이다."라고 말하고 있다.

책의 말미에서 그는 "부드러운 것이 강하다는 사실을 모든 사람이 알게 될 것이다. 리더십이 최고의 기술인 것은 이 때문이다. 리더십은 다른 모든 기술과 직업이 효과성을 발휘하게 하는 기술이다."라고 말하고 있다. 즉 리더십은 지위나 자리가 아니라 다른 사람이 능력을 발휘할 수 있게 해 주는 '행동'이라는 것이다.

그뿐 아니라 가구 회사 허먼 밀러(Herman Miller)의 대표이사이기도 했던 맥스 드프리(Max Depree)는 이보다 한걸음 더 나아간다. 그는 '리더십이란 빚진 자의 자세'라고 말하고 있다. 다르게 표현하자면 리더는 자기 밑에서 일하는 사람들에게 무엇인가 제공해야 할 도덕적 의무가 있다는 것이다. 이런 주장들은 모두 "리더십을 제대로 이해하기 위해서는 섬기는 리더십이라는 렌즈를 통해서만 가능하다."는 결론을 내리고 있다.

그렇지만 '섬기는 리더십'이라는 개념에 단순하게 접근하는 위험은 분명히 경계해야 한다. 특별히 '섬기는'이라는 면에 지나친 무게를 두게 될 때 오해의 소지가 있을 수 있기 때문이다. '섬긴다'는 의미를 피상적으로 이해해서 다른 사람들이 원하는 것을 그저 해 주는 '서비스' 정도의 차원에서 이해하기가 쉽다.

　만약에 리더가 자신을 따르는 사람들이나 또는 영향력을 끼치는 대상들을 향해 단순히 그들이 필요로 하는 것을 제공해 주거나 그들이 원하는 필요만을 채우는 것으로 만족한다면 그것은 리더가 아니라 오히려 '애들을 돌보는 보모'나 '시중드는 자'의 개념에 가까울 것이다. 바른 개념은 '종'(servant)이라는 개념과 '리더'(leader)라는 두 개념이 서로 긴장감을 가지고 균형을 유지해야 한다는 것을 깨닫는 것이다. 그러기 위해 '섬기는'이라는 단어는 다음에 나오는 '리더'라는 단어와 연결해서 생각해야 한다. 그리고 리더는 변화를 일으켜야 하는 존재라는 사실을 염두에 두어야 한다.

　일반적으로 사람들은 자신에게 익숙하며 '편안한 영역'(comfort zone)을 벗어나고 싶어하지 않는다. 그러나 변화를 이끌어야 하는 리더는 사람들이 자신의 익숙한 영역에 안주하게 하기보다는, 오히려 그곳을 벗어나게 하고 그로 인해 야기되는 어려움과 고통 또한 관리할 수 있어야 한다. 이런 면에서 섬기는 리더십의 본질은 현재를 잘 관리하면서도 미래의 목표를 추구하는 균형감각을 가지고 다른 이들을 섬기는 것이며, 리더로서의 사명을 다하기 위해서는 그들이 변화와 성장을 향해 나아갈 수 있도록 도전해야 한다는 것을 명심해야 한다.

　둘째, 마가는 예수님의 삶을 통해 하나님이 원하시는 제자의 모습은 하나님의 것을 생각하고 사는 삶이며(8:33 "예수께서 돌이키사 제자들을 보시며 베드로를 꾸짖어 이르시되 사탄아 내 뒤로 물러가라 네가 하나님의 일을 생각하지 아니하고 도리어 사람의 일을 생각하는도다 하시고"), 믿음 그리고 그 믿음 위에 근거한 기도의 삶일 뿐 아니라(9:29 "이르시되 기도 외에 다른 것으로는 이런 종류가 나갈 수 없느니라 하시니라"), 또한 섬김의 패러다임을 가지고 사는 삶이라는 것을(10:43~45) 보여 주고 있다.

    세상의 철학이나 사조에 편승한 견해로 제자도를 이해하는 것은 예수님의 제자들에겐 결코 용납될 수 없다는 것을 알아야 한다. 진정한 제자의 삶은 하나님의 관점에서 볼 때 소중한 것들에 우선적으로 중요성을 부여하며 사는 것이다. 단순히 배우기만 하는 게 아니라 배운대로 실제로 행하는 삶을 살아야 한다. 의사이면서 과식을 좋아하고 담배를 즐기는 사람이 있는가 하면 자산관리 전문가이면서 자산이 하나도 없는 사람이 있다. 그런 사람들은 자신이 타인에게 늘 해 주는 전문적인 충고를, 스스로 행하거나 지키지 않는 자들이다. 이처럼 제자도를 남에게 가르치는 사람들이라도 자신이 그것을 행하며 살지 않으면 아무 의미가 없다. 야고보 사도가 말하고 있는 것처럼 '행함이 없는 믿음은 죽은 믿음' 이 되는 것과 동일하다.

    최근에 세상의 경향을 보면 매우 흥미로운 사실 한 가지를 발견할 수 있다. 그것은 실제로 세상에서 '윤리'와 '섬김'의 중요성을 말하고 있을 뿐 아니라 영성이나 인격에 관한 관심이 과거의 어느 때보다 높아지고 있다는 것이다. 기업들은 윤리 경영을 화두로 내세우고 있으며 SRI(사회책임투자), 곧 투명하며 윤리적인 기업만을 향한 투자가 활성화되고 있고, '영성지수'(Spiritual Quotient)라는 표현이 생겼는가 하면, CSO(Chief Spiritual Officer, 최고 영적 책임자)라는 직분까지도 등장했다. 이런 모습들은 세상의 관심사가 이제는 성경의 관심사와 같은 노선에 서 있다는 느낌까지도 들게 할 정도다.

　최근의 세상의 경향과 사람들이 관심을 갖는 항목들을 보며 하나님의 관점으로 모든 것을 보는 것이 얼마나 중요한가를 다시 한번 절감한다. 한마디로 지금은 과거 그 어느 때보다도 신앙생활에서 말보다 실천과 행동이 중요하고 그리스도인들이 좀 더 자신감을 가지고 살아야겠다는 결심을 할 때다.

　자녀 여섯 모두를 미국 사회에서 영향력 있는 성공한 리더로 키워낸 한 어머니의 모습은 하나님의 말씀대로 살아가는 것이 얼마나 중요하며 지혜로운 것인지를 잘 보여 준다. 저자인 전혜성 씨는 전 예일대 교수이며 현 동암문화연구소 이사장으로 자식 교육의 경험을 정리한『섬기는 부모가 자녀를 큰 사람으로 키운다』라는 저서에서 이렇게 말한다: "많은 이들이 궁금해 하는 것처럼 우리 가정에 굳이 특별한 자녀 교육 비법이 있다면, 나는 그것을 '섬기는 사람'이 되고자 했던 우리 부부의 노력에서 찾으려 한다. 우리 부부는 우선 스스로를 섬기고, 서로를 섬기고, 자녀를 섬기고, 더 나아가 남을 섬기고 사회를 섬기고자 했다."

　부모는 가정에서 리더십을 발휘하는 위치에 있기 때문에 부모가 섬기는 모습을 보이는 것이 자녀 교육에 얼마나 중요하며 소중한 가치인가를 보여 준다. 한마디로 말해 전혜성 씨는 자신의 책에서 성경적 지혜가 세상적 지혜보다 비교할 수 없을 정도로 크고 힘이 있으며, 그 성경의 지혜를 삶에서 실천하고 본을 보일 때 참된 자녀의 성공이 보장된다는 것을 잔잔한 감동으로 들려주고 있는 것이다. 섬기는 리더십은 이렇게 다양한 영역에서 유익을 끼치도록 만든다.

마지막으로 섬기는 리더십은 예상치 않았던 영역에서조차 긍정적인 효과를 낸다. 위에서 언급한 것처럼 섬기는 리더십은 자신보다는 다른 사람들을 우선하고 염두에 두는 것이므로 그렇게 생각할 수 있다. 그러나 실제로 섬기는 리더십의 유익은 꼭 다른 사람들에게만 국한된 것이 아니다. 오히려 섬기는 리더십을 실천하는 자신들 스스로도 많은 유익을 얻을 수 있다.

예를 들어 '섬기는 리더십'은 많은 리더들의 함정인 '권력의 늪'에 빠지지 않게 도와준다. 미국에서 가장 영향력이 있는 교회 중의 하나인 새들백교회의 릭 워렌 목사는 "불행한 사실은 오늘날의 많은 지도자들이 종의 자세로 시작하지만 유명인사로 끝난다는 것이다."고 지적한다. 이는 유명세와 연결된 권력에 중독되기 때문이다.

권력의 '마법적 매력(?)'에 관해서는 동서고금을 망라해 지적되어 오고 있다. 독일의 철학자 베른하르트 그린은 "배고픔, 갈증, 섹스에는 만족이 있지만 권력은 그런 한계를 모른다."고 했다. 더 강해지고, 더 중요해지고 싶은 사람들의 욕망에는 끝이 없다는 뜻이다. 대낮에 등불을 켜고 아테네 거리를 헤매고 다녔다는 괴짜 철학자 디오게네스 또한 "권력은 그것을 소유한 모든 사람을 타락시킨다."고 말했다. 그 이유는 권력을 가진 사람이 처음에는 그것을 사용하고 싶어하고, 나중에 그것을 남용하고 싶은 유혹이 커져, 그 유혹에 넘어갔을 때 말로가 비참해지기 때문이라 말한다. 권력을 남용하지 않기 위해, 권력에 중독되지 않기 위해서라도 섬기는 리더십의 실천은 절대적으로 필요하다.

셋째, 마가는 우리에게 섬기는 리더십을 가능하게 하는 방법을 제시한다.

그것은 마가복음의 제자들에게 일어난 것과 동일한 것으로 바로 '십자가 사건'을 경험하는 것이다. 어리석기 짝이 없던 제자들이 역사적인 십자가 사건 이후에야 비로소 예수 그리스도와 그리스도의 제자도에 대해 참다운 이해를 할 수 있었던 것처럼, 십자가 사건 이후의 시대를 살고 있는 오늘날의 우리들에게도 동일한 십자가 사건의 실존적 경험이 있어야 하며, 그것에 대한 올바른 이해가 없으면 안 된다. 그렇지 못하면 결국 우리 역시 그 제자들의 실패를 답습하는 삶을 살게 된다는 것을 마가는 가르치고 있다.

그렇다면 '현재 우리의 모습은 어떠한가?'를 질문해 보아야 한다. 성경에서 십자가라는 단어는 두 가지 분명한 특징을 가지고 사용된다. 하나는 항상 단수로 사용되어 오직 한 대상만을 의미하고, 또 다른 하나는 언제나 그 용례에서 한 번의 예외도 없이 죽음을 의미하고 있다는 사실이다. 결국 우리가 져야 하는 진정한 십자가는 우리를 고생시키는 어떤 일이나 어떤 대상이 아니라 우리 스스로의 '죽음'을 의미하는 것이다.

이런 맥락으로 고린도전서 9장 27절에서 사도 바울이 말하고 있는 '내가 내 몸을 쳐 복종하게 한다'는 표현을 이해할 수 있다. 이 구절이 의미하고 있는 것은 자신의 몸을 '종과 같이 다스릴 수 있게 한다'는 것이다. 헬라어 본문에서 두 단어('치다'라는 단어와 '종으로 만들다') 모두 현재형 시제로 쓰이고 있다는 사실은 이런 행동이 지속적이며 습관적이라는 것을 분명히 하고 있다.

사도 바울이 다른 곳에서 사용한 표현을 인용해 표현하자면 옛 사람과 새 사람이 공존하는 자신의 현실 속에서 옛 사람을 죽이는 노력과 함께 새 사람을 성령의 지배하에 두는 노력을 쉬지 않고 하는 것을 말하는 것이다. 비록 다른 문맥에서 사용된 표현이긴 하나 이와 크게 다르지 않은 의미를 지닌 "나는 날마다 죽노라"(고전 15:31)라는 고백도 연결해 생각해 볼 수 있다.

우리 각자를 향해 던져야 하는 질문은 '십자가의 의미가 날마다 나에게 어떠한 의미를 주고 있는가?' 라는 것이다. '십자가' 가 어떠한 의미를 부여하고 있는지, 제자도라는 주제와 관련해 각자에게 질문을 던져보아야 한다.

인생은 자신과의 싸움이다. 제자의 삶은 비전에 미치는 것이요, 영광이라는 개념에 대한 새로운 이해를 하는 것이며, 그런 삶을 살기 위해 자신과의 치열한 싸움을 해 나가는 것이다. 특별히 리더십의 위치에 있는 사람과 하나님께 리더로 쓰임받길 사모하는 사람들은 이러한 자기와의 싸움이 더욱더 치열해야 한다. 왜냐 하면 한 조직의 위대함은 리더의 위대함과 정비례하기 때문이다. 다르게 표현하면, 조직이 리더보다 위대해지는 일은 드물다고 단언할 수 있다.

리더십 혹은 리더십 결핍은 우리 모두 일상생활에서 경험하는 것이고 우리는 그 리더십이 미치는 영향력이 어떠한지 날마다 경험하며 살고 있다. 리더로서 남을 이끄는 것은 힘겨운 과제다. 리더십의 중심에는 사람이 있다. 성공과 실패의 근간이 영성과 실력을 갖춘 훌륭한 인재 계발 및 겸손한 섬김의 경영에 달려 있다는 것을 분명히 이해하고 리더십을 수행해야 한다.

변화의 시대인 21세기는 리더들에게 전에 없던 도전을 주고 있긴 하지만, 다른 각도에서 보면 자기 조직에 긍정적인 영향을 행사할 수 있는 유례없는 기회를 불러오고 있다고 볼 수도 있다. 어떤 사람이든지 '섬기는 리더십'을 염두에 두고 각자 맡겨진 영역에서 최선을 다해 영향력을 극대화하며 살아간다면 이 세상과 자신이 속한 단체 또는 공동체의 발전에 기여하는 사람들이 될 수 있다고 믿는다.

희생을 감수하며 좇아야 하는 도(the Way)
누가복음을 중심으로

　세계에서 가장 많은 언어(약 1천 개)로 더빙되어 복음 전파에 대단히 효과적으로 사용되어 온 '예수'(JESUS)라는 영화가 있다. 복음 전파 도구로 소개된 이후 전세계 거의 모든 나라에서 상영이 되었고, 연인원 60억 명 이상의 사람들이 그 영화를 보았다. 관람자들 중 엄청난 숫자의 사람들이 예수 그리스도를 개인의 주, 개인의 하나님으로 영접한 것이 통계로 나와 있다.
　'예수' 영화의 가장 큰 특징은 사복음서 중에서 영화를 만들기에 가장 적절한 누가복음을 대본으로 하여 제작했다는 사실이다. 실제로 다른 세 복음서와 비교해 볼 때, 대화와 액션이 적절히 분배된 흥미로운 각색으로 이야기를 끌어 나간 점과 저자가 탁월한 신학자요, 역사가이며 우수한 문인이라는 점에서 누가복음을 영화화한 것은 지혜로운 선택이라고 할 수 있다.

1. 이야기로 가르치는 제자도와 하나님의 주권

누가복음은 수많은 이야기(narrative)들을 통하여 가르치시는 예수님의 모습이 강조되어 있다. 그러나 마태복음과 같이 가르침들이 모아져 기록된 것이 아니라 골고루 흩어져 있고, 예수님의 비유(parable) 또한 마태복음 13장에서처럼 한 곳에 모아져 나오지 않으며 다른 복음서에는 나오지 않는 비유들이 들어 있다는 특징이 있다. 특히 다른 복음서에는 나오지 않는 누가복음만의 고유한 비유들(예: 선한 사마리아인의 비유, 돌아온 탕자의 비유 등)은 그 자체만으로도 누가복음의 독특성을 알 수 있게 한다.

누가복음은 특별히 구조적인 한 가지 특징을 염두에 두고 이해해야 한다. 소위 '여행 이야기'(travel narrative)라고 알려져 있는 9장 51절에서 19장 27절 사이에는 예수님께서 예루살렘을 향하여 올라가시기로 결단하신 후 실제로 예루살렘 근교에 도착하기까지의 장면을 다루고 있는 거대한 단락이 존재한다.

이 단락이 지니고 있는 한 가지 독특한 점은 예루살렘으로 향하는 예수님의 움직임을 단순히 시간적 순서로만 다루고 있지 않다는 것이다. 예수님께서 돌아가실 예루살렘이라는 도시를 부각시키고자 그 도시를 향하여 움직이시기로 결단하신 부분에서 시작해 그 도시에의 도착으로 끝나는 단락을 정하여, 그 단락 사이에 예수 그리스도의 가르침(그중에서도 특별히 제자도에 관한 가르침)을 모아서 전달하고 있다는 특징이 있다.

실제로 이 거대한 단락 안에서는 갈릴리 지역에서 예루살렘을 향하여 점진적으로 움직이시는 예수님의 모습보다는 그 사이에서 이루어지는 예수님의 사역을 주제별로 정리해 놓은 듯하다.

예를 들면 10장 38절에는 예수님이 마리아와 마르다의 집을 방문하신 이야기가 기록되어 있다. 이 사건이 일어난 베다니는 예루살렘 근방에 존재하고 있으므로 예수님께서 예루살렘 근처까지 오신 것처럼 보인다. 그러나 17장 11절 이후를 보면 예수님께서 다시 사마리아 지경을 지나셨다고 기록되어 있다("예수께서 예루살렘으로 가실 때에 사마리아와 갈릴리 사이로 지나가시다가"). 이것이 바로 예수님의 움직임보다는 사역을 주제별로 정리해 놓은 것이라는 주장의 근거다.

이 거대한 단락에는 누가복음만이 지니고 있는 독특한 요소들이 가득 담겨 있다. 공관복음을 내용의 측면에서 비교해 보면, 마가복음과 마태복음은 약 90퍼센트가 공통적이고, 마태복음과 누가복음은 약 50퍼센트가 공통적인 내용이라고 알려져 있다. 이것을 달리 말하면 세 공관복음을 비교해 볼 때, 누가복음은 다른 두 개의 복음서에 비해 상대적으로 내용의 공유 정도가 적고 그 정도는 약 50퍼센트에 해당한다고 말할 수 있다. 그 50퍼센트의 대부분이 '여행 이야기'라는 단락에 집중되어 있으며, 내용상의 특징도 예수님의 가르침 거의 대부분이 제자도에 관한 것에 집중되어 있음을 발견할 수 있다. 결국 이 단락을 잘 살펴볼 때 우리는 누가복음을 통해 주님이 주시고자 하는 제자의 삶에 대한 중요한 요소들을 배울 수 있다. 한 가지 더 누가복음의 특징을 든다면 예수님께서 제자도에 관한 가르침을 주시되 다른 곳에서는 언급되지 않는 색다른 그룹이 이곳에 나타나고 있다는 점이다.

누가복음에서는 다른 복음서와 달리 열두 제자와 함께 70인(10장)이라는 또 다른 그룹들이 더해져 있다. 그뿐 아니라 열두 제자들에 대한 평가도 상대적으로 어느 복음서보다 긍정적이다. 다른 복음서에서 열두 제자들은 깨달음이 더디고 우둔한 모습으로 그려져 있다. 그 같이 더딘 깨달음은 하나님께서 그분의 때까지 모든 것을 온전히 다 밝히시지 않고 숨겨 두었기 때문(9:45 "저희가 이 말씀을 알지 못하였나니 이는 저희로 깨닫지 못하게 숨김이 되었음이라 또 저희는 이 말씀을 묻기도 두려워하더라")이라고 나와 있다. 또한 제자들은 십자가 상에 계신 예수님을 멀리서 쳐다보았다(23:49 "예수의 아는 자들과 및 갈릴리로부터 따라온 여자들도 다 멀리 서서 이 일을 보니라")는 사실을 부각시킴으로써 결국 하나님께서 깨닫게 하시기 전까지는 누구도 깨달을 수 없음을 시사하고 있다. 이러한 특징들은 제자도를 이해하는 데 있어 하나님의 절대적인 주권이 중심적인 역할을 한다는 것을 분명히 하고 있다.

하나님의 주권이라는 측면에서 보면, 누가복음이 주제를 단순히 제자도에만 국한시키고 있는 것은 아님을 알 수 있다. 오히려 누가복음 전체가 하나님의 주권이라는 관점에서 모든 것을 전개하고 있다고 보는 것이 타당할 것이다. 이러한 분석은 흔히 신학자이며 역사가라고 불리는 누가의 명칭에도 어울리고 그의 저서에도 분명히 드러나 있는 세속사와 구속사 간의 구별이 없다는 것을 통해서도 명확해진다.

예를 들어 누가복음은 다른 복음서와 달리 세속 역사와 연결된 인물들을 구체적으로 언급하면서 내용을 전개해 가고 있다. 예수님의 탄생을 논할 때 가이사 아구스도가 영을 내려 호적하라고 해서 요셉이 베들레헴으로 가게 되었다고 말하고 있으며(2:1 이후), 세례 요한이 사역한 역사적 배경을 그 당시 정치적·종교적 상황과 밀접하게 관련지어 소개하고 있다(3:1 이후).

하나님의 주권은 거대한 역사의 흐름 속에만 국한된 것이 아니다. 이스라엘의 위로를 간절히 기다리던 의롭고 경건한 시므온이나 주야로 금식하며 기도하는 안나와 같은 이들에게 성전에서 구주되신 예수님을 만나도록 인도하심으로 개인적인 은혜를 주시며 "마침 이 때에 나아와서 하나님께 감사하고 예루살렘의 구속됨을 바라는 모든 사람에게 이 아이에 대하여"(눅 2:38) 말하도록 인도하시기도 한다.

인간의 삶에서 일어나는 모든 일들은 우연히 일어나는 것이 아니라 하나님의 인도와 섭리 속에서 펼쳐진다. 하나님께서는 때로 초자연적으로 보여 기적이라고 불리는 '직접적 간섭'(direct intervention)을 통해 역사하시기도 한다. 누가의 또 다른 저서인 사도행전을 보면 빌립이 에디오피아 내시에게 복음을 전하고 세례를 준 직후 그를 갑자기 '데려가 버린'(took Philip away)(행 8:39), 마치 중국 쿵푸 영화에서나 가능할 듯한 사건을 예로 들 수 있다.

사건의 진행 중에는 알 수 없지만 결과적으로는 하나님께서 간섭하셨음을 고백하게 만드는 '간접적 간섭'(indirect intervention) 또한 성경에 나온다. 그것은 창세기에 기록된 요셉의 고백 속에 가장 분명하게 그려져 있다"당신들은 나를 해하려 하였으나 하나님은 그것을 선으로 바꾸사 오늘과 같이 만민의 생명을 구원하게 하시려 하셨나니"(창 50:20). 이러한 하나님의 간섭이 우리의 삶 속에 분명히 존재하기에"우리가 알거니와 하나님을 사랑하는 자 곧 그 뜻대로 부르심을 입은 자들에게는 모든 것이 합력하여 선을 이루느니라"(롬 8:28) 말씀에 확신을 가지고 아멘으로 화답해야 하는 것이다.

저자 누가는 이러한 하나님의 주권하에 이루어지는(물론 인간적인 측면에서 구분하는 것에 불과하나) 직간접적 간섭을 그의 저서를 통해 보여 주면서 복음의 역사를 기록해 나가고 있다. 하나님의 주권에 대한 절대적인 신뢰와 강조는 그가 가지고 있는 역사를 보는 견해와도 일치한다. 결국 역사가요, 신학자로서 신학적인 역사관을 가지고 있는 저자 누가는 세속 역사와 구속사가 얽히고 설켜 분리가 불가능하다는 것을 우리에게 보여 주고 있다. 누가에게 있어 역사(history)는 '그분의 이야기'(His story)였다.

2. 제자들에게 요구되는 희생

누가의 저서에 강조되어 있는 하나님의 주권과 오직 예수님을 통해서만 얻을 수 있는 선물인 구원이라는 주제와 연관된 또 다른 국면이 바로 제자의 삶이다. 처음 것이 하나님의 주권에 초점을 맞추고 있다면, 두 번째, 곧 제자의 삶은 인간의 책임이라고 할 수 있다. 이 점과 관련해 다른 복음서와는 달리 누가복음에서는 특별히 그런 삶을 살아가는 데 요구되는 희생적 대가를 계산해 보라고 강조한다.

14장 28절에서부터 32절까지 기록되어 있는 두 개의 비유, 곧 '망대를 세우고자 하는 자'와 '전쟁에 나가는 임금의 모습'을 통해 가르치고 있는 것은, 제자의 삶을 살아가는 데 필요한 대가, 즉 희생을 따져 보라는 것이다: "너희 중에 누가 망대를 세우고자 할찐대 자기의 가진 것이 준공하기까지에 족할는지 먼저 앉아 그 비용을 예산하지 아니하겠느냐 그렇게 아니하여 그 기초만 쌓고 능히 이루지 못하면 보는 자가 다 비웃어 가로되 이 사람이 역사를 시작하고 능히 이루지 못하였다 하리라 또 어느 임금이 다른 임금과 싸우러 갈 때에 먼저 앉아 일만으로서 저 이만을 가지고 오는 자를 대적할 수 있을까 헤아리지 아니하겠느냐 만일 못할 터이면 저가 아직 멀리 있을 동안에 사신을 보내어 화친을 청할찌니라." 그러나 그 뒤에 연속해서 나오는 말씀은 제자의 삶이 단순히 비용과 희생을 따져보는 것에 그치는 것이 아님을 분명히 하고 있다: "이와 같이 너희 중에 누구든지 자기의 모든 소유를 버리지 아니하면 능히 내 제자가 되지 못하리라"(33절).

여기서의 논리적 전제는, 하나님의 나라와 그 나라 시민으로서 살아야 할 삶의 가치에 대한 평가와 그것에 부합되는 삶을 향한 요구를 비교해 보면 전자가 훨씬 유익하다는 것이다. 결국 제자의 삶이 갖는 가치에 대한 올바른 견해는 그런 삶을 사는 것이 그 어떤 것과도 비교할 수 없이 '수지'(?) 맞는 일이므로 다른 모든 것을 미련 없이 버릴 만한 가치가 있다는 것을 밝히고 있다.

그렇다면 여기서 말하는 희생이란 무엇이며 어떠한 삶을 의도하고 있는 것일까? 한마디로 말해 9장 57~62절에 분명히 나와 있는 것처럼 철저하고 완전하게 헌신하는 삶이다: "길 가실 때에 혹이 여짜오되 어디로 가시든지 저는 좇으리이다 예수께서 가라사대 여우도 굴이 있고 공중의 새도 집이 있으되 인자는 머리 둘 곳이 없도다 하시고 또 다른 사람에게 나를 좇으라 하시니 그가 가로되 나로 먼저 가서 내 부친을 장사하게 허락하옵소서 가라사대 죽은 자들로 자기의 죽은 자들을 장사하게 하고 너는 가서 하나님의 나라를 전파하라 하시고 또 다른 사람이 가로되 주여 내가 주를 좇겠나이다 마는 나로 먼저 내 가족을 작별케 허락하소서 예수께서 이르시되 손에 쟁기를 잡고 뒤를 돌아보는 자는 하나님의 나라에 합당치 아니하니라 하시니라". 이 구절에서 분명히 하고 있듯이 예수님을 좇고 하나님 나라를 전파하는 제자의 삶은, 다른 어떤 것보다도 그 우선순위에서 절대 밀려서는 안 되며 나중으로 미룰 수 없는, 지금 바로 결정해야 할 위급하고 중대한 사안이다. 이것을 잘 이해할 수 있는 구절이 누가복음 14장 26절의 말씀이다: "무릇 내게 오는 자가 자기 부모와 처자와 형제와 자매와 및 자기 목숨까지 미워하지 아니하면 능히 나의 제자가 되지 못하고".

위의 말씀은 이 세상에서의 모든 연을 끊거나 자신의 목숨을 하찮은 것으로 여기라는 말이 아니다. 예수님과의 관계 이외의 다른 삶의 관계를 상대적으로 여기라는 말로써 여기에서는 '미움'의 관계로 묘사되어 있으며, 그에 따른 완전한 관점의 변화를 요구하고 있다. 그러한 태도를 지니지 않은 자는 하나님 나라에 합당하지 않은 자가 된다는 것이다.

한마디로 매사에 자신을 잘 관리해야 하며 주어지는 수많은 선택의 기로에서 하나님께서 기뻐하시는 선택을 해야 한다. 인간은 환경과 본성의 산물이 아니라 순간순간 한 선택의 최종적 산물임을 기억해 올바른 선택을 해야 할 자유와 책임이 우리에게 주어져 있다. 우리가 어떠한 선택을 하느냐가 현재를 결정하는 것은 물론 앞으로의 삶도 결정하므로, 그만큼 분명한 방향성을 가지고 그 방향성에 근거하여 순간순간 결정을 해야 하는 것이다.

　10장 38~42절에 나오는 마리아와 마르다 이야기도 이러한 맥락에서 이해할 수 있다: "저희가 길 갈 때에 예수께서 한 촌에 들어가시매 마르다라 이름하는 한 여자가 자기 집으로 영접하더라 그에게 마리아라 하는 동생이 있어 주의 발아래 앉아 그의 말씀을 듣더니 마르다는 준비하는 일이 많아 마음이 분주한지라 예수께 나아가 가로되 주여 내 동생이 나 혼자 일하게 두는 것을 생각지 아니하시나이까 저를 명하사 나를 도와주라 하소서 주께서 대답하여 가라사대 마르다야 마르다야 네가 많은 일로 염려하고 근심하나 그러나 몇 가지만 하든지 혹 한 가지만이라도 족하니라 마리아는 이 좋은 편을 택하였으니 빼앗기지 아니하리라 하시니라".

　본문에서 분명한 한 가지 사실은 마르다가 여러 가지 일로 마음이 분주했다는 것이다. 그래서 예수님 앞에 앉아 있기로 선택한 동생 마리아에게 화까지 낸다. 이때 예수님께서는 마르다가 '많은 일로 염려하고 근심' 하고 있음을 지적하며 '한 가지'를 선택할 것을 지적하신다. 이것을 다르게 표현해 보면, 인생의 비밀은 단일성에 있다고 할 수 있다. 여기서 말하는 단일성이란 단순함이나 소박함이라기 보다는 나아갈 방향이 분명해서 그것을 중심으로 인생의 우선순위를 정하는 데 망설임이 없는 상태를 말한다. 그럴 때 두 마음을 품어 정함이 없는(약 1:8 "두 마음을 품어 모든 일에 정함이 없는 자로다") 상태에서 해방되어 분명한 초점을 지니고 살 수 있으며, 놀랄 만한 평안이 찾아오는 것을 경험할 수 있게 된다.

인생의 비밀은 궁극적으로 방향을 분명히 정하고 가는 것, 좀 더 극단적으로 말해 '한 가지'만 추구하고 가는 것이라고 말할 수 있다. 그러한 눈으로 세상을 볼 때 모든 것이 선명하게 보인다. 그러나 여기서 간과해서는 안 될 한 가지 사실은 예수님께서 마르다가 열심을 보이고 있는 봉사와 섬김이 문제가 있다는 것을 말씀하고 계시는 것이 아니라는 사실이다. 그녀는(상대적으로 덜 중요한 것을 선택하였다는 의미에서) '죄'를 짓고 있었으나, 건설적이지 않은 일을 하고 있었던 것은 아니다. 그러나 예수님께서는 마리아가(문맥상으로 가능한 해석인) '더 좋은 편을 선택하였다'(what is better, NIV)고 말씀하신다. 그녀가 선택한 것 자체에 문제가 있다기보다는 그녀가 차선을 선택했다는 데 문제가 있다는 말이다. '더 좋은 편'인 예수님과의 시간을 선택한 마리아에게는 칭찬이 주어진다.

예수님께서 마르다에게 하신 말씀을 통해 배울 수 있는 것은 올바른 우선순위를 선택해야 한다는 것이다. 수많은 선택에서 가장 지혜로우며 가장 합당한 선택을 하는 것이 우리에게 너무도 중요하다.

제자들에게 요구되는 삶을 산다는 것은 인생을 향한 분명한 목적과 목표를 정해 놓고 전략을 세우며, 그 전략을 이루기 위해 계획을 세울 뿐 아니라 그것에 필요한 헌신 및 자원 확보에 집중하는 것을 포함한다. 이러한 삶이 스티븐 코비가 『성공하는 사람들의 7가지 습관』에서 말하는 '종착지를 분명히 정하고 시작'(begin with the End in mind)하는 삶이며, 그럴 때만이 실제로 '최우선적인 것을 최우선에 두는'(put first things first) 삶을 살 수 있다.

이러한 삶은 많은 이들이 이상적이라고 생각하는 '균형 잡힌 삶'과는 무관하다. 실제로 균형을 추구하는 태도에는 인생을 우리 자신보다 더 큰 무엇에 바친다는 개념이 결여되어 있기 때문이다. 예수님의 제자들뿐 아니라 사도 바울의 삶을 보더라도 그들이 궁극적으로 인생에서 추구하는 목표는 균형 잡힌 삶이 아니라 그 이상의 것이었다고 할 수 있다. 더 적당한 표현은 '잘 정돈된 삶을 살아라'라는 것이다. 무엇보다도 옳은 일을 찾아 올바른 방법을 취하여 바른 사랑 안에서 행해야 한다.

인간의 타락은 결과적으로 모든 것을 무질서하게 만들었기 때문에 잃어버린 질서를 되찾는 것이 하나님의 방법이다. 그것이 '샬롬'이며 그 속에 하나님께서 의도하신 '질서의 회복'이 담겨 있다. 분명한 비전과 목적, 그것에 걸맞은 삶만이 샬롬을 우리의 삶에서 가능하게 한다.

삶의 커다란 틀인 패러다임 설정이 중요하다면, 그것을 주관하고 있는 가치 또한 중요하다. 인간에게 있어 다른 모든 가치들을 원천적으로 지배하고 궁극적으로는 하나님께 맞서는 경쟁자로 다가오는 것이 바로 '재물'(맘몬이라는 헬라어로 사용됨)이다. 이것은 누가복음에서 반복적으로 지적되는 요소다. 이것을 어떻게 이해하느냐에 따라 삶의 철학과 삶의 분위기 및 가치관이 결정되기 때문에 누가복음에서는 다양한 문맥하에서 반복적으로 언급되고 있다.

먼저 여기서 한 가지 분명하게 이해해야 할 부분은 '재물'로 해석되어 있는 맘몬(mammon)이라는 단어다. 한글 성경에는 단순히 재물이라고 해석되어 있으나 부연설명이 필요한 부분이다. 예수님의 가르침에서 알 수 있듯이 맘몬은 하나님과 경쟁하는 섬김의 대상으로 등장한다(예: 눅 16:13 "너희가 하나님과 재물을 겸하여 섬길 수 없느니라.").

섬김의 대상이 될 수 있다는 의미에서 맘몬이 단순히 재물 자체를 말하고 있다는 것은 정확한 이해가 아니다. 오히려 돈과 같은 '재물' 뒤에 숨어서 사람들로 하여금 그것을 사랑하며 섬기도록 마음에 영향을 미치는 존재라고 보는 것이 더욱 정확하다. 그러기에 사도 바울은 "돈을 사랑함이 일만 악의 뿌리가 되나니 이것을 사모하는 자들이 미혹을 받아 믿음에서 떠나 많은 근심으로써 자기를 찔렀도다"(딤전 6:10)라고 말하고 있다.

하나님 아니면 맘몬, 둘 중 하나를 선택해야 하는 중요한 이유는, 그것이 바로 내가 이타적일 수 있는가 아니면 이기적일 수밖에 없는가를 결정하는 관건이기 때문이다. 예수 그리스도를 따르는 제자의 삶에서 이 질문에 대한 대답은 당연히 하나님이어야 한다.

누가는 그 이유를 분명히 하기 위해 두 개의 비유('어리석은 부자의 비유' 12:16~21, '옳지 않은 청지기의 비유' 16:1~13)를 사용하고 있다. 첫째 이유는 우리의 참된 주인이 하나님이시기 때문이다. 우리가 가장 중요하게 여기는 것은 곧 우리를 주관하는 주인이 된다. 철저하게 자기 자신만을 위하는 '소유'는 예수의 제자도와 결코 공존할 수 없다. 이런 이기적인 탐욕(12:17~19)은 결국 우리 모두가 거짓된 것을 의지하게 하여 하나님과의 관계에서 멀어지게 할 뿐이다.

둘째 이유는 우리가 우리에게 주어진 것들에 대한 청지기로 부름을 받았으므로 그러한 자원들을 지혜롭게 사용해야 하기 때문이다. 인생은 빈손으로 왔다가 빈손으로 가는 것이라는 말은 진리 중의 진리다. 세상에 사는 잠깐 동안 우리 손에 주어지는 '불의의 재물'(16:9)이 주위의 필요한 자들에게 나누어져 사용되어야 한다. 그렇게 하는 것이 우리가 세상을 떠날 때 '불의의 재물'을 우리의 영원한 소유로 바뀌게 할 수 있는 방법이다.

셋째 이유는 우리에게 주어진 것들을 지혜롭게 사용할 때 주님이 더욱 큰 것을 우리에게 맡겨 주시기 때문이다(16:10). 한마디로 제자도와 '자신만을 위한 삶'은 공존할 수 없다. 이 땅의 '부'라는 것은 한시적으로 존재하는 것이며, 또 우리 모두가 하나님 앞에서 우리의 삶에 대해 계수하는 시간이 반드시 오기 때문이다. 부를 가르치는 문맥에서 주신 "너희 보물이 있는 곳에는 너희 마음도 있으리라"(12:34)는 말씀 속에 그 모든 가르침이 요약되어 있다고 말할 수 있다. 이러한 문맥 속에서 누가복음 21장 2~4절에 기록된 한 가난한 과부의 헌금에 대한 예수님의 언급은 진정한 의미를 갖는다: "어떤 가난한 과부의 두 렙돈 넣는 것을 보시고 가라사대 내가 참으로 너희에게 말하노니 이 가난한 과부가 모든 사람보다 많이 넣었도다 저들은 그 풍족한 중에서 헌금을 넣었거니와 이 과부는 그 구차한 중에서 자기의 있는 바 생활비 전부를 넣었느니라 하시니라."

요약하자면 재물에 관한 올바른 생각의 출발은 모든 부의 근원과 주권이 하나님께 달려 있다는 사실을 인정하는 데 있다(롬 11:36 "이는 만물이 주에게서[from Him] 나오고 주로 말미암고[through Him] 주에게로 [to Him] 돌아감이라…").

이러한 개념은 우리가 성경적 재물관을 갖는 시작점이 되며 궁극적으로는 우리가 소유하고 있는 '재물'에 대해 올바른 목적을 부여할 수 있도록 도와준다. 이러한 생각에서 벗어나면 그 즉시 수직적으로는 재물이 하나님을 대신한 우상으로 자리잡을 수 있고(마 6:21~24 "네 보물 있는 그 곳에는 네 마음도 있느니라 눈은 몸의 등불이니 그러므로 네 눈이 성하면 온 몸이 밝을 것이요 눈이 나쁘면 온 몸이 어두울 것이니 그러므로 네게 있는 빛이 어두우면 그 어두움이 얼마나 하겠느뇨 한 사람이 두 주인을 섬기지 못할 것이니 혹 이를 미워하며 저를 사랑하거나 혹 이를 중히 여기며 저를 경히 여김이라 너희가 하나님과 재물을 겸하여 섬기지 못하느니라"), 수평적으로는 '부자가 되는 것'이 삶의 최우선 순위가 되어 버릴 수 있고(딤전 6:9 "부하려 하는 자들은 시험과 올무와 여러 가지 어리석고 해로운 정욕에 떨어지나니 곧 사람으로 침륜과 멸망에 빠지게 하는 것이라"), '돈을 사랑함'(딤전 6:10 "돈을 사랑함이 일만 악의 뿌리가 되나니 이것을 사모하는 자들이 미혹을 받아 믿음에서 떠나 많은 근심으로써 자기를 찔렀도다")에 빠져 부의 축적을 위해서라면 수단과 방법을 가리지 않아도 된다는 치명적인 인생철학의 노예가 될 수 있다. 이 모든 것들은 "돈은 올바른 주인을 만나면 좋은 종이 되지만 주인을 잘못 만나면 돈 자체가 도리어 끔찍한 주인이 된다."는 어떤 사람의 표현으로 잘 정리할 수 있다.

 제자들은 세상에 속한 이들과는 정체성이 다르기 때문에 삶의 양식과 태도 그리고 가치관까지도 달라야 한다. 제자들은 세상의 고정관념을 타파하시러 오신 예수님을(4:18; 6:20~24; 7:22) 좇는 자들로서 그분의 복음을 전하며 살아야 한다.

 위에서 살펴본 비유에서 분명히 하고 있듯이, 제자의 삶에서 자신만을 위한 이기적 부(富)의 사용은 용납될 수 없으며(12:20~21), 주위의 다른 이들의 고통을 간과하는 것은 경고받을 만한 위험한 것이다

(16:19~31). 오히려 영원하지 못한 불의의 재물을 타인에게 베풀며 살아감으로써 천국의 상급을 쌓는 것이 지혜로운 제자의 삶임을 예수님께서는 가르쳐 주신다(16:1~9).

마지막으로 누가복음에는 제자의 삶은 평생 계속되어야 한다는 지속성이 강조되어 있다. 다른 복음서와 달리 누가복음에서는 '날마다'라는 단어가 강조되어 있다. 제자는 자기를 부인하고 날마다 제 십자가를 지고 예수를 좇아야 하며(9:23 "또 무리에게 이르시되 아무든지 나를 따라 오려거든 자기를 부인하고 날마다 제 십자가를 지고 나를 좇을 것이니라"), 날마다 일용할 양식을 구하며 살아야 한다(11:3 "우리에게 날마다 일용할 양식을 주옵시고").

반복해 나타나는 '날마다'라는 단어는 하루하루, 평생을 한결같이 제자의 삶을 살아가야 하는 제자의 모습을 강조하고 있다. 지속적인 삶은 습관화가 되지 않고는 이루어질 수 없다. 단순히 일회적인 이벤트성의 삶의 변화가 아니라 지속적으로 꾸준히 변해가야 한다는 것을 말한다. 우리의 정체성이 변했으므로 우리는 질적으로도 변해야 (transforming) 한다.

로마서 12장 2절에서 말하듯("너희는 이 세대를 본받지 말고 오직 마음을 새롭게 함으로 변화를 받아 하나님의 선하시고 기뻐하시고 온전하신 뜻이 무엇인지 분별하도록 하라") 마음을 새롭게 함으로써 변화하는 삶이 필요하다. 마음의 중요성을 잠언 4장 23절은 이렇게 말하고 있다. "무릇 지킬 만한 것보다 더욱 네 마음을 지키라 생명의 근원이 이에서 남이니라."

또 마음에 무엇을 담느냐가 어떤 인물이 되느냐를 결정한다는 것을 잠언 23장 7절은 이렇게 표현하고 있다: "대저 그 마음의 생각이 어떠하면 그 위인도 그러한즉." 입력이 출력을 결정한다는 것이고 명품이 되려 한다면 명품이 될 수 있는 부품을 가지고 시작해야 한다는 것이다.

이런 맥락에서 사도 바울은 빌립보서 4장 8절에서 다음과 같이 도전하고 있다: "종말로 형제들아 무엇에든지 참되며 무엇에든지 경건하며 무엇에든지 옳으며 무엇에든지 정결하며 무엇에든지 사랑할 만하며 무엇에든지 칭찬할 만하며 무슨 덕이 있든지 무슨 기림이 있든지 이것들을 생각하라".

여기서 한 가지 강조해야 할 사실은 헬라어의 뉘앙스를 정확하게 전달하기 위해서는 '이것들을 [지속적으로 또는 습관적으로] 생각하라'고 해석해야 한다는 것이다. 한마디로 사도 바울의 명령을 정리하면 '생각할 만한 가치가 있는 것들만을 지속적이며 습관적으로 생각하라'는 것으로 표현할 수 있다.

이것은 '우리의 모든 생각을 사로잡아 그리스도에게 복종케 하는'(고후 10:5) 훈련의 일부다. 그럴 때만이 우리 모두 제대로 볼 수 있으며 제대로 판단할 수 있게 되어 온전한 제자의 삶을 살 수 있게 되는 것이다.

3. 도(the Way)를 좇는 자들의 모습이 우리 가운데 있는가?

누가복음의 속편이라 할 수 있는 사도행전을 보면, 예수 그리스도를 믿는 자들을 '제자'(행 6:1, 7 등) 또는 '도(the Way)를 좇는 자'(행 9:2 등)라고 말하고 있다. 그 속에 그려진 초대 교인들, 즉 제자들의 모습은 위에서 말한 대가를 치르고 희생을 감수한 사람들임을 어렵지 않게 발견할 수 있다. 누가복음 제자도의 핵심은 바로 거기에 있다.

그것은 예수님의 제자들의 삶의 특성을 표현하는 동시에 궁극적으로는 오늘날 우리 모두에게도 요구되는 모습이다. 사도행전에서의 예수님의 가르침과 그 가르침을 생활화한 초대 교회 제자들의 모습은 2,000년 이상이 지난 오늘날 우리들에게도 동일하게 요구되고 있는 것이다.

장 폴 사르트르가 말했듯이 인생은 결국 B와 D 사이의 C이다. 탄생(Birth)과 죽음(Death) 사이에는 선택(Choice)이 놓여있다는 것이다. 결국 우리의 삶은 선택의 연속이라고 할 수 있으므로 어떤 선택을 하는가에 따라 어떠한 모습이 될 것인가가 결정된다. 수많은 선택 가운데 무엇에 근거하여, 또한 어떠한 태도로 선택의 결정을 만들며 살 것인가가 우리의 몫이다.

무엇에 근거하여 어떻게 어떤 선택을 할 것인가에 관해 경제학의 한 개념과 연관을 짓는 것이 도움이 된다. '기회 비용'이라는 개념이 있다. '우리가 다른 일을 선택하지 않았기 때문에 지불해야 하는 비용'을 의미한다. 어떤 것을 선택한다는 것에는 그렇지 않았을 경우에 '얻을 수 있는 이득'을 제한한다는 의미 또한 포함하고 있다.

기회비용이라는 개념은 다른 사안에 영향을 미친다는 것을 분명히 함으로 선택한 것에 대한 후회를 최소화하고 우리에게 가장 효율적인 (시간과 재물 결국은 인생) 투자 방법을 고를 수 있도록 도와준다. 예를 들어 신형 핸드폰으로 구형 핸드폰을 바꾸는 대신 그 비용으로 선교 헌금을 했다고 하자. 이렇게 선교 헌금을 함으로써 생기는 기회비용은

'핸드폰을 새로운 모델로 바꾸는 것에 두는 가치'이다. 누가복음 14장에서 도전하시는 '온전한 평가 후 선택'이라는 것은 어떻게 보면 기회비용을 고려해 선택하라는 것이다. 예수님의 제자가 된다는 것이 얼마나 중요한가와 함께 그러한 삶을 사는 것에 많은 희생이 따를지라도 가치와 행복함이 있기에 모든 것을 알 때 그 길을 선택한다는 것이다. 다르게 표현하자면 중요한 일을 하러 갈 때는 웬만한 일을 포기하는 것쯤은 두려워하지 말아야 한다는 것이다.

이와 함께 선택을 하는 데 있어서 중요한 또 하나의 영역이 있다. 이것을 선택할 것인가, 저것을 선택할 것인가의 의사 결정을 연구하는 학문인 의사 결정학이다. 의사결정학에서는 결정을 하는 데 있어서 가장 중요한 요소로 '자신에게 진정으로 가치 있는 것이 무엇인가를 생각하는 것'(마치 우리가 물건을 살 때 언제나 마음속으로 가치를 따져 보아야 하는 것과 마찬가지다)과 '자신에게 정말로 중요한 것이 무엇인지를 파악하는 것'을 강조한다.

그러나 선택을 하려면 먼저 자신이 원하는 것을 명확히 알아야 한다. 자신이 진정으로 원하는 것을 모른다면 그것을 손에 넣을 수 없을 것이다. 결국 하나님 나라에 대한 분명한 이해와 그 나라에 걸맞은 삶을 살아야 한다는 분명한 제자의 삶에 대한 이해 그리고 그러한 삶을 향한 철저한 헌신이 요구된다.

하지만 선택을 할 때 '반드시 해야 한다는 주의(主義)', 곧 해야만 하기 때문에 하지 않으면 안 된다는 의무적 접근은 우리의 짐을 더 무겁게 만들고 인간다움을 갉아먹는다. 오히려 마음속에 목표가 확고히

선 사람에게는 '해야 한다'에서 '하고 싶다'로의 사고방식의 전환이 필요하다. 인간 연구자들이 지적하듯 인간 연구에서 가장 중요한 영역은 인간에게만 있는 영혼의 가치다. 영혼은 인간이 가진 가장 중요한 자산이기 때문이다. 그런데도 '영혼을 파는' 사람들이 있으며 팔아도 너무나 싼 값에 그것을 판다.

상처 입은 자존심을 안고 영혼이 없는 것처럼 사는 사람은 아무런 지침 없이 인생을 표류하게 된다. 신앙 생활을 하다 보면, 때로 도덕을 벗어던지고 싶은 유혹이 누구에게나 한 번쯤은 오게 마련이다. 하지만 그것은 인생을 제대로 이해하지 못하는 사람들을 꾀는 사이렌(아름다운 노랫소리로 근처를 지나는 뱃사람을 유혹하여 파선시켰다는 바다의 요정) 소리에 비유할 수 있을 것이다. 경제학적 표현을 쓰자면, 비도덕적인 행동을 구입하는 비용은 낮지만 그것을 유지하는 비용은 우리를 죽음으로 몰아갈 수 있다고 할 수 있다.

그리고 세상에서 어떤 문제에 기울이는 노력의 양은 그 문제의 중요성과 비례해야 한다. 큰 산과 큰 문제에는 큰 노력을, 작은 산과 작은 결정에는 작은 노력을 기울이는 것이 당연하다. 일반적으로 사람의 마음을 변화시키는 것은 불가능하진 않지만 절대 쉬운 일은 아니라고 한다. 왜냐 하면 인간은 대단히 강한 지적 면역체계를 가지고 있어서 새로운 아이디어를 접하면 그 가치를 따지기에 앞서 거부반응을 보이기 때문이다. 가치가 있는 것을 위해서라면 기꺼이 노력해야 하며 쉽진 않지만(누가복음에서 강조하고 있는 요소인) 성령에 의지하여 자신과의 싸움에서 승리해야 한다.

지금 우리가 사는 세상에는 여러 가지 면에서 전례를 찾아볼 수 없는 새로운 모습들이 펼쳐져 있다. 무엇보다도 지금 세상은 인류 역사상 그 어느 시대와도 비교할 수 없을 만큼 번영의 시대를 살고 있다. 과학 기술과 현대 문명은 엄청난 부와 편리함을 이 세상에 창출해 주었으며 수많은 사람들이 그 혜택을 누리며 살고 있다. 그러나 이것은 어디까지나 밝은 쪽의 이야기일 뿐이다.

어두운 쪽을 살펴보면 상황이 심각하다. 세계은행의 조사에 따르면 전세계 인구의 절반에 가까운 28억 명이 여전히 하루 2달러 미만으로 생활하고 있다고 한다. 이들 중 약 11억 명은 하루 생계비 1달러 미만의 절대 빈곤계층에 속한다. 그뿐 아니다. 1억 3천만 명의 아이들이 학교를 못 가고 있고, 5명 중 1명이 깨끗한 식수를 마셔본 적이 없다는 통계가 있다. 전 유엔사무총장인 코피 아난은 "15퍼센트의 사람만이 85퍼센트의 자원을 차지하는 상태는 지속 가능한 성장이 아니다."라며 현 세상에서의 부와 그 혜택의 불균형을 지적한 바 있다. 세계적으로 확대되고 있는 양극화라는 어두운 그림자를 보고 있는 것이다.

유사한 모습을 한국에서도 볼 수 있다. 한국 사회도 이미 경제적 '양극화' 현상, 빈부 격차의 심화 등이 더 이상 간과해서는 안 되는 수준에 다다랐다. 현 상황을 이대로 방치해서는 안 된다. 알빈 토플러의 예견처럼 앞으로 부로 인해 세상이 더욱더 빠른 속도로 바뀔 것이기 때문이다.

이런 세상을 보면서 우리 크리스천들은 우리가 해야 할 역할들에 대해 생각해 보아야 한다. 이것은 단순히 정치가나 기업가들의 문제가 아니라 우리 모두의 문제이며, 특별히 예수의 제자들이 함께 동참하며 해결해야 할 문제이다. 단순히 사회복지적 차원이나 소유의 재분배라는 차원에서 접근하라는 것이 결코 아니다.

누가복음의 메시지는 오늘날의 세상 속에서 살고 있는 예수의 제자들을 향해 주는 메시지라고 할 수 있다. 예수의 제자들은 세상을 변화시키는 리더들이 되어야 하고, 리더들은 본을 보이고 희생하는 삶을 살아야 한다. 바로 우리 자신들이 대가를 지불하고 희생을 감수하며 나누는 자들의 모범이 되어야 한다는 것이다.

먼저 희생의 영역을 생각해 보자. 누가가 강조하고 있듯이 '날마다' 십자가를 지고 예수님을 좇는 삶의 모습 속에는 다른 사람들을 위한 희생의 삶이 담겨 있다. 희생은 다른 어떤 요소들보다도 다른 이들에게 크고 강한 영향력을 끼친다.

닉슨 워터게이트 사건으로 옥살이를 하던 중 예수님을 만나 미국 교도소 선교협회를 창설한 척 콜슨(Chuck Colson)은 한 강연에서 그가 만난 예수님에 관하여 이렇게 말했다: "내가 알고 있는 역사상의 왕과 여왕들은 모두 자기를 위해 죽으라고 백성들을 내보냈습니다. 자기 백성을 위해 죽겠다고 마음먹은 유일한 왕은 오직 한 분, 예수님뿐이었습니다."

리더의 희생은 다른 이들을 감동시킬 뿐 아니라 그들로 하여금 리더의 비전을 공유하게 만든다. 예수님의 희생이 수많은 제자들에게 하나님 나라의 비전을 공유하게 만들었듯이, 이제는 우리의 희생의 본을 통해 동일한 비전을 다른 이들의 삶 속에 불일 듯 일어나게 만들어야 한다. 크리스천들은 모두 천국의 상속자들이라는 측면에서, 우리 모두는 부유한 자들이며 따라서 우리가 하는 모든 희생은 '노블레스 오블리제'라고 말할 수 있다.

세상의 역사를 보아도 희생은 놀라운 역사를 이루게 만든다. 그중에서도 특별히 지도층에 속한 이들의 희생은 더욱 더 그러하다. 영국의 경우 제1차 세계대전에 참가한 귀족계급의 50대 남자 가운데 25퍼센트가 전사하고 옥스퍼드 대학이나 케임브리지 대학 학생 3분의 1이 전장에서 돌아오지 못했다. 희생하는 삶을 산 영국의 귀족다운 모습을 볼 수 있다.

요즘 기업들이 관심을 가지고 있는 로마 제국의 경우에도 유사한 점을 발견할 수 있다. 로마 건국 당시 원로원을 구성하고 있던 100명의 전통 깊은 귀족층의 숫자가 500년 뒤에는 20퍼센트 이하로 감소했다. 그 이유는 평민들이 원로원에 유입됐기 때문이 아니라, 끊임없이 벌어진 전투에 귀족계급이 적극적으로 참전해 많은 수가 전사한 것이 주요 원인이었다고 한다. 팍스 로마나(Pax Romana)가 장수할 수 있었던 비결은 지도층의 희생에 있었다는 것이다. 고귀한 신분에 따르는 높은 수준의 희생정신인 노블레스 오블리제가 얼마나 중요한지를 보여 주는 예들이다.

이것은 특정 분야나 영역에 제한된 것이 아니다. 한 예로, 1967년 6월에 이집트와 이스라엘 간에 일어난 6일 전쟁은 전쟁의 역사에서 많은 의미를 주고 있다. 전쟁이 발발했을 때 사람들은 전력 면에서 이집트가 월등히 뛰어났기 때문에 이스라엘이 오래가지 못하고 패하리라 생각했다. 그러나 이스라엘은 예상을 뒤엎고 6일 만에 전쟁을 승리로 이끌었다. 무엇보다 이 전쟁에서 사람들의 주목을 끈 것은 다름 아닌 불에 타 죽은 전사자들이었다. 놀라운 사실 하나는 이집트 군인 사상자들 대부분이 일반 사병이었던 반면, 이스라엘 사상자들은 대부분이 장교였다는 점이다. 리더의 희생이 불리하게 보이는 전쟁을 승리로 이끄는 원동력이 되었던 것이다. 희생하는 리더들에 의해 세상의 변화는 일어날 수 있다. 그래서 크리스천들이 이러한 희생의 삶의 본을 보여야 한다.

희생의 한 요소로 볼 수도 있으나 현대와 같이 물질주의가 팽배한 사회에서 따로 강조되어야 할 영역이 있다. 재물을 나누며 사는 삶의 중요함이다. 저자 누가가 지적하듯 재물은 맘몬과 같이 우리에게 하나님의 위치를 차지하도록 지속적으로 유혹한다는 사실을 기억해야 한다. 우리 모두는 그것을 세상의 많은 사람들처럼 우리의 주인으로 만드는 것이 아니라 종으로 만들어야 한다. 이것은 개인적인 측면에서는 물론 법인(기업)에게도 동일하게 적용된다.

어떤 사람이 말한 것처럼 돈 버는 테크닉만으로 기업을 경영할 경우, 기업은 자신을 낳아준 사회를 파괴하고 스스로 죽는 모순을 낳을 수밖에 없다. 누가복음이 제자도를 통해 강조하고 있듯이 우리도 어려움을 겪고 있는 주위 사람들에게 사랑을 베풀고, 가지고 있는 것을 나누어야 한다. 또한 이러한 사랑의 영역은 선한 사마리아인의 비유를 통해 보듯 사회적·경제적·정치적·종교적인 경계를 초월하여야 한다는 것 또한 염두에 두어야 한다.

얼마 전에 한 대기업의 명예회장이 자신의 회사 주식 지분 전량을 자녀들에게 증여해 당당하게 증여세를 내기로 결정하면서 사상 최대의 증여세가 부과될 것이라는 기사가 많은 이들의 관심과 호응을 얻은 적이 있다.

한편으로 보면 그런 결정이 지극히 당연한 것이 아니냐며 지나쳐 버릴 수도 있으나, 관행이라는 미명하에 행해지던 '편법'을 거부하고 공개적으로 '떳떳하게' 자녀들에게 재산을 물려준다는 점이 많은 이들이 긍정적으로 평가하는 이유일 것이다. 특별히 빈곤층이 늘고 있으며 그로 인해 양극화의 결과가 초래되었다는 목소리가 높아지고 있는 상황에서 나온 것이어서 그 의미가 각별하다고 할 수 있다. 이런 소식은 우리 나라와 같이 자본주의를 경제의 엔진으로 삼고 있는 나라에서 특히 크리스천들에게 재물에 관한 성경이 제시하는 기본적 가르침들을 다시 한번 분명하게 되돌아보게 하는 좋은 계기를 마련해 준다.

누가복음에서 지적하고 있는 대로 재물은 끔찍한 주인이 될 수 있다. 그러기에 특별히 우리 믿는 이들 가운데 부유한 부류에 속한 자들(또는 나눌 수 있는 위치에 있다고 여기는 자들)은 자신들이 소유한 재물로 선한 청지기의 삶을 사는 것이 더욱더 중요하다. 하나님께로부터 받은 것을 자신만을 위해 사용하는 어리석음을 범하지 말고(눅 12:16~21) '지혜롭게'(눅 16:1~9) 사용해야 한다. 부유함이 교만함의 원인이 되어서는 안 된다. 재물은 영원하지 않기에 소망의 대상이 될 수 없으며, 주님이 맡겨주신 것이기에 선한 일에 나누어 주기를 좋아해야 한다(딤전 6:17~18 "네가 이 세대에 부한 자들을 명하여 마음을 높이지 말고 정함이 없는 재물에 소망을 두지 말고 오직 우리에게 모든 것을 후히 주사 누리게 하시는 하나님께 두며 선한 일을 행하고 선한 사업에 부하고 나눠주기를 좋아하며 동정하는 자가 되게 하라").

'노블레스 오블리제'는 우리 믿는 이들의 당연한 모습이 되어야 한다(딛 2:14 "그가 우리를 대신하여 자신을 주심은 모든 불법에서 우리를 구속하시고 우리를 깨끗하게 하사 선한 일에 열심하는 친 백성이 되게 하려 하심이니라"). 그러나 재물은 넉넉한 자들에게만 끔찍한 주인이 되는 것이 아니라는 사실 또한 강조되어야 한다. 물질적으로 가난한 사람들에게도 재물은 같은 위력을 발휘할 수 있다. 그러기에 성경에서는 부족하게 받은 사람들은(헬라어로는 같은 단어인) '자족'(自足, 빌 4:11 "내가 궁핍하므로 말하는 것이 아니라 어떠한 형편에든지 내가 자족하기를 배웠노니")/ '지족'(知足, 딤전 6:6 "그러나 지족하는 마음이 있으면 경건이 큰 이익이 되느니라")해야 한다는 점을 함께 강조하고 있다. 재물의 적음을 보기에 앞서 '영적인 축복 및 풍성함'(약 2:5 "내 사랑하는 형제들아 들을지어다 하나님이 세상에 대하여는 가난한 자를 택하사 믿음에 부요하게 하시고 또 자기를 사랑하는 자들에게 약속하신 나라를 유업으로 받게 아니하셨느냐")을 통한 감사의 마음을 가져야 한다. 그렇다고 이것은 현재의 처지를 운명적 또는 패배적으로 수용하라고 하는 것은 결코 아니다. 오히려 적극적이며 주도적인 믿음의 모습을 가지고 삶을 개선하기 위해 최선을 다해야 한다.

한마디로 부자나 가난한 자나 모두 재물로 인해 시험에 들 수 있으므로 깨어 있어야 한다는 것이다. 무엇보다도 재물 때문에 소중한(육적, 영적) 생명을 희생해서는 안 되며, 재물을 모으는 데는 실패해도(수직적으로 하나님과, 수평적으로 다른 사람들과) 관계맺는 일에는 실패하지 말아야 한다. 건전한 재물관을 가지고 재물을 종으로 삼는 노력을 하면서 사는 삶이 제자에겐 너무도 중요하다는 사실을 잊지 말아야 한다. 나눔이라는 것이 재물에 대한 건강을 유지하는 최고의 방법임을 기억하고 이를 실천하는 삶을 살아야 한다.

크리스천들은 이 세상에서 희생을 감내하고 나눔을 행하는 데 앞장서는 삶을 살아야 한다. 소수라도 나부터, 우리부터 시작하려는 태도가 필요하다. 다니엘 골먼은 『사회지능』(Social Intelligence)이라는 책에서 '앙양'(昻揚, uplifting)이라는 개념을 지적하는데, 그것은 소수라 할지라도 우리가 왜 본을 보여야 하는가를 설명해 준다. '앙양'이란 다른 사람의 친절함을 보고 친절한 마음이 동하는 현상을 말한다. 누군가가 도움의 손길을 내밀고 있다는 얘기만 들어도 놀라운 효과를 발휘하게 된다는 것이다.

예를 들어 어떤 사람의 친절한 행동을 보았을 때, 그것을 본 사람도 그렇게 하고 싶은 충동을 느끼게 된다는 것이다. 우리들에게 이 세상에서 착한 행실을 통해 빛의 역할을 감당하라고 하신 말씀(마 5:14~16)이 담고 있는 파급효과를 이해하게 만드는 부분이다. 우리 모두가 '앙양'의 발원지가 될 수 있고, 세상에서 신선한 변화를 일으키는 모델이 될 수 있다. '날마다' 십자가를 지고 예수님을 따르는 삶을 살아야 한다는 누가복음의 말씀은 희생과 나눔을 포함한 삶을 가리킨다. 이 말씀에 비추어 우리 각 사람의 삶을 평가해 볼 때 균형을 잃어버린 모습을 발견할 수도 있다.

어떻게 보면 너무 쉽게 기독교인이 되고 너무 편하게 기독교인의 삶을 살아가는 모습을 발견한다. 물론 '값없이'(free) 주어지는 구원이라는 것은 매우 중요한 가르침이지만 그렇다고 해서 '싸구려'(cheap) 구원이 될 수는 없다는 신학자 본 훼퍼의 말은 대가를 치르고 희생을 감당하라는 누가복음의 말씀을 다른 각도에서 말한 것이라 할 수 있다.

미국에서 교인들의 숫자는 늘어나는데 도덕과 윤리의식은 도리어 낮아지는 것을 보며 한탄하던 한 신학자 로버트 건드리의 적나라한 표현이 떠오른다. 그는 성경의 말씀에 의거하여 '하나님의 메시지'(message)를 전파해야 할 교회가 '구도자'에 대해 지나치게 민감함으로 '심리적 맛사지'(massage)를 하는 모습으로 전락했다고 표현했다.

이런 현상은 비단 미국만의 문제가 아니다. 우리 나라에서도 크리스천에 대한 인식은 과거의 그 어느 때보다도 참담할 정도로 낮다. 우리 사회에서 신용 불량자들의 수가 350만 명을 넘었다고 한다. 개인에게 있어 신용이란 생명과도 같이 소중한 것이기에 심각한 일이 아닐 수 없다. 더욱 큰 문제는 교회와 크리스천들이 사회로부터 점점 신용을 잃어가고 있다는 사실이다.

최근의 한 설문에 의하면 복음을 거부하는 가장 큰 이유가 '기독교에 대한 부정적 시각'이었다. 한때는 '예수쟁이'라는 조롱을 받으면서도 증가하던 기독교가 이제는 무관심의 대상을 지나 거부의 대상으로 전락해 버린 것이다. 과거의 우리 모습과 현재 우리의 모습의 차이를 만들어낸 것은 '예수님의 제자로서 우리가 제대로 제자답게 살아가고 있는가?'라는 질문에 대한 대답과 밀접한 관계가 있다.

누가가 강조하고 있듯이 우리는 '날마다' 예수님의 고난과 죽음의 상징인 십자가를 지는 삶, 즉 자신을 부정하며 예수의 가르침을 좇아 살아야 한다. 물론 이것은 우리의 힘으로만 되는 것이 아니다. 누가복음과 사도행전을 통해 셀 수 없이 강조되어 있는, 모든 것을 주관하시며 성령의 능력으로 함께하시는 하나님의 주권과 권능의 역사를 통해서만 가능하다.

튀어라! 세상 속에서 다 함께 뭉쳐
요한복음을 중심으로

'제자도'라는 주제를 논할 때, 요한복음은 공관복음에 비해 상대적으로 경시되어 왔었다. 그러나 일반적인 예상과 달리, 요한복음은 모든 복음서들 가운데서 '제자'라는 단어가 가장 많이 나오는 복음서이다. 또한 제자도라는 큰 그림을 그리는 데 아주 중요한 요소들을 더해 주고 있다.

몇 가지 특징을 열거한다면, 먼저 공관복음과는 달리 요한복음에는 열두 제자의 이름이 다 나오지 않고 나오는 제자들의 이름조차도 열거 방식에서 차이를 보인다. 또한 공관복음을 포함한 신약의 여러 다른 책에서는 예외 없이 나오며 그들의 전문적인 역할을 표현하는 '사도'라는 단어가 전혀 쓰이지 않은 것도 매우 특이한 점이다. 여기에다 예수님의 대제사장적 기도에 포함된 제자들을 향한 기도(17:20 "내가 비옵는 것은 이 사람들만 위함이 아니요 또 저희 말을 인하여 나를 믿는 사람들도 위함이니")에서 보듯 제자의 개념에 포함된 대상이 공관복음 보다 그 폭이 훨씬 넓다는 것을 특징으로 들 수 있다.

이런 특징들은 저자 요한이 관심을 가지고 강조하고 있는 영역이 특정한 그룹으로서의 열두 제자들보다는 미래에 세워질 제자들에게 있었음을 반영하는 것이라고 볼 수 있다. 그러한 면에서 볼 때 요한복음 속의 제자도는 열두 사도 시대와 그 이후 시대를 지나 21세기를 살고 있는 우리들에게 더욱 친숙하게 다가온다.

1. 일반 '제자들'과 참 제자들

제자도의 관점에서 볼 때, 요한복음에 나타나는 사람들을 최소한 세 종류로 분류할 수 있다. 첫 번째는 예수님을 반대하며 핍박하는 '세상'이라는 단어로 표현된 무리, 두 번째는 예수님을 좇긴 좇았지만 어떤 결정적 순간에 그들의 기대와 다른 예수님의 모습에 예수님을 등지는 무리, 마지막으로 예수님을 믿고, 알고 있는 무리들이다. 이 세 유형의 사람들은 시대와 문화를 초월하여 어느 시대, 어느 문화에나 존재하는 유형들이다.

첫 번째 유형의 무리는 요한복음에서 많이 등장한다. 안식일에 병자를 고쳤다는 이유로 예수님을 핍박하는 종교 지도자들(5장)뿐 아니라, 더욱 광범위하게 '유대인들'(예 5:18 "유대인들이 이를 인하여 더욱 예수를 죽이고자 하니 이는 안식일만 범할 뿐 아니라 하나님을 자기의 친아버지라 하여 자기를 하나님과 동등으로 삼으심이러라" 7:13 "그러나 유대인들을 두려워하므로 드러내게 그를 말하는 자가 없더라")이라는 애매한 단어로 묘사되는 무리들이 여기에 속한다. 이들은 예수님에 대한 종교적 적대감을 겉으로 분명히 표출할 뿐 아니라 예수님을 죽이기 위한 음모를 꾸미고, 사람들이 예수님을 좇지 못하도록 위협한다. 이들은 요한복음의 서문(1:1~18)에 나오는 "자기 땅에 오매 자기 백성이 영접지 아니하였으니"(11절)라는 표현에 부합하는 자들이다.

첫 번째 무리와는 대조적으로 두 번째와 세 번째 유형은 인간의 눈으로 판단하기가 매우 힘이 든다. 그러나 요한복음 속에 그려진 그들의 모습을 비교해 보면 그 둘 사이에는 엄청난 차이가 있음을 알 수 있다. 두 번째 유형에 속한 무리들은 예수를 좇는 '제자들'이라는 호칭은 가지고 있지만, 그들의 잣대는 세상적인 요소로 만들어져 있다. 6장 15절에 나오는 예수님의 기적을 본 이들은 예수님을 '억지로 잡아 임금 삼으려 하는 자'들에 속한다. 하지만 그런 자신들의 요구나 바람, 기대가 충족되지 않는다고 생각될 땐 언제든지 예수님의 '제자됨'을 던져 버리는 자들이다(6:66 "이러므로 제자 중에 많이 물러가고 다시 그와 함께 다니지 아니하더라"). 이들은 요한복음의 두드러진 표현인 예수님을 '영접하지' 않은 무리들로 분류할 수 있기 때문에 세 번째 유형의 무리들과는 차이가 있다.

이 무리들과는 다른 세 번째 유형의 무리가 존재하는데, 특정한 단어들을 통해 이들의 차별성이 부각되어 있다. 그것은 '믿는다'와 '안다'라는 단어로 요한복음에서 각각 100여 회씩 사용되었고 '진정한' 제자들을 가리킬 때만 제한적으로 사용되었다. 두 개의 단어는 매우 유사한 의미를 가지고 있다.

이 두 단어가 중복되어 사용된 경우는 요한복음 6장이다. 6장에서 소위 일반 '제자들'로 분류되는 두 번째 무리들이 예수님을 떠난 후에 베드로가 고백한 내용, 곧 "우리가 주는 하나님의 거룩하신 자신 줄 믿고 알았사옵나이다"(6:69)에서 알 수 있듯, 진정한 제자란 예수님을 '믿고' 또 '아는' 자들이다. 요한복음의 서문(1:1~18)에서 분명히 밝히고 있듯 결과적으로 이들은 "영접하는 자 곧 그 이름을 믿는 자들에게는 하나님의 자녀가 되는 권세를 주셨으니 이는 혈통으로나 육정으로나 사람의 뜻으로 나지 아니하고 오직 하나님께로서 난 자들"(12~13절)이다.

'하나님께로서 난 자들'이라는 표현은 구원하시는 하나님의 절대 주권과 영접하는 인간의 책임이 신비롭게 어우러져 태어나 성장하는 자들을 가리킨다. 이들이 바로 '진정한' 의미에서의 제자들이다. 하나님의 주권과 인간의 책임이라는 상충되는 듯하면서도 조화를 이루는 이 개념은 빌립보서 2장 12~13절 말씀에 잘 나타나 있다: "그러므로 나의 사랑하는 자들아 너희가 나 있을 때뿐 아니라 더욱 지금 나 없을 때에도 항상 복종하여 두렵고 떨림으로 너희 구원을 이루라 너희 안에서 행하시는 이는 하나님이시니 자기의 기쁘신 뜻을 위하여 너희로 소원을 두고 행하게 하시나니."

이 말씀에 대해 완전한 논리적 이해를 하는 것은 힘이 들 수도 있겠지만 대략 이렇게 말할 수 있을 것이다: "하나님께서 행하게 하셔야만 가능하지만 우리가 순종으로 동참해야 그것이 온전해진다." 이것을 제자도와 연관시켜 생각해 보면, 제자는 태어나는 것인 동시에 훈련되는 것이라는 양면성을 지니고 있다고 말할 수 있다.

2. 진정한 제자들의 특성

그렇다면 예수님을 '믿고' 또 '안다'는 것은 무엇인가? 이를 알기 위해서는 먼저 '예수님은 누구신가?'에 대해 저자 요한이 부각시키고 있는 요소들을 살펴보는 것이 필요하다. 요한복음은 예수님이 누구신지를 예수님께서 직접 말씀하신 일곱 번의 '나는 ~이다'(Seven, I-am이라고 알려져 있음)라는 자신에 관한 주장 가운데 요약적으로 담아 놓고 있다.

예수님께서는 요한복음에서 일곱 번에 걸쳐 자신을 '생명의 떡'(6:35), '세상의 빛'(8:12), '(구원으로 들어가는) 문'(10:9), '선한 목자'(10:11), '부활과 생명'(10:25), '길이요 진리요 생명'(14:6), '포도나무'(15:1)라는 비유로 말씀하신다. 예수 그리스도는 진리와 생명을 향해 나아가는 길이 되시기에 우리는 그분을 통하여 생명을 얻고 유지하며, 열매 맺는 삶을 살 수 있고 또한 부활도 경험하게 된다. 그뿐 아니라 예수님은 진리로 인도하는 길이시기에 그분을 통해 우리는 '이 세상에서 왜, 어떻게 그리고 무엇을 위해 살아야 하는가'라는 질문에 대한 해답을 얻을 수 있다. 요한은 바로 이 점을 분명히 하고 있다.

예수님을 '믿고' 또 '안다'는 표현을 가장 잘 알 수 있는 방법은 예수님께서 제자들에 대해 직접 말씀하신 것을 살펴봄으로써 시작할 수 있다. 다음 세 부분은 예수님께서 어떤 사람들이 진정한 제자인가를 가르치신 말씀이다.

첫째, 진정한 제자는 그분의 말씀에 '거함'으로써 자유함을 경험하는 자들이다("너희가 내 말에 거하면 참 내 제자가 되고 진리를 알찌니 진리가 너희를 자유케 하리라"(8:31~32)).

이 말씀의 의미를 온전히 이해하기 위해서는 '거하면'이라는 단어를 먼저 이해하지 않으면 안 된다. 동일한 헬라어 단어가 요한복음 15장의 '포도나무와 가지'의 비유 속에 많이 사용되므로 그곳을 살펴보는 것이 도움이 된다.

"내 안에 <u>거하라</u> 나도 너희 안에 <u>거하리라</u> 가지가 포도나무에 붙어 <u>있지 아니하면</u> 절로 과실을 맺을 수 없음 같이 너희도 내 안에 있지 아니하면 그러하리라 나는 포도나무요 너희는 가지니 저가 내 안에, 내가 저 안에 <u>있으면</u> 이 사람은 과실을 많이 맺나니 나를 떠나서는 너희가 아무것도 할 수 없음이라 사람이 내 안에 <u>거하지</u> 아니하면 가지처럼 밖에 버리워 말라지나니 사람들이 이것을 모아다가 불에 던져 사르느니라 너희가 내 안에 <u>거하고</u> 내 말이 너희 안에 <u>거하면</u> 무엇이든지 원하는 대로 구하라 그리하면 이루리라 *너희가 과실을 많이 맺으면 내 아버지께서 영광을 받으실 것이요 너희가 내 제자가 되리라* 아버지께서 나를 사랑하신 것 같이 나도 너희를 사랑하였으니 나의 사랑 안에 <u>거하라</u> 내가 아버지의 계명을 지켜 그의 사랑 안에 <u>거하는</u> 것 같이 너희도 내 계명을 지키면 내 사랑 안에 <u>거하리라</u>"(밑줄 친 부분들은 비록 개역성경에서는 달리 번역되었을지라도 동일한 헬라어가 사용되고 있음, 15:4~10).

이 부분을 살펴보면 (이탤릭으로 표시되어 있는) 8절 한 절을 제외하고는 모든 절에 '거하다'라는 의미를 지닌 단어가 사용되고 있다는 것을 알 수 있다. 이 단락의 앞뒤 문맥을 염두에 두고 이 구절을 살펴볼 때 8절의 요지는 '거함'의 상태에서만 과실을 맺을 수 있고 그때에야 참 제자가 될 수 있으며 또한 제자라면 과실을 맺는 것이 당연하다고 결론지을 수 있다. 그렇다면 거함이란 '아는 것'을 포함하는 것은 물론이고, 경험하고 믿고 행하는 것 등을 모두 포함하는, 상당히 포괄적이고 총체적인 의미를 가지고 있다고 할 수 있다. 이것은 앞에서 언급한 8장 31~32절의 흐름과 동일하다. 즉 예수님 또는 예수님의 가르침을 믿고 행하면 예수님께서 기뻐하시는 과실을 맺게 되며 그것이 바로 참 제자의 삶이라는 것이다.

그런 삶을 살 때 우리는 진리이신 예수님을 알게 된다. 순간순간 경험하는 수많은 갈림길과 선택의 기로에서 그분의 방법에 근거한 올바른 선택을 할 수 있게 되고, 우리들을 속박할 가능성이 있는 모든 것들로부터 자유함을 경험하게 된다. 여기에는 죄와 죽음에서의 자유는 물론 죄책감, 독선, 위선, 자기기만 등에서의 자유까지 포함하고 있다.

결국 이것은 '하나님의 말씀(성경)'에 우리의 생각을 사로잡아 복종시킴으로써(고후 10:5 "모든 생각을 사로잡아 그리스도에게 복종케 하니") 시작되는 선순환("좋은 생각은 좋은 생각을 낳는다.")을 통하여 이루어지는 하나님의 특별한 은혜를 말한다. 이것은 하나님의 말씀이 '살아서 운동력이 있을 뿐'(히 4:12) 아니라 '생명을 주고 유지시켜주시는 능력'(벧전 1:23)이 있어 '하나님의 사람을 온전케 하여 모든 선한 일을 행할 수 있도록 온전케 구비시켜 주는 것'(딤후 3:17)을 가리키는 것이다.

둘째, 진정한 제자는 그분의 사랑을 좇아 행하는 자들이다("새 계명을 너희에게 주노니 서로 사랑하라 내가 너희를 사랑한 것 같이 너희도 서로 사랑하라 너희가 서로 사랑하면 이로써 모든 사람이 너희가 내 제자인 줄 알리라"(13:34~35)).

어떻게 예수의 제자인지 알 수 있는가? 바로 '다른 제자들을 사랑하는가?'라는 질문에 어떤 대답을 하는가가 그 잣대가 된다. 고린도전서 13장 13절을 보면 "그런즉 믿음, 소망, 사랑, 이 세 가지는 항상 있을 것인데 그중에 제일은 사랑이라"고 말씀하신다. 기독교인들의 모든 행위의 귀결점은 사랑이다. 여기에는 심지어 경계하는 목적까지도 포함한다(예: 딤전 1:5 "경계의 목적은 사랑이거늘").

양파의 껍질을 한 겹씩 벗기면 마지막 중심부에 남는 것이 곧 기독교의 사랑이라고 비교할 수 있을 만큼 사랑은 기독교의 가장 중심적인 가르침이다. 베드로 사도가 핍박에 대해 언급하면서 "다 마음을 같이 하여 체휼하여 형제를 사랑"(벧전 3:8)할 것을 권면하는데, 그 이유는 바로 '사랑은 허다한 죄를 덮기 때문'이라고 말하고 있다(벧전 4:8).

다니엘 골먼(Daniel Goleman)이 자신의 저서인 『사회지능』에서도 말하고 있듯이 용서를 체험하며 서로를 세워가는 데 절대적으로 필요한 것이 사랑이며, 그것은 또한 '가장 강력하며 온전한 치료약'이기도 하다. 그는 현대 병원들의 치료 시스템에서 사랑과 보살핌이 빠져 버린 것을 보고 다음과 같이 지적하고 있다: "'치료'(heal)라는 단어는 고대 영어의 hal에서 왔으며, 이는 '전체를 만들다' 또는 '고치다'라는 뜻이다. 치료는 단순히 병을 낫게 하는 것 이상의 의미를 갖고 있다. 그것은 환자에게 온전하다는 느낌과 정서적 풍성함을 되찾도록 돕는 일이다. 환자에게는 약이나 기술로 하는 물리적 치료뿐만 아니라 따뜻한 마음이 담긴 진정한 치료가 필요하다."

세상이 마땅히 그러해야 할진데 믿음의 공동체가 치유 공동체(healing community)가 되어야 하는 것은 너무도 당연한 일이다. 그렇게 될 때만이 기독교는 건강한 공동체(healthy/sound community)가 되어 세상을 치료하며 변화시킬 수 있다. 이것이 우리 믿음의 공동체에게 사랑이 더욱 필요한 이유다.

그에 앞서 우리는 먼저 성경에서 말하는 사랑의 정의에 대한 올바른 인식을 해야 한다. 일반적으로 세상에서 말하는 사랑의 정의는 성경적인 의미의 사랑과 정반대 선상에 서 있다고 말할 수 있다. 성경에서 말하는 사랑의 정의는 '자신을 주는 것'(self-giving)이다. 이것은 세상에서 말하는 사랑의 일반적인 의미인 자기중심적 태도와 사고(그런 의미에서 자신의 유익을 구하는 것[self-seeking])와는 대립하고 있다는 것을 알 수 있다.

이것에 대한 좋은 예가 갈라디아서 5장 22~23절에 나와 있는데 거기서 말하는 성령의 열매는 단수이고, 사랑이라는 단어로 시작하여 절제(self-control)라는 단어로 끝난다. 절제는 다른 사람을 위해 자신을 내어 주고 다른 사람의 유익을 위해 자신의 것을 요구하지 않고 제어한다는 뜻의 명사로서, 성경에서 말하는 사랑의 최정점이다. 즉 우리를 위해 자신의 가장 소중한 것(예수 그리스도)을 주시는 하나님 같은 사랑이며, 우리가 사랑할 대상이 아님에도 불구하고 사랑하시는 하나님의 속성이 나타나 있는 사랑이다.

주님은 모든 이들의 벤치마킹 대상이 되신다(마 6:48 "그러므로 하늘에 계신 너희 아버지의 온전하심과 같이 너희도 온전하라"). 요한복음에서는 3장 16절이 그러한 사랑을 가장 잘 표현하고 있다: "하나님이 세상을 이처럼 사랑하사 독생자를 주셨으니 이는 저를 믿는 자마다 멸망치 않고 영생을 얻게 하려 하심이니라". 이 구절은 하나님을 인정하지 않고 거부한(1:10~11 "그가 세상에 계셨으며 세상은 그로 말미암아 지은 바 되었으되 세상이 그를 알지 못하였고 자기 땅에 오며 자기 백성이 영접지 아니하였으나") 사랑받을 자격이 없는 세상을 향한 하나님의 온전하고 자기 희생적인 사랑을 그려 주고 있다. 이 구절에서도 분명히 나타나 있는 것처럼 하나님의 사랑은 의도가 선하고 분명한('영생을 얻게 하려 하심') 행위이심을 알아야 한다.

셋째, 진정한 제자는 그분 안에 거함으로 열매를 많이 맺는 자들이다("저희가 과실을 많이 맺으면 내 아버지께서 영광을 받으실 것이요 너희가 내 제자가 되리라"(15:8)). 여기서 말하는 과실은 어떤 것을 의미하는가 라는 질문을 할 수도 있다. 이 열매에는 예수 그리스도를 닮아가는 모든 것이 포함되어 있을 것이다. 내 개인의 삶 속에 맺어지는 성령의 열매뿐 아니라 다른 이들의 삶을 변화시키는 전도의 열매를 의미한다고 보아도 무방할 것이다. 한마디로 전도의 열매, 품성의 열매, 행위의 열매 등을 통해 드러나는 삶의 모든 열매를 의미한다고 할 수 있다.

여기서 기억해야 할 중요한 사실은 위의 세 열매는 모두 연결되어 있어 한 가지씩 따로 떼어서 생각할 수 없는 것들이라는 점이다. 이것은 특별히 21장 15절부터 17절에 나오는 예수님과 그의 제자인 베드로의 대화 속에 잘 나타나 있다: "저희가 조반 먹은 후에 예수께서 시몬 베드로에게 이르시되 요한의 아들 시몬아 네가 이 사람들보다 나를 더 사랑하느냐(아가파오) 하시니 가로되 주여 그러하외다 내가 주를 사랑하는(필레오) 줄 주께서 아시나이다 가라사대 내 어린 양을 먹이라 하시고 또 두 번째 가라사대 요한의 아들 시몬아 네가 나를 사랑하느냐(아가파오) 하시니 가로되 주여 그러하외다 내가 주를 사랑하는(필레오) 줄 주께서 아시나이다 가라사대 내 양을 치라 하시고 세 번째 가라사대 요한의 아들 시몬아 네가 나를 사랑하느냐(필레오) 하시니 주께서 세 번째 네가 나를 사랑하느냐 하시므로 베드로가 근심하여 가로되 주여 모든 것을 아시오매 내가 주를 사랑하는(필레오) 줄을 주께서 아시나이다. 예수께서 가라사대 내 양을 먹이라".

어떤 이들은 이 구절들을 보며 '사랑한다'는 헬라어 단어로 두 종류('아가파오'와 '필레오')가 사용되는 점에 지나친 관심을 둔다. 그러나 요한복음 전체를 통해 보면 이 두 단어들의 뉘앙스는 전혀 차이가 없다. 예를 들어 하나님께서 예수님을 사랑하신다는 표현뿐 아니라 (3:35 [아가파오]; 5:20 [필레오]), 예수님께서 나사로를 사랑하신다는 (11:5 [아가파오], 36 [필레오]) 표현에도 이 두 가지를 섞어 사용하신 것을 볼 수 있다. 그 당시 필레오라는 단어는 '키스하다'라는 의미가 더해져 가고 있긴 했지만 본래 사랑이라는 의미를 지니고 있었고, 또 아가파오가 '사랑하다'는 일반적 의미를 전하기 위해 사용되고 있었으므로 이 두 단어의 차이는 거의 없다고 볼 수 있다. 디모데후서 4장 10절에서 소개되는 사도 바울을 버린 데마의 경우에도 '세상을 사랑'(아가파오)한 사람으로 묘사되어 있음 또한 볼 수 있다. 한마디로 두 단어의 뉘앙스 차이를 굳이 구별하려 들지 않아도 된다는 것이다.

오히려 우리가 관심을 보여야 하는 사실은 예수님께서 세 번이나 반복하신 '예수님의 양'을 치며 먹이는 것의 중요성이다. 이것을 통해 알 수 있는 분명한 사실은 예수님을 향한 사랑과 예수님께 속한 공동체를 섬기는 것은 서로 분리될 수 없다는 것이다.

제자란 개개인의 신앙적 삶을 사는 건 물론이고 공동체 속에서 말씀 안에 거하며, 사랑으로 서로를 섬기며 하나님께서 기뻐하시는 열매를 함께 맺는 자들이기 때문에 더욱 그렇다. 비록 이 명령이 베드로에게 주어진 것이긴 하나 그에게 한정된 명령이라고 여겨서는 안 된다. 요한복음의 끝 부분에 나오는 예수님의 이 명령을 염두에 두고 볼 때, 요한복음 전체의 맥락하에서 다음 두 가지를 생각해 볼 수 있다.

무엇보다도 먼저 크리스천 공동체(교회를 포함한 모든 믿음 공동체)의 중요성을 분명히 알아야 한다는 것이다. 하나님께서는 우리 인간들을 만드시되 사회적인 존재로 만드셨다. 창세기 1장 26절을 보면 인간을 창조하시기 직전에 하신 말씀이 기록되어 있다: "하나님이 가라사대 우리의 형상을 따라 우리의 모양대로 우리가 사람을 만들고…"

이 말씀 중에 '우리'라는 단어가 눈에 띈다. 물론 여기서 말하는 '우리'라는 복수단어는 하나님이 복수라는 의미가 아니라 삼위(三位) 이신을 나타내는 것이며, 그 가운데 존재하는 온전한 조화를 가르치고 있다고 이해된다. 결국 하나님 삼위 간의 완전한 조화 모델은 우리 인간이 사회적 존재이며 따라서 서로서로 공동체를 이루고 함께 어울려 살아야 할 존재라는 것을 잘 보여 주고 있다.

예수님께서도 요한복음 17장 22절에서 "우리[삼위 하나님]가 하나가 된 것 같이 저희[예수님의 열두 제자와 그 후에 올 모든 기독교 공동체들]도 하나가 되게 하려 함이니이다"라고 기도하셨다. 삼위 가운데 존재하는 하나됨처럼 우리 믿는 이들이 추구해야 하는 온전한(목적, 사랑, 방향성에서의) 하나됨을 위해 기도하고 계시는 것이다. 이 기도는 공동체의 중요성은 물론 그 공동체 가운데 존재해야 하는 온전한 하나됨을 위한 기도다.

이 외에 한 가지 더 생각해야 할 중요한 사실은 여기서 말하는 공동체의 의미 및 범위와 '치고 먹여야 할' 대상이 누구냐에 관한 질문이다. 한마디로 여기서 '치고 먹여야 할' 대상은 이미 교인이 된 사람들만이 아닌 그보다 더 넓은 대상들이다. 이것은 요한복음 17장에서 예수님께서 현재 자신의 제자들만이 아닌 그 이상의 대상들을 염두에 두고 기도하고 계시는 것에서 찾아볼 수 있다(요 17:20 "이 사람들만 위함이 아니요 또 저희 말을 인하여 나를 믿는 사람들도 위함이니"). 그뿐 아니라 10장 16절의 "또 이 우리에 들지 아니한 다른 양들이 내게 있어 내가 인도하여야 할 터이니 저희도 내 음성을 듣고 한 무리가 되어 한 목자에게 있으리라"는 말씀 속에도 그런 의도가 담겨 있다고 할 수 있다. 여기서 말하는 '우리에 들지 아니한 다른 양들'이란 요한복음의 문맥에서 '이방인들'을 가리키고 있는 것이 분명하다. 4장 22절의 말씀같이 '구원이 유대인에게서 나기에' 그들에게 먼저 복음이 선포되어야 하나 그 구원은 이방인들에게도 동일하게 열려 있기에 이 무리들을 언급하고 계신 것이다.

예수님의 죽으심에 담겨 있는 의미를 통해서도 이런 해석을 뒷받침할 수 있다: "예수께서 그 민족을 위하시고 또 그 민족만 위할 뿐 아니라 흩어진 하나님의 자녀를 모아 하나가 되게 하기 위하여 죽으실 것을 미리 말함이러라"(요 11:51~52). 유대인들과 이방인들의 담을 허시며 화평케 하실(엡 2:11~22의 문맥 중에서 "그는 우리의 화평이신지라 둘로 하나를 만드사 중간에 막힌 담을 허시고") 메시아의 사명을 가리키고 있는 것이다.

물론 여기에서의 문맥과 베드로라는 대상에 이 '먹이고 치라'는 명령을 국한시킨다면 이 명령은 '목회적'(pastoral)이라고 할 수 있으나 우리에게 적용하는 면에 있어서는 '전도적'(evangelistic)인 측면도 포함되어야 한다. 예수 그리스도가 시작하신 사역을 펼쳐가야 할 제자들이기에 '치며 먹여야 하는' 명령의 대상은 선교적 삶과 훈련 및 제자의 삶과 훈련을 포함한 양육의 과정을 말씀하고 계신다고 보아야 한다.

3. 예수님과 '특별한' 관계를 가진 참 제자들 간의 특별한 '관계'

우리는 흔히 '예수님은 우리의 친구'라고 고백하며 찬양한다. 그러나 우리가 분명히 알아야 할 것은 그러한 표현의 대상은 '참 제자들'을 대상으로 한 것이며, 거기에는 주어진 조건이 있다는 사실이다. 그 조건은 "너희가 나의 명하는 대로 행하면"이라는 것이고 그렇게 할 때 "곧 나의 친구라"(15:14)고 말씀하시고 계심을 기억해야 한다.

여기서 '친구'라는 표현은 매우 특별한 의미를 함축하고 있는 '특별한 관계'로서의 '친구'를 의미한다. 그 표현을 둘러싸고 있는 말씀(15:12~16)을 살펴보면, 예수님의 '친구'라는 특별한 관계의 의미와 그 관계가 내포하고 있는 사실들에 관하여 발견할 수 있다.

첫째, 위에서 본 것처럼 예수님의 '친구'는 그분의 명령을 실천하고 수행하는 자들이다. 지금 이 시대는 걷잡을 수 없는 변화의 소용돌이 속에서 모든 것이 상대화되어 심지어 절대 진리마저도 상대성의 바다 위에 떠 있다고 주장하고 있고, 모두들 그 속에서 허우적거리고 있다. 상대성이 만연한 이런 세상 속에서도 '흔들리지 않는' 진리를 부여잡고 신앙을 정립해가야 하는 것이 우리 크리스천들이 직면하고 있는 과업이다.

늪지대나 연약한 지반 위일수록 기초를 튼튼히 해야만 건물이 잘 지어질 수 있듯이, 우리는 상대성의 늪과 비절대화의 연약한 지반 위에서도 절대적 진리이신 예수 그리스도라는 온전한 터 위에 삶과 신앙의 건물을 세워 나감으로써 이런 세파의 도전에 응전할 수 있다. 따라서 우리 모두에게 절대적으로 필요한 기초는 하나님의 말씀이다. 요한복음은 말씀에 거할 때만이 주님의 제자가 되며, 진리를 알게 됨으로 진정한 자유를 경험할 수 있다고 힘주어 강조하고 있다(요 8:31~32).

또한 신앙의 삶에서 경험이 중요한 것은 분명한 사실이지만, 그렇다고 경험만을 의지하여 신앙생활을 하는 것은 위험하다. 오히려 경험과 지식은 상호 융화되어 서로에게 촉매 역할을 해 주어 바른 신앙의 삶에 선순환적 역할을 해야 한다. 머리에 있는 냉철한 지식은 가슴에 담긴 뜨거운 열정을 필요로 한다. 머리의 지식이 많아질수록 가슴속 지식과 열정도 커져만 가는 지속적인 선순환이 우리의 든든한 영적 성장과 성숙의 버팀목이 될 수 있다.

우리 삶의 기초를 이루는 것이 무엇이고 또 우리가 지키며 살아야 하는 것이 무엇인지를 아는 가장 확실한 방법은, 말씀을 공부하는 것이다. 하나님의 임재와 인도를 체험하며 냉철한 머리의 지성과 뜨거운 가슴의 열정이 조화와 균형을 이루어야 한다. 우리는 그러할 때만이 참된 성장을 할 수 있다. 그런 균형을 갖추기 위해서 지속적으로 하나님 말씀을 공부하는 일에 우리의 시간과 에너지를 투자하고, 배운 것을 행동으로 옮겨 실천해야 한다. 그것 외에는 다른 대안이 없다. 말씀을 공부하고 아는 것을 소중히 여기는 사람이라면, 그것을 위해 자신이 가진 다른 소중한 것들을 기꺼이 투자해야 한다.

말씀은 우리에게 영적 에너지와 영양소를 공급해 준다고 성경은 분명히 말하고 있다. 말씀은 하나님이 쓰실 수 있는 '하나님의 사람'이 되게 해 주는 것은 물론이고 모든 선한 일을 하기에 부족함이 없도록 우리를 온전케 해 준다(딤후 3:17 "이는 하나님의 사람으로 온전케 하며 모든 선한 일을 행하기에 온전케 하려 함이니라"). 말씀 안에는 지혜가 담겨 있으며, 그 지혜는 세상의 지혜(약 3:14~16 "그러나 너희 마음속에 독한 시기와 다툼이 있으면 자랑하지 말라 진리를 거스려 거짓하지 말라 이러한 지혜는 위로부터 내려온 것이 아니요 세상적이요 정욕적이요 마귀적이니 시기와 다툼이 있는 곳에는 요란과 모든 악한 일이 있음이니라")와는 달리 장기적인 안목, 영원의 관점에서 귀한 열매를 맺도록 만든다(약 3:17~18 "오직 위로부터 난 지혜는 첫째 성결하고 다음에 화평하고 관용하고 양순하며 긍휼과 선한 열매가 가득하고 편벽과 거짓이 없나니 화평케 하는 자들은 화평으로 심어 의의 열매를 거두느니라").

성경은 또한 우리에게 그 진리와 지혜를 우리의 삶 속에서 실천하고 행하라고 명령한다(약 1:22 "너희는 도를 행하는 자가 되고 듣기만 하여 자신을 속이는 자가 되지 말라", 25 "자유하게 하는 온전한 율법을 들여다보고 있는 자는 듣고 잊어버리는 자가 아니요 실행하는 자니 이 사람이 그 행하는 일에 복을 받으리라"). 그러나 듣기만 하고 행하지 않는 것은 거울을 보지만 보지 않은 것과 마찬가지의 어리석은 결과를 낳는다고 경고한다(약 1:23~24 "누구든지 도를 듣고 행하지 아니하면 그는 거울로 자기의 생긴 얼굴을 보는 사람과 같으니 제 자신을 보고 가서 그 모양이 어떠한 것을 곧 잊어버리거니와"). 우리는 배우고 익힌 말씀을 실천함으로써 예수 그리스도의 성품을 닮아가게 되며 하나님의 성품에 참예할 수 있게 된다(벧후 1:4 "이로써 그 보배롭고 지극히 큰 약속을 우리에게 주사 이 약속으로 말미암아 너희로 정욕을 인하여 세상에서 썩어질 것을 피하여 신의 성품에 참예하는 자가 되게 하려 하셨으니"). 예수님을 닮아간다는 것은 곧 예수님의 진정한 친구가 되어간다는 것이다.

미국의 한 조사에 따르면 로널드 레이건은 역대 미국 대통령 중에서 가장 존경받고 있다고 한다. 레이건 행정부에서 2년 동안 특별 보좌관을 지냈던 페기 누난(Peggy Noonan)은 레이건의 전기인 『인격이 가장 중요시 되던 때』(When character was king)라는 책을 통해 레이건이 성공할 수 있었던 비밀은 하나님의 말씀에 대한 신뢰와 행동이었다고 말하고 있다. 링컨 대통령 역시 마찬가지였다. 역경에서도 굴하지 않고 가장 인격적이고 존경 받는 대통령이 된 레이건과 링컨의 삶의 비결이 하나님 말씀에 대한 신뢰와 행동이었다는 평가를 들으며 우리의 삶의 잣대요, 등대요, 용기와 능력의 원천이 하나님의 말씀이라는 사실을 새삼 깨달아야 한다.

예수님께서도 집을 짓고 인생을 건축하는 사람은 어떠한 기초 위에 집을 짓고 인생을 건축해야 할 것인지를 깊이 숙고해 봐야 한다고 말씀하셨다(마 7:24~27 "그러므로 누구든지 나의 이 말을 듣고 행하는 자는 그 집을 반석 위에 지은 지혜로운 사람 같으리니 비가 내리고 창수가 나고 바람이 불어 그 집에 부딪히되 무너지지 아니하나니 이는 주초를 반석 위에 놓은 연고요 나의 이 말을 듣고 행치 아니하는 자는 그 집을 모래 위에 지은 어리석은 사람 같으리니 비가 내리고 창수가 나고 바람이 불어 그 집에 부딪히매 무너져 그 무너짐이 심하니라"). 우리 모두 성경 말씀을 우리의 믿음과 삶의 절대 기준으로 삼아 예수의 '친구'가 되는 제자의 삶을 살아야 한다.

둘째, 예수님께서는 '친구'를 위해 죽으심으로 가장 커다란 사랑을 보이셨기 때문에 예수님의 친구라면 그의 사랑을 알고 행하는 자라는 것이다. 그렇게 하려면 무엇보다 그분을 향해 우리 각자가 가지고 있는 사랑이 어느 정도인가를 먼저 평가해 보아야 한다. 누군가를 사랑한 경험이 없는 사람은 예수님을 제대로 사랑할 수 없기 때문이다. 누군가를 목숨 걸고 사랑한 경험이 있을 때만이 비로소 주님께 참 친구로서의 사랑을 표현할 수 있게 된다. 이것은 용서를 경험하지 못한 사람이 다른 이를 용서하지 못하는 것과 같은 이유다(마태복음 18장 23~35절에 나오는 '용서할 줄 모르는 종'의 비유가 이것을 말하고 있음).

다시 말해 우리가 표현할 사랑이 없거나 약하다는 것은 우리가 경험한 사랑이 그 정도밖에 되지 못한다는 사실을 입증하는 것일 수 있다. 사랑을 받아본 사람만이 사랑을 할 수 있다는 것을 생각해 보면서 우리 스스로의 삶을 평가해 보아야 한다. 상투적인 표현으로 들릴 수도 있지만 '행동하기 전까지는 진정 아는 것이 아니다'라는 말과도 연계해 자신을 평가해야 한다. 실천이 없는 지식은 반쪽 지식이며 온전하지 않은 지식에 지나지 않는다. 행동으로 옮기지 않는 것이 과연 진정 믿는 것이라고 할 수 있는가?

따라서 우리 모두는 하나님의 사랑을 온전히 믿고 경험하는 것에서 시작하여 점차 우리 사랑의 기초를 다져야 한다. 사랑이신 하나님께서 사랑의 행위로 그분의 사랑을 알려주셨기에 그 사랑에 대한 온전한 이해가 필요한 것이다: "사랑은 여기 있으니 우리가 하나님을 사랑한 것이 아니요 오직 하나님이 우리를 사랑하사 우리 죄를 위하여 화목제로 그 아들을 보내셨음이라"(요일 4:10).

하나님의 그 사랑은 또한 영원히 변치 않는다: "산들은 떠나며 작은 산들은 옮길지라도 나의 인자(unfailing love)는 네게서 떠나지 아니하며 화평케 하는 나의 언약은 옮기지 아니하리라 너를 긍휼히 여기는 여호와의 말이니라"(사 54:10).

그분의 사랑은 또한 의롭고 경건하며 온전하며 완전하다. 그 사랑은 특정한 사람들을 골라내거나 분리하지 않는다. 그분은 모든 이에게 그 사랑을 거저 주시는 분이시다. 그러하기에 하나님은 사랑이시다(요일 4:8 "사랑하지 아니하는 자는 하나님을 알지 못하나니 이는 하나님은 사랑이심이라")라는 표현을 할 수 있는 것이다. 사랑의 속성과 특성, 또한 그것으로 인해 표현된 행동 모두를 포함하고 있다.

우리도 그런 사랑을 행하고 표현해야 한다. 그런데 여기에 꼭 더해져야 할 한 가지 사실이 있다. 사랑을 하고 표현하되 내 방식대로나 내 기준대로가 아니라 상대방이 느끼고 알아채고 경험할 수 있도록 상대방의 언어로, 상대방의 입장에서, 사랑의 언어로 표현되어야 한다는 것이다. 그렇게 하기 위해 상대편의 사랑의 언어를 배워야 하는 것은 필수적이다. 자신은 사랑한다고 표현했는데도 상대방은 전혀 그것을 몰라준다고 말하는 경우를 주위에서 종종 듣는 것도 이 때문이다. 친히 예수 그리스도의 성육신을 통해 우리가 느끼고 보고 만질 수 있는 사랑의 언어를 전달해 주신 하나님처럼, 진정한 사랑은 상대방의 입장에 서서 상대방이 이해하고 느낄 수 있게 해 주는 것이다. 그러하기에 그런 사랑이 전달될 수 있는 사랑의 언어를 배워야 한다.

사랑의 언어를 배우기 위한 가장 중요한 자세는 상대방에게 관심을 가지고 귀를 기울여 들어주는 것이다. 들어준다는 것은 상대방에게 관심을 보인다는 것이다. "사랑이라는 작업이 일으키는 주된 형태는 관심이다. 다른 사람을 사랑할 때 우리는 그 상대방에게 관심을 기울인다. 그 사람의 성장에 주의를 기울인다."라는 스캇 펙(Scott Peck)의 말처럼 사랑엔 들어줌과 관심이 모두 연결되어 있다.

그러나 세상은 어떠한가? 들어주는 것에 훈련이 되어 있지 않다. 한 예로 국회의원들과 정부 각료들 간의 질의응답을 보자. 동문서답 같다. 애초부터 상대방이 무슨 얘기를 하는지 듣고자 하는 의도가 전혀 없는 듯하다. 오직 자기 주장만 소리 높여 관철시키려는 태도가 지배적이다. 어디 정치가들뿐이겠는가? 우리 사회 전반에 이런 분위기가 만연해 있다. 토론시간이나 공청회 등은 반대파에 의해 무산되기 일쑤이다. 대화하기 위해 모이지만 이내 대결구도로 바뀌어 버리는 경우가 비일비재하다.

'내 말 좀 들어보라'는 태도는 경청과는 거리가 멀다. 아예 귀를 막고 마음을 닫고 서로의 말을 듣지 않기로 마음먹은 것같이 보인다. 이런 현상은 학교 교과과정 속에 말하기, 쓰기 및 읽기만 강조될 뿐 대화하거나 타인의 말에 귀 기울이는 법 등이 부재한 까닭이라고 할 수 있다. 그러나 성경은 어떻게 가르치고 있는가? 말하기와 듣기 중 어디에 더 강조점을 두고 있는가? "내 사랑하는 형제들아 너희가 알거니와 사람마다 듣기는 속히 하고 말하기는 더디 하며 성내기도 더디 하라"(약 1:19)와 같은 말씀에서 분명히 하듯 성경은 다른 사람의 말을 경청하는 것이 얼마나 중요한지를 강조하고 있다.

잘 듣는 것은 상대방으로부터 신뢰를 얻게 만든다. 우리의 실제 경험에서도 누군가 우리말을 잘 들어주면 우리도 모르게 그 사람에게 호감을 갖는다. 경청한다는 것은 상대방을 인격적으로 대접하고 존중하며, 배려하고 관심을 가지고 있다는 표시이기 때문이다. 많은 경우 입보다 귀가 설득력이 있다고 말하는 것도 이런 연유에서다.

상대방의 말을 잘 들어주기만 해도 이 세상 문제의 반 이상은 해결이 될 것이라는 말은 결코 과장이 아니다. 그래서 스티븐 코비는 『성공하는 사람들의 7가지 습관』 중에 '먼저 [내가 상대를] 이해하고 나서, [나를 상대에게] 이해시키려 하라'는 도전을 하고 있는 것이다. 경청을 통해서 우리는 상대방에게 맞는 사랑의 언어를 발견하게 되고 그 사람이 '사랑받고 있구나' 하는 느낌을 갖게 해 줄 수 있다.

그러나 이 사랑은 우리가 사랑하고 있거나 사랑해야 하는 사람들(즉 우리가 친구라고 할 수 있는 사람들)에게만 국한된 것이 아니다. 예수님이 보여 주신 것처럼 예수님이 친구라고 부른 사람들 간의 사랑을 뛰어 넘는 사랑이어야 한다. 예수님과의 특별한 관계를 지닌 자들 간의 특별한 사랑의 관계인 것이다. 사랑과 그 사랑의 열매인 '하나됨'의 중요성은 17장에 나오는 예수님의 대제사장적 기도에도 분명히 나와 있다. 그러나 여기서도 단순히 인간적 차원에서의 기쁨과 만족을 위한 사랑과 하나됨이 아니다. 제자들 간의 교제나 화합이 아닌 궁극적 목적을 염두에 둔 하나됨이다(17:21~23). 그 궁극적 목적은 "세상으로 아버지께서 나(예수)를 보내신 것을 믿게 하며"(21절), 또한 "아버지께서 나(예수)를 보내신 것과 또 나를 사랑하심 같이 저희도 사랑하신 것을 세상으로 알게 하려 함이다"(23절).

세상으로 하여금 예수님이 하나님의 아들이심을 '믿고' 또 '알게' 하기 위한 목적, 곧 '제자화 과업'이 바로 사랑 안에서 서로가 하나되어야 하는 궁극적 목적이라는 것이다. 서로 간의 사랑이 궁극적으로 지향해야 할 최정점은 잃어버린 영혼들의 전도와 선교다.

셋째, 여기서 '친구'라는 관계는 정체성과 미션의 문제와 연관되어 있다. 우리가 자주 쓰는 표현 중에 유유상종(類類相從)이라는 말이 이것을 가장 잘 설명해 준다. 끼리끼리 모인다는 이 말은 우리도 예수님이 하신 일과 예수님이 하길 원하시는 일을 해야만 그분과 어울리는 부류의 사람들이 될 수 있다는 말이다. 한마디로 우리의 정체성은 그 정체성에 수반되는 미션과 뗄래야 뗄 수 없는 관계에 있다는 말이다. 요한복음에서는 우리의 정체성과 미션은 우리와 예수님과의 관계에 달려 있다는 것을 강조하고 있다. 그러면 우리의 정체성은 무엇인가?: "내가 세상에 속하지 아니함 같이 저희도 세상에 속하지 아니하였삽나이다"(17:16).

우리는 예수님께 속한 자들이지 세상에 속한 자들이 아니다. 우선 이것이 우리의 정체성이다. 이 정체성 때문에 우리의 사명도 분명하다: "아버지께서 나를 세상에 보내신 것 같이 나도 저희를 세상에 보내었고"(17:18). 예수님이 하나님에 의해 세상으로 보내심을 받으셨듯이 우리 역시 예수님께 속한 사람들로 예수님에 의해 세상으로 보냄을 받은 자들인 것이다. 예수님은 정체성과 사명(미션)을 다시 한번 강조하시기 위해 부활 후 제자들에게 나타나셨을 때도 이것을 말씀하셨다: "예수께서 또 가라사대 너희에게 평강이 있을지어다 아버지께서 나를 보내신 것 같이 나도 너희를 보내노라"(20:21). 한마디로 예수님 당시의 제자들처럼 우리도 세상에 속하진 않았으나 세상으로 보냄을 받은 자들이며, 보냄의 목적은 예수님처럼 전도와 선교의 사명을 감당하기 위함이라고 할 수 있다.

우리의 정체성과 미션을 생각할 때 다음 두 가지 영역에서의 적용을 생각해 볼 수 있다. 먼저 우리 믿는 사람들 간에 하나가 되어야 한다는 것이다. 앞에서 언급한 것처럼 요한복음 17장의 대제사장적 기도 속에는 우리가 서로 하나가 되어야 한다는 당위성이 강조되어 있고 우리의 하나됨이 세상 속에서 전도와 선교의 방법이 되고(17:21 "아버지께서 내 안에 내가 아버지 안에 있는 것 같이 저희도 다 하나가 되어 우리 안에 있게 하사 세상으로 아버지께서 나를 보내신 것을 믿게 하옵소서"), 우리가 세상에 하나님의 사랑을 보여 주는 증거가 된

다고 말씀하신다(17:23 "곧 내가 저희 안에, 아버지께서 내 안에 계셔 저희로 온전함을 이루어 하나가 되게 하려 함은 아버지께서 나를 보내신 것과 또 나를 사랑하심 같이 저희도 사랑하신 것을 세상으로 알게 함이로소이다").

이 시대의 기독교에 팽배해 있는 '우리 교회', '우리 단체' 등과 같은 개인주의와 집단 이기주의적 행태를 반성하게 하고 어떻게 그런 현상을 피할 수 있는지를 진지하게 고민하게 만드는 말씀이다. 갈라지고 흩어진 교회와 오직 내 교회, 내 단체에만 집착해 예수 그리스도와 하나님의 마음을 가슴에 품고 담아내지 못하는 세상과 다를 바 없는 이 시대의 기독교인들에게 예수님은 하나가 되라고, 연합하라고, 일치하라고 말씀하신다. 그렇게 될 때만이 교회는 세상과는 다른 모습의 공동체가 되어 세상에 있으나 세상에 속하지 아니한 존재로, 세상으로 사명을 띠고 보냄 받은 존재로서의 역할과 사명을 다 할 수 있을 것이라고 말씀하시는 것이다.

우리는 예수님과 특별한 관계, 곧 예수님의 친구라는 관계를 맺고 있는 특별한 정체성을 가진 사람들이다. 특별한 정체성에는 특별한 사명이 따른다. 예수님은 우리의 정체성에 걸맞는 세상 속에서의 사명을 감당하기 위한 필수 전제 조건이 우리가 하나되는 것이라고 하셨다. 예수님의 친구들은 서로 간에 하나가 되어야 한다. 이것이 우리 모두가 적용해야 할 첫 번째 교훈이다.

또 다른 적용점은 세상에 속하지 않았으나 세상으로 보냄을 받을 자들로서 어떻게 살아야 하는가 하는 방법에 관한 영역이다. 예수님의 기도에 이미 담겨 있듯이 우리의 사명은 예수님의 제자들을 이 땅에 계속해서 세워 가야 하는 것이다. 이것은 피할 수가 없는 영역이다(17:20 "내가 비옵는 것은 이 사람들만 위함이 아니요 또 저희 말을 인하여 나를 믿는 사람들도 위함이니").

　세상에 속하지 않은 자들이 어떻게 구별된 삶을 살고 그 결과 다른 사람들이 예수를 믿게 할 수 있는가 하는 것은 우리 모든 그리스도인들의 공통된 고민이어야 한다. 대부분의 크리스천들은 자신을 더럽히지 않으려는 열망이 있다. 그러기에 자신에게 있을 수 있는 '오염물질'을 씻어 내려 애쓴다. 아예 오염원으로부터 적정 거리를 유지하는 것을 상책으로 여기기도 한다. 이런 사고 방식은 예수님 당시의 사람들 생각 속에도 특별히 강하게 반영되어 있다. 음식을 먹기 전에 손을 씻지 않은 예수님과(눅 11:38 "잡수시기 전에 손 씻지 아니하심을 이 바리새인이 보고 이상히 여기는지라") 제자들의 모습을 보며(막 7:2 "그의 제자 중 몇 사람이 부정한 손 곧 씻지 아니한 손으로 떡 먹는 것을 보았더라", 7:5 "이에 바리새인들과 서기관들이 예수께 묻되 어찌하여 당신의 제자들은 장로들의 유전을 준행치 아니하고 부정한 손으로 떡을 먹나이까") 비판한 유대인들의 모습 속에서, 또 더러움이 가득한 세상에서 정결을 유지하기 위해 수도원으로 들어가거나 극단적 근본주의로 변해 세상과의 결별을 선언한 채 은둔의 삶을 살아가는 무리들을 통해서 잘 나타나 있다.

　문제는 그런 세상과의 '구별됨'과 세상 속에서 세상을 향해 '복음 전하는 것'을 어떻게 병행시켜야 하는가 하는 것이다. 더러움으로부터 우리를 정결하게 또한 '거룩하게' 지키는 것은 아주 중요하다(벧전 1:15 "오직 너희를 부르신 거룩한 자처럼 너희도 모든 행실에 거룩한 자가 되라"). 하지만 이것에만 관심을 두는 것은 주님의 뜻을 잘못 이해한 것이다(요 17:14~16 "내가 아버지의 말씀을 저희에게 주었사오매 세상이 저희를 미워하였사오니 이는 내가 세상에 속하지 아니함 같이 저희도 세상에 속하지 아니함을 인함이니이다. 내가 비옵는 것은 저희를 세상에서 데려가시기를 위함이 아니요 오직 악에 빠지지 않게 보전하시기를 위함이니이다 내가 세상에 속하지 아니함 같이 저희도 세상에 속하지 아니하였삽나이다").

주님은 우리가 은둔하거나 세상을 떠나 등지고 살기를 원하시는 것이 아니다. 또한 '세상에서 데려가길' 주님은 원치 않으셨다. 이는 우리가 세상에 속하진 않았지만 세상 속에서 세상을 향해 주님이 원하시는 일을 계속하길 원하신다는 뜻이다. 세상에 남아서, 세상 속으로 들어가서, 세상 한복판에서 우리더러 '빛과 소금'의 역할을 감당하라는 것이다(마 5:13~16 "너희는 세상의 소금이니 소금이 만일 그 맛을 잃으면 무엇으로 짜게 하리요 후에는 아무 쓸데없어 다만 밖에 버리워 사람에게 밟힐 뿐이니라 너희는 세상의 빛이라 산위에 있는 동네가 숨기우지 못할 것이요 사람이 등불을 켜서 말 아래 두지 아니하고 등경 위에 두나니 이러므로 집안 모든 사람에게 비취느니라 이같이 너희 빛을 사람 앞에 비취게 하여 저희로 너희 착한 행실을 보고 하늘에 계신 너희 아버지께 영광을 돌리게 하라").

즉 우리의 개인적 내적 정결과 거룩함은 세상 속에서 우리의 집단적 사명 감당과 균형을 이루어야 한다는 것이다. 두 가지 모두 포기할 수 없는, 주님이 주신 명령인 것이다. 우리가 세상에서 사명을 감당할 때 세상으로부터의 오염에만 신경을 쓰지 말아야 한다. 더러운 것, 오염 물질도 전염이 되지만 반대로 거룩함도 상대에게로 전염시킬 수 있는 '전염성'이 있다는 사실 때문이다.

예를 들면 결혼 관계 안에서 믿지 않는 배우자와 자녀들이 믿는 배우자로 인하여 거룩해질 수 있다(고전 7:14 "믿지 아니하는 남편이 아내로 인하여 거룩하게 되고 믿지 아니하는 아내가 남편으로 인하여 거룩하게 되나니 그렇지 아니하면 너희 자녀도 깨끗지 못하니라 그러나 이제 거룩하니라"). 또 부정하다고 생각되는 모든 것이 '하나님의 말씀과 기도'로 거룩해질 수 있다(딤전 4:4~5 "하나님이 지으신 모든 것이 선하매 감사함으로 받으면 버릴 것이 없나니 하나님의 말씀과 기도로 거룩하여짐이니라"). 물론 이러한 '성결케 하는 역사'는 자동으로 이루어지지 않는다. 오히려 소금이 소금의 맛을 유지하고(마 5:13 "너희는 세상의 소금이니 소금이 만일 그 맛을 잃으면 무엇으로 짜게 하리요 후에는 아무 쓸데 없어 다만 밖에 버리워 사람에게 밟힐 뿐이니라"), 빛이 빛을 발할 때(마 5:16 "이같이 너희 빛을 사람 앞에 비취게 하여 저희로 너희 착한 행실을 보고 하늘에 계신 너희 아버지께 영광을 돌리게 하라"), 즉 세상 속에서 우리가 하는 선행(마 5:16)과 구별된 삶의 행위(벧전 3:1 "아내된 자들아 이와 같이 자기 남편에게 순복하라 이는 혹 도를 순종치 않는 자라도 말로 말미암지 않고 그 아내의 행위로 말미암아 구원을 얻게 하려 함이니")가 있을 때만 가능해진다.

한 가지 명심할 것은 우리를 '더럽힐 수 있는 세상'을 순진하게 대해서는 안 된다는 것이다. 예수님도 '뱀같이 지혜롭고 비둘기같이 순결' 하라(마 10:16 "보라 내가 너희를 보냄이 양을 이리 가운데 보냄과 같도다 그러므로 너희는 뱀같이 지혜롭고 비둘기같이 순결하라.")고 하셨다. 이 말은 단순히 소극적인 자세로 방어적 신앙생활을 할 것이 아니라 도리어 적극적이고 주도적이며 세상을 향해 거룩한 지혜로 순결한 삶을 사는 신앙생활로 패러다임의 변화를 할 필요가 있다는 것이다.

'성결을 낳고 유지하는 역사'의 주체는 우리 가운데 역사하시는 성령이시다. 따라서 항상 성령 충만하고(엡 5:18 "술 취하지 말라 이는 방탕한 것이니 오직 성령의 충만을 받으라"), 항상 성령과 동행하면서(갈 5:18 "너희가 만일 성령의 인도하시는 바가 되면 율법 아래 있지 아니하리라": 5:25 "만일 우리가 성령으로 살면 또한 성령으로 행할지니") 이 세상에서의 삶을 영위해 나가야 한다. 그렇게 살아갈 때 우리는 이미 세속적 가치관과 철학에 젖어버려 그 영향력하에 있는 많은 영역들을 하나님을 위해 되찾을 수 있다. 거룩함은 전염된다. 우리는 오염된 세상을 거룩함으로 '전염' 시키는 하나님의 일꾼들이 되어야 한다.

예수님의 친구로서 살아가는 제자의 삶은 예수님께서 내 안에 사시기에 나의 모습이 예수님을 닮아가는 삶이라고 할 수 있다. 하나님의 뜻을 행하기에 열심이고(요 4:34 "예수께서 이르시되 나의 양식은 나를 보내신 이의 뜻을 행하며 그의 일을 온전히 이루는 이것이니라"), 하나님과 항상 기도로 교통하며(살전 5:17 "쉬지 말고 기도하라"), 하나님의 나라와 그 뜻을 구하며 사는 삶이다(마 6:33 "너희는 먼저 그의 나라와 그의 의를 구하라 그리하면 이 모든 것을 너희에게 더하시리라").

하나님의 백성으로 신의 성품에 참예하는 자들이라는(벧후 1:4 "이로써 그 보배롭고 지극히 큰 약속을 우리에게 주사 이 약속으로 말미암아 너희로 정욕을 인하여 세상에서 썩어질 것을 피하여 신의 성품에 참예하는 자가 되게 하려하셨으니") 증거들을 드러내며 사는 삶이다. 도움이 필요한 자들에게 도움을 주고(딛 2:14 "그가 우리를 대신하여 자신을 주심은 모든 불법에서 우리를 구속하시고 우리를 깨끗하게 하사 선한 일에 열심하는 친 백성이 되게 하려 하심이니라"), 세속의 가치관에 사로잡혀 살기를 거부하고 천국 가치관으로 살기로 결단하는 삶이다(요일 2:15~17 "이 세상이나 세상에 있는 것들을 사랑하지 말라 누구든지 세상을 사랑하면 아버지의 사랑이 그 속에 있지 아니하니 이는 세상에 있는 모든 것이 육신의 정욕과 안목의 정욕과 이생의 자랑이니 다 아버지께로 좇아온 것이 아니요 세상으로 좇아온 것이라 이 세상도 그 정욕도 지나가되 오직 하나님의 뜻을 행하는 이는 영원히 거하느니라").

우리가 성경적 가치관을 붙들고 예수님이 친구로 불러준 참 제자의 삶을 살 때 기독교의 신용도도 회복될 수 있다. 이 세상은 예수님의 진정한 제자들을 필요로 하고 있다. 소수지만 예수님의 친구로서, 제자로서의 삶을 제대로 살아갈 때 새로운 영적 회복과 영적 각성의 역사가 시작될 수 있다.

결론적으로 우리가 예수님의 친구가 되어 서로를 '섬기고' 사랑 안에서 같은 목적으로 일치된 행동을 함으로써 '하나가 될 때' 이기주의가 팽배한 이 세상에서, 자신만을 위하고 서로 분리되어 외롭고 고독한 섬들이 되어 살아가는 세상 사람들 앞에서, '튀는' 그리스도인의 모습을 보여줄 수 있게 된다. 그런 우리의 모습은 세상의 관심을 불러일으키고, 더 나아가 세상 사람들로 하여금 그런 모습을 닮고 싶고 그런 무리 속에 소속되고 싶은 소원을 갖게 함으로써 우리가 목표로 하는 전도와 선교가 가능하게 한다.

예수님과 특별한 관계를 맺은 특별한 사람들인 우리는 세상 사람들과는 다른, 그래서 세상 사람들 앞에서는 '튀는' 자들로서 그분을 이 세상에 전하기 위해 '튀는' 제자들의 모습을 보여 주어야 한다. 예수님은 바로 그것을 위해 기도하셨다. 지금도 예수님은 우리가 세상 속에서 예수의 친구들로 뭉쳐 '튀는' 제자들이 되기를 기도하실 것이다. 이제 당신 차례다. 세상 속에서, 세상에 속하지 않은 '튀는' 그리스도의 친구요, 제자로서의 삶에 동참하지 않겠는가!

2부
섬기는 리더십만이 진정한 리더십이다

1. 리더십이라는 관점에서 본 세상, 변화, 트렌드

'섬기는 리더십'이란 무엇인가를 논하기에 앞서 '리더십'이라는 단어에 대한 최소한의 이해가 필요하다. 어떤 한 연구에 따르면 리더십에 관한 정의가 850가지 이상일 정도로 리더십에 대한 이해가 다양하다. 물론 그렇게 수많은 정의들이 모두 다 독립적이고 독자적인 것은 아니다. 그중에는 공통적인 요소들이 많이 있다. 그러한 이론들 중에서도 가장 부상되고 있는 요소는 '영향력'이라는 단어이다. 오스왈드 샌더스(Oswald Sanders)의 표현을 빌리자면 "리더십이란 영향력, 즉 한 사람이 다른 사람들에게 영향을 미치는 능력이다." 본문에서도 '지위'라는 개념보다는 '영향력'의 중요성을 염두에 두고 리더십에 접근하고자 한다.

지금 우리가 살고 있는 세상의 화두는 변화의 시대에 살고 있다는 것이다. 그 변화의 중심부에는 전형이 깨어지며 사라지고 있고, 나아가 많은 것이 융합되거나 퓨전되는 특성을 나타내고 있다. 그런 과정 중에 때로는 한 영화를 통해 유명해진 '너나 잘하세요'라는 표현이라든가, 어울릴 것 같지 않은 두 단어의 집합인 '부드러운 카리스마' 등 외부적으로 모순 어법인 것도 어색함 없이, 오히려 자연스럽게 우리들의 삶 속에 자리잡아 가고 있다. 어떤 이들은 본문에서 다루고자 하는 '섬기는 리더십'이라는 표현 자체를 모순 어법으로 간주할 수 있다. 소위 전통적인 의미의 권위주의적 리더십 개념으로 보면 섬기는 리더십이라는 용어 자체가 모순으로 보인다. 우리는 무심코 이 단어 또한 변화하는 세상의 단면으로 취급해 버릴 수 있다.

그러나 이 글을 통해서 분명히 밝히고자 하는 바는 섬기는 리더십이라는 개념은 인류 역사를 통해 이미 오래 전부터 존재해 왔다는 것이다. 물론 그렇다고 하여 그 개념이 리더십의 영역에서 주도적인 역할을 했다는 것은 아니다. 오히려 소수가 그것을 행했을지라도 그러한 리더들의 영향력은 어느 누구에 비할 수 없는 파급 효과를 가지고 지금까지 그 효력을 발휘하고 있다. 결론적으로 말하자면 근간에 섬기는 리더십이 부상하고 있는 현상은 이러한 세상에 가장 필요하며 효과적인 리더십의 형태라는 것을 깨닫기 시작했다는 것을 의미한다.

본론에 들어가기에 앞서 이러한 '변화의 시대'를 주도하고 있는 최근의 트렌드 두 가지를 정리해 보고자 한다. 가장 두각을 나타내는 트렌드는 리더십 훈련 대상의 확대라고 말할 수 있다. 얼마 전까지만 해도 회사나 단체의 임원급에 머물고 있던 리더십 훈련이 이제는 하급 사원들에게까지 대상이 확산되고 있다. 이제는 한 사람 또는 소수가 조직을 대표해 배우던 시대는 지나갔다는 것을 반증하고 있는 것이다.

더 이상 맨 위에 있는 한 사람이나 소수가 이 세상의 변화의 속도를 감지하고, 그 밑에 있는 나머지 사람들이 그것에 근거한 명령에 따라 움직일 수 없는 세상이 온 것이다. 그러한 조직은 금방 한계에 부딪힐 수 밖에 없다. 오히려 모든 직급 사람의 헌신과 학습 능력을 끌어내어, 그들 스스로 판단하여 결정할 수 있는 권한을 부여하는 조직이 늘어나고 있는 현실이다.

두 번째 두각을 나타내는 트렌드는 부의 창출원이 돈에서 사람으로 이동했다는 것이다. 현재 많은 분야에서 막을 내리고 있는 '산업 시대'에 속하는 패러다임에서는 개인은 비용이 되고, 장비와 기술과 같은 물건은 투자로 여겨졌다. 그러나 새롭게 등장하여 부상하고 있는 '지식 노동자 시대'의 패러다임에서는 제품에 부가되는 가치의 3분의 2는 지식노동에서 나오고 있다. 두 시대간의 차이를 보여 주는 비근한 예로 과거에는 생산비의 80퍼센트는 자재가 차지하고, 20퍼센트는 지식이 차지했으나, 지금은 자재가 30퍼센트, 지식이 70퍼센트로 역전되고 있다는 점이다.

지금은 고인이 된 피터 드러커가 90년부터 말했던 '지식 사회'로의 변화의 한 단면을 반영하고 있다. 그가 말했듯 "지금부터 중요한 것은 지식이다. 세계는 노동 집약, 자재 집약, 에너지 집약이 아닌 지식 집약으로 향해 가고 있다."는 것을 실감하고 있다. 같은 관점으로 『경영의 세기』라는 책에서 스튜어트 크레이너는 "정보 시대는 지식노동을 중시하기에 재능 있는 사람의 채용, 재교육, 양성이 경쟁력의 핵심이라는 인식이 확산되고 있다."고 지적하고 있다. 결국 모든 것이 사람에 관한 것이며, 조직의 각 사람의 역량을 얼마나 극대화하는가가 관건이라는 것이다.

이러한 패러다임의 변화를 겪는 가운데 가장 효과적인 리더십 스타일로 '섬기는 리더십'이 부상하고 있는 것은 어떻게 보면 지극히 당연하다고 말할 수 있다. 이는 섬기는 리더십이라는 개념의 중심부에 사람이 있기 때문이며, 성공의 열쇠 또한 사람과 연관되어 있기 때문이다. 실제로 짐 콜린스는 자신의 저서인 『좋은 기업을 넘어서 위대한 기업으로(Good to Great)』라는 책에서 "사업을 이끄는 데 있어서 겸손한 마음 또는 섬기는 접근은 실제로 성공을 돕는다."고 말하고 있다. 또한 켄 블랜차드는 "섬기는 리더십은 조직의 성공을 재촉한다."고 말한다. 이것은 섬기는 리더십이 얼마나 중요한 것인가를 말해 주며, 특별히 리더의 위치에 있는 사람들이 그러한 리더십을 행사할 때 일어날 수 있는 긍정적인 효과를 반영하고 있다. 영향력이라는 측면에서 볼 때 '섬기는 리더십'이 이렇게 중요하다.

전 예일대 교수이며 현 동암문화연구소 이사장인 전혜성 씨는 자식 교육의 경험을 정리한 『섬기는 부모가 자녀를 큰 사람으로 키운다』라는 저서에서 "많은 이들이 궁금해하는 것처럼 우리 가정에 굳이 특별한 자녀 교육 비법이 있다면, 나는 그것을 '섬기는 사람'이 되고자 했던 우리 부부의 노력에서 찾으려 한다. 우리 부부는 우선 스스로를 섬기고, 서로를 섬기고, 자녀를 섬기고, 더 나아가 남을 섬기고 사회를 섬기고자 했다."라고 말한다. 부모가 가정에서 리더십을 발휘하는 위치라고 한다면, 그 가운데 섬기는 모습을 보이는 것이 자녀 교육에 얼마나 중요한가를 잘 보여 주고 있다.

이 글에서는 이렇게 부상하고 있는 '섬기는 리더십'에 대해 논하며 실제적인 예를 통해 그 개념을 이해하고자 한다. 또한 그것을 배양하기 위해서 필요한 7가지 요소들을 생각해 본 후 결론을 맺고자 한다.

2. 섬기는 리더십이란?

'섬기는 리더십'의 개념을 제대로 이해하는 것은 매우 중요하다. 표현 자체를 보며, 특별히 '섬기는'이라는 면에 지나친 무게를 두게 될 때 오해의 소지가 있다. 섬긴다는 의미를 피상적으로 이해하여 다른 이들이 원하는 것을 그저 해 주는 '서비스' 정도의 차원에서 이해하기 쉽기 때문이다. 만약에 리더로서 따르는 자 또는 영향력의 대상을 향해 단순히 그들이 필요로 하는 것을 제공해 주며 그들이 원하는 필요만을 채우는 것으로 만족한다면 그것은 리더가 아니라 오히려 '보모'나 '시중드는 자'의 개념에 가까울 것이다. 정답은 '종'(servant)이라는 개념과 '리더'(leader)라는 두 개념이 서로 긴장감을 가지고 균형을 유지해야 하는 데에 존재한다. 그러기 위해 '섬기는'이라는 단어는 다음에 나오는 '리더'라는 단어와 연결하여 생각해야 한다. 다시 말해 리더는 변화를 일으켜야 하는 존재라는 사실을 염두에 두어야 한다.

일반적으로 사람들은 자신에게 익숙하며 편안한 영역을 벗어나고자 하는 마음이 없다. 그러나 변화를 이끌어야 하는 리더는 사람들을 자신의 익숙한 영역에 안주하도록 하기보다는, 오히려 벗어나도록 만들 뿐 아니라 그로 인한 어려움과 고통 또한 관리할 수 있어야 한다. 이런 면에서 섬기는 리더십의 본질은 현재를 잘 돌보며 미래를 추구하는 균형을 가지고 다른 이들을 섬길 뿐 아니라 리더로서의 사명을 다하기 위해 그들을 변화와 성장을 위해 나아갈 수 있도록 도전하는 것이다. 실제적인 몇 가지 예를 통해 최근의 리더십 연구에 나타난 진정한 섬기는 리더십을 살펴보자.

(1) 예수 그리스도와 새로운 리더십 패러다임

섬기는 리더십에 관한 가장 훌륭한 모델은 성경 속의 예수 그리스도의 가르침을 통해 찾을 수 있다. 예수님은 십자가의 죽음을 얼마 앞두고 제자들을 향하여 "이방인의 소위 집권자들이 저희를 임의로 주관하고 그 대인들이 저희에게 권세를 부리는 줄을 너희가 알거니와 너희 중에는 그렇지 아니하니 너희 중에 크고자 하는 자는 너희를 섬기는 자가 되고 너희 중에 누구든지 으뜸이 되고자 하는 자는 모든 사람의 종이 되어야 하리라 인자가 온 것은 섬김을 받으려 함이 아니라 도리어 섬기려 하고 자기 목숨을 많은 사람의 대속물로 주려 함이니라"(막 10:42~45)고 말씀하신다.

이 말씀을 온전히 이해하기 위해서는 앞의 문맥을 보아야 한다. 이 말씀 바로 직전에 열두 제자들 중에 야고보와 요한이라는 두 제자가 예수님을 향해 자신들을 가장 높은 자리에 앉혀달라고 부탁하는 장면이 나온다. 그러한 그들의 태도에 대해 불쾌해 하고 분개하고 있는 다른 제자들의 모습이 이 말씀의 배경이 되고 있다. 여기서 분명한 것은 모든 제자들 가운데 한 사람도 예외 없이 모두가 리더라는 지위 또는 자리에 관심이 있으며, 그것에 수반되는 영광과 특권을 원하는 속마음을 드러내고 있다는 점이다.

이러한 제자들을 향해 예수님께서는 대조되는 두 종류의 리더십의 개념을 정리할 뿐 아니라 그분이 이 세상에 오심으로 시작된 새로운 시대에 필요한 리더십을 분명히 제시하고 있다.

첫 번째 언급된 리더십은 '주관하다'(to lord over)와 '권세를 부리다'(to exer cise authority over)라고 해석된 두 개의 헬라어 동사로 요약된다. 이 단어들은 그 당시 (물론 그 이후 인류의 역사 속에서)

세상에서 통상적으로 인식된 리더십 패러다임을 잘 나타내고 있다. 주인 행세를 하며 권력과 함께 권위주의적인 태도로 군림하는 자세이다.

그와 대조가 되는 또 다른 리더십 패러다임은 '섬기는 자'(servant)와 '종'(slave가 원어의 의미)이라고 해석된 두 개의 헬라어 명사로 대변된다. 위의 두 동사와 비교할 때 완전히 극과 극적인 표현을 선택하고 있다. 결국 예수님은 제자들에게 이제까지의 이해와는 전혀 다른 새로운 패러다임의 섬기는 리더십을 추구할 것을 제시하고 있다.

이것으로 리더십에 관한 그분의 가르침이 끝난 것이 아니다. 예수님 스스로가 섬기시고자 오셨다는 것을 그분의 삶을 통해서 직접 보여주신다. 그것은 자신의 십자가에서의 죽음을 통한 희생이다. 그분은 섬기는 리더십의 모델로서 모든 인류를 위해 자신의 생명을 기꺼이 내어주시는 분이었다.

이러한 섬김의 중요성에 더해 간과해서는 안 되는 사실은 예수님이 십자가의 죽음에서 부활하신 후 제자들을 향하여 "너희는 가서 모든 족속으로 제자를 삼아 아버지와 아들과 성령의 이름으로 세례를 주고 내가 너희에게 분부한 모든 것을 가르쳐 지키게 하라"(마 28:19~20)고 명령하신 것이다. '내가 너희에게 분부한 모든 것'이라는 표현 속에는 사람들을 새롭게 변화시키는 사명과 목적을 이루기 위해 '섬김'을 통해서 해야 한다는 방법론까지도 포함되어 있다.

이러한 모습을 보면서 『변화를 일으키는 리더십(Transforming leadership)』이라는 책에서 리턴 포드는 "현대 경영자들보다 훨씬 이전에 예수께서는 미래를 이끌어갈 사람들을 준비하느라 분주하셨다.

예수의 목적은 황태자를 선발하는 것이 아니라 다음 세대를 창조하는 것이었다"고 말하고 있다. 다음 세대를 창조하기 위해 예수님은 섬김의 리더십을 선택하시고 제시하셨을 뿐 아니라 자신이 실제로 본을 보이신 것이다.

예수의 제자 중의 한 명인 베드로는 그의 편지에서 "너희 중에 있는 하나님의 양 무리를 치되 부득이함으로 하지 말고 오직 하나님의 뜻을 좇아 자원함으로 하며 더러운 이를 위하여 하지 말고 오직 즐거운 뜻으로 하며 맡기운 자들에게 주장하는 자세를 하지 말고 오직 양 무리의 본이 되라"(벧전 5:2~3)고 예수님의 본과 가르침에 근거하여 실제적인 리더십 지침을 주고 있다. 자신의 선생인 예수님의 가르침을 온전히 깨달은 후에 그는 리더에게는 솔선수범하며 본이 되고 기쁜 마음으로 섬기는 모습이 중요하다는 사실을 분명히 하고 있다.

(2) 세종대왕의 놀라운 업적의 뿌리

조선왕조실록 등을 통해 세종대왕을 연구하며 많은 이들이 놀라곤 한다. 오늘날 겨우 시행되고 있는 인권에 관련된 제도들이 약 600년 전 세종대왕 시대에 이미 만들어졌기 때문이다. 대표적인 예로 관노비에게 출산 전 1개월 휴가, 출산 후 1백일 휴가, 출산 후 남편 30일 휴가를 주게 하였을 뿐 아니라, 죄인들의 인권도 존중하여 감옥의 난방과 냉방, 청결을 항상 유지하도록 했으며, 우리 나라에 머물던 외국인들까지도 동일하게 취급하도록 했다. 세종대왕의 위대함은 이뿐만이 아니라 우리 모두가 자랑할 만한 글자인 훈민정음을 만들었으며, 그에 더해 온갖 과학 기술 발전을 도모하는 등 많은 업적을 이루어 냈다.

여기서 초점을 맞추고자 하는 사실은 과연 무엇이 세종대왕으로 하여금 다른 왕들과의 차별성을 만들었는가 하는 점이다. 여러 가지 설명이 가능하겠지만 그중에서도 세종대왕이 가지고 있던 한 가지 특이한 사상과 연결시켜 볼 수 있다. 『코리아, 다시 생존의 기로에 서다』라는 저서에서 배기찬은 "중국에 천자(天子)가 있고 일본에 천황(天皇)이 존재했다면, 세종대왕에게는 천민(天民) 곧 국민 개개인이 하늘의 백성이라는 개념이 있었다."고 지적한다.

천민에 대한 이해와 생각을 그는 국가 운영에 완전히 구현하고자 노력했다. 이러한 사상을 배기찬은 "천민은 단지 배려의 대상, 통치의 대상이 아니다. 천민은 자신(自新)한다. 스스로 새롭게 되고, 스스로 깨치고, 스스로 높은 문화 수준을 이룰 수 있다. 이렇게 되도록 돕는 것이 왕의 일이고, 관리의 일이다. 훈민정음을 만들고, 온갖 종류의 책을 만들며, 학교를 만든 것은 모두 스스로 혁신해서 자신을 변화시킬 수 있는 천민을 위한 것이다."라고 평가했다. 세종대왕은 국가의 지도자로서 섬기는 리더십이 왜 그리 중요하며 더 나아가 그러한 리더가 어떠한 일을 행할 수 있는가를 분명하게 보여 주고 있다.

(3) 리더와 보스의 차이

홍사중의 저서인 『리더와 보스』는 리더란 과연 무엇인가를 생각해 보게 해 준다. 그는 "보스는 비록 리더와 비슷하게 보일 수 있으나 실제로 리더와는 현저히 구별된 존재"라고 주장한다. 예를 들어 보스는

'나'라고 말한다면 리더는 '우리'라고 말하며, 보스는 남을 믿지 않는 반면 리더는 남을 믿으며, 보스는 겁을 주나 리더는 희망을 주며, 리더에게는 귀가 여러 개 있는 반면 보스에게는 귀가 없거나 아니 정확히 말하자면 듣기 좋은 말만을 듣는 귀 하나만 가지고 있다.

이에 더해 리더는 대중의 눈으로 세상을 보는 반면 보스는 자기 눈으로만 세상을 보며, 리더는 권위마저도 즐기지 않으나 보스는 권력을 즐기며, 리더는 권력이란 하나의 수단에 지나지 않는다고 여기나 보스는 권력이 전부라고 생각한다 등 두 개념간의 대조를 보여 주고 있다. 일반적으로 사람들이 생각하는 리더의 모습이 실제는 보스라는 개념에 더욱 더 부합하다는 사실을 일깨워 주고 있다. 이러한 대조는 진정한 리더의 모습을 찾는 것을 도와준다.

그러나 위에서 언급된 대조 외에 비교할 수 없이 중요한 한 가지 차이점을 간과해서는 안 된다. 그것은 바로 보스 주위에는 보스가 계발되고 있지 않으나, 리더 주위에는 리더들이 계발되고 있다는 점이다. 위에서 언급한 예수님의 경우가 이에 해당된다. 그분은 다음 세대를 창조하기 위해 리더들을 계 발하셨다. 즉, 제자를 리더로 키우셨던 것이다. 진정한 리더는 결론적으로 다른 이들을 계발하는 자들이어야 한다. 그것을 위해 다른 이들과의 관계에 중점을 두며, 그러기 위해서는 섬기는 리더십은 당연한 귀결일 수밖에 없다. 리더라는 개념의 정의 자체 속에 이미 섬김이라는 개념이 담겨있는 것이다.

(4) 최근 리더십 책들에서 발견되는 리더십의 정의

최근에 출간된 리더십에 관한 책에서도 섬기는 리더십이라는 측면에서 리더십을 이해하고자 하는 경향은 명확하다. 예를 들어 잭 웰치(Jack Welch)는 자신의 부인인 수지 웰치와 공저한 『위대한 승리』에서 (이미 리더가 된 사람들을 향하여) 리더십에 관하여 다음과 같이 설명하고 있다: "리더십이란 자신만을 위한 것이 아니라 다른 사람을 위한 것… (그러기에) 리더가 되기 전에는 자기 자신이 성장하는 것이 성공의 핵심이었다면 리더가 되면 다른 사람들을 성장시키는 것이 핵심이 된다." 이러한 생각은 심지어 자신보다 뛰어난 사람들을 향해서도 동일해야 한다고 그는 주장한다.

이런 근거하에서 그는 회사의 고위층의 자격 중의 하나로 "자신보다 훌륭하고 똑똑한 사람들을 주위에 둘 수 있으며… 자신을 가장 멍청한 사람으로 만들 수 있을 정도로 우수한 사람들을 모으는 용기를 가져야 한다."고 주장한다. 책의 말미에서 그는 "나와 관련하여 기억되어지기를 원하는 무엇인가가 있다면 그것은 '리더십이란 다른 사람들이 성장하고 성공하도록 돕는 것이란 점을 사람들이 이해하는 데 내가 도움이 되었다'는 사실이다. 다른 말로 리더십은 자신에 대한 것이 아니라 다른 사람들에 대한 것이라고 말하고 싶다."고 밝히고 있다.

스티븐 코비(Stephen Covey)는 자신의 저서인 『성공하는 사람들의 8번째 습관』에서 인간은 선택의 산물로 리더는 선택된 반응을 통해 스스로 만들어진다고 주장한다. 그는 리더십을 공식적 지위로서가 아니라 선택으로 정의하며 "리더십은 사람들이 자신의 가치와 잠재능력을 볼 수 있도록 그 가치와 잠재능력을 아주 분명하게 인식하게 하는 것이다."라 말하고 있다. 책의 말미에서 그는 말하길 "부드러운 것이 강하다는 사실을 모든 사람이 알게 될 것이다. 리더십이 최고의 기술인 것은 이 때문이다. 리더십은 임파워해 주는 기술이다."고 말하고 있다. 즉 리더십은 지위나 자리가 아니라 다른 사람이 능력을 발휘할 수 있게 해 주는 '행동'인 것이다.

가구 회사 허먼 밀러(Herman Miller)의 대표 이사이기도 했던 맥스 드프리(Max Depree)는 이보다 한 걸음 더 나아간다. 그는 '리더십이란 빚진 자의 자세'라고 말하고 있다. 다르게 표현하자면 리더는 자기 밑에서 일하는 사람들에게 무엇인가 제공해야 할 도덕적 의무가 있다는 것이다. 이들의 주장들 모두는 리더십을 제대로 이해하기 위해서는 섬기는 리더십이라는 렌즈를 통해서만이 가능하다는 결론을 내리고 있다.

3. 섬기는 리더십을 배양하는 일곱 가지 요소들

위에서 보았듯 섬기는 리더십이란 결국 어떠한 위치에 있던지 그것에 얽매이지 않고 영향력을 끼치며, 변화를 이끌어 내며, 그것을 이루기 위해 다른 이들을 도와 그들이 소유하고 있는 능력이 극대화되도록 노력하는 것이 핵심이다. 무엇보다 '영향력' '변화' '다른 이들'과 같은 개념이 중심이 되어야 한다. 이러한 이해를 통해 정체성과 가치관이 세워지며, 그에 근거하여 큰 틀 또는 관점이 만들어질 수 있다. 어떤 관점을 가지고 있느냐는 매우 중요하다. 그러기에 중세 철학자이며 신학자인 토마스 아퀴나스는 "우리 인간은 무엇을 보고 중히 여기고 느끼고 생각하고 행동하느냐에 따라 그러한 사람이 된다."고 말하고 있다.

궁극적으로 리더십과 연결하여 '스스로의 높아짐'에 초점을 맞출 것인가 아니면 '다른 이를 섬김'에 초점을 맞출 것인가의 관점을 먼저 생각해 보아야 한다. 콜린스와 포라스는 『성공하는 기업들의 8가지 습관』에서 "위대한 리더는 목표 달성에 초점을 맞추지 않고, 오히려 위대한 조직을 세우는 데 주력한다."고 했다. 다시 말해 섬기는 리더에게는 자기 목표를 이루려고 사람들을 이용하는 일은 있을 수가 없다. 사람들이 곧 그들의 목표이기 때문이다.

섬기는 리더십을 배양하는 필수 요소로 다음 일곱 가지를 들 수 있다. 처음 세 가지가 자신과 직접 연관된 것들이라 한다면, 다음 세 가지는 다른 이들과의 관계를 염두에 둔 것들이며, 마지막 일곱 번째 요소는 앞선 여섯 가지 모두를 다 아우르며 바쳐주는 개념이라고 말할 수 있다.

(1) 자기 연단

리더는 무엇보다도 자기 자신을 다스리는 싸움을 쉬지 말아야 한다. 고대 로마시대의 수사학자며 철학자인 세네카는 "자기를 지배하는 사람이 가장 강한 사람"이라고 했다. 혹자는 "만약에 당신이 남을 관리하고 싶다면 먼저 당신 자신을 관리해 보라. 그것을 잘 하면 당신은 관리를 멈추고 이번에는 리드하기 시작할 것이다."고 했다. 리더로서 자기계발을 위한 지속적인 연단은 필수 불가결하다. 아무리 커다란 꿈

이 있을지라도 그것을 이루기 위한 자기 연단이 없으면 그 꿈은 '꿈'(허상)으로 끝나기가 쉽다.

결국 리더십을 발휘하고자 하는 사람은 예외 없이 자신과의 '선한 싸움'을 지속해야 한다. 그럴 때야만이 중요한 결정에 집중할 수 있으며, 변화하는 세상 속에서 제대로 된 결정을 내릴 수 있는 역량을 키울 수 있다. 말콤 글래드웰(Malcolm Gladwell)이 『블링크(Blink)』에서 말하였듯 "급변하는 상황 속에 신속한 인식을 요하는 초긴장 상태에서 사람들이 얼마나 훌륭한 결정을 내리는가는 훈련, 규칙, 예행연습에 달려 있다."는 것을 염두에 두어야 한다.

(2) 열정

리더로서의 열정은 어려움을 이겨낼 수 있도록 할 뿐 아니라 그것을 통해 오히려 성장하도록 만들며, 주위의 다른 이들에게 전염시키는 힘이 있다. 비록 리더가 가지고 있는 재능, 경험, 실천 의지 등은 다른 이들에게 전염되지 않는다 할지라도, 리더가 가지고 있는 태도는 전염된다. 그러므로 일을 성취하는 데 있어서 리더에게 중요한 것은 테크닉보다 열정이라고 할 수 있다. 열정을 유지하며 회복하기 위해 필요한 것은 모든 것이 완료형이 아니라 진행형이라는 사실을 각인시키는 것이다.

분명한 비전이 이끄는 열정은 어떠한 어려움 하에서도 감소되거나 식을 수 없다. 오히려 공기의 저항이 없으면 독수리가 날아오를 수 없고, 물의 저항이 없으면 배가 물 위를 달릴 수 없듯 어려움을 당연시하는 자세가 리더에게는 필요하다. 우리 주위를 보면 한때 미래를 열광하고 꿈을 꾸었으나 지금은 열정을 잃어버린 사람들이 수두룩하다. 그러한 세상이기에 리더는 매 순간 스스로 추스르고 새롭게 열정을 보충함으로 사람들을 모아서 그들과 함께 비전과 목표를 향해 나아가야 한다.

(3) 긍정적인 사고 및 태도

어떤 이는 "비관적 리더라는 표현 자체가 모순이다."라고 주장한다. 긍정적인 사고와 태도의 중요성이 담겨있는 말이다. 리더는 역할의 본질상 긍정적인 태도를 심어 줘야 하는 자이다. 그러기에 잭 웰치는 "리더의 긍정적인 에너지와 낙관적인 생각이 전 직원의 피부 속까지 침투하도록 해야 한다."고 주장한다. 긍정적인 사고방식 또한 열정과 함께 다른 이들에게 전염성이 있기에 매우 중요하다. 리더는 어떠한 상황 하에서도 긍정적인 시각을 가져 다른 이들에게 희망을 주어야 한다.

나폴레옹 보나파르트가 지적했듯 '리더들은 희망을 파는 사람들' 이며, 리더십의 거장 워렌 베니스가 말하였듯 '리더는 희망을 공급하는 사람' 이기 때문이다. 삶이란 우연히 일어나는 것이 아니라 스스로가 선택한 결과라는 사실을 항상 깨닫고, 어떤 상황이든 해석하기 나름이라는 것을 기억해야 한다. 주어진 상황을 해석하는 능력은 사람마다 다르다. 그런데 상황 해석에 따라 한 인간이 거두는 성과는 크게 달라진다. 리더는 긍정적인 태도와 해석을 통해 긍정적인 영향력을 주어야 한다.

(4) 신뢰

위의 세 가지가 자기 스스로를 다스리는 것에 치우쳤다고 한다면 다음에 언급되는 세 가지는 다른 이들과의 관계와 연결되어 있다.

다른 이들과의 관계 속에서 제일 먼저 등장하는 것은 신뢰라고 말할 수 있다. 이는 신뢰가 모든 관계의 시작이 되기 때문이다. 신뢰에 관해 논하며 스티븐 코비는 "신뢰는 동사이고 또한 명사이다. 동사이고 또한 명사일 때, 신뢰는 사람들 사이에 나누고 주고 받는 것이 된다. 명사로서 다른 이들에게 신뢰를 보냄으로써 신뢰를 받는다. 동사로서의 신뢰는 받는 쪽의 잠재적 신뢰성과 신뢰를 주는 쪽의 분명한 신뢰성에서 나온다."고 말한다. 결국 성경에서 말하고 있듯 "무엇이든지 남에게 대접을 받고자 하는 대로 너희도 남을 대접하라."(마 7:12)는 것을 실천해야 한다.

신뢰를 먼저 주어야 하며, 신뢰는 시간이 걸린다는 것을 기억해야 한다. 사람들과의 관계에서는 빠른 것이 느린 것이고, 느린 것이 빠른 것이라는 사실을 염두에 두어야 한다. 이를 위해 신뢰로 이끄는 개념인 배려하는 마음과 행동을 역지사지(易地思之)의 원리에 근거하여 다른 이들을 대해야 한다.

(5) 겸손

섬기는 리더와 겸손과는 뗄래야 뗄 수 없는 관계에 있다. 겸손할 때만이 자신의 실수와 부족함을 인정할 수 있으며, 그와 함께 타인의 성공을 인정할 수 있기에 그렇다. 성공한 기업들과 그 기업의 리더들을 연구한 짐 콜린스는『좋은 기업을 넘어서 위대한 기업으로』라는 책에서 겸손의 중요성을 논하며, 리더들의 성공과 실패를 대하는 태도를 '유리창과 거울의 비유'를 통해 설명한다. 일이 잘 풀리지 않을 때에는 거울로 가서 문제가 자신에게 있을 수 있음을 인지하며 책임을 져야 한다는 것이며, 일이 잘 되어갈 때는 유리창으로 가서 성공을 함께 하는 사람들과 나누어야 한다는 것이다.

겸손의 숙적인 교만은 특별히 성공한 리더를 노린다. 교만을 처리하지 않고 그냥 두는 리더는 결국 모든 것을 잃을 수 밖에 없다. 누구도 교만한 사람을 좋아하지 않으며, 따르지는 더더욱 않는다. 그러한 리더는 결국 관계와 신뢰는 물론, 궁극적으로 리더의 자리마저 잃게 된다.

(6) 듣는 귀와 열린 자세

급속한 변화의 시대는 끝없는 혁신을 요구한다. 과거 어느 때보다도 이러한 시대를 이끌어가기 위해 리더로서의 열린 자세와 듣는 귀는 필수 불가결하다. 21세기는 슘페터가 조어(造語)한 '창조적 파괴'(creative destruction)를 이끌어가야 하는 혁신적인 리더십을 요구하고 있다. 이 혁신적인 리더십에서 중요한 요소가 '열린 마음'이다. 피터 센지(Peter Senge)가 자신의 책인『The Fifth Discipline』에서 "내가 함께 일했던 탁월한 리더들(을) 구별 짓는 것은 명료하고 설득력 있는 생각, 깊은 헌신, 끊임없이 배우려는 열린 마음이다."라고 말했듯이 열린 마음은 탁월한 리더에서 빠지지 않는 자질이다.

열린 마음은 더 나아가 성공한 리더를 또 다른 성공으로 이끄는 데 있어서 중요하다. 맥스 드프리가 경고하였듯 "성공은 편견보다도 빨리 사람의 마음을 닫을 수 있다."고 경고한다. 피터 드러커도 "비참한 실패라면 어렵지 않게 떨쳐 내고 정리할 수 있지만 어제의 성공은 오래오래 떠나지 않는다."고 지적한다. 위대한 역사가 아놀드 토인비는 사회와 조직의 역사를 "성공만큼 큰 실패는 없다"(Nothing fails like success)는 말로 표현했다. '성공의 저주'를 경고하고 있는 것이다. 이를 방지하기 위한 것이 끝없는 열린 마음과 함께 배우고자 하는 자세이다. 현명한 리더는 열린 마음을 가지고 있기에 공부는 물론 자기의 삶의 사건들을 통해서도 배운다. 학습과 평가를 멈추지 않기에 그의 성장도 멈추지 않는 것이다.

(7) 희생

희생은 위의 다른 어떤 요소들보다도 영향력을 미친다. 섬기는 리더는 역경과 시험을 이기는 자이다. 닉슨의 워터게이트 사건으로 옥살이를 하던 중 예수님을 만나 미국 교도소 선교협회를 창설한 척 콜슨(Chuck Colson)은 한 강연에서 그가 만난 예수님에 관하여 이렇게 말했다. "내가 알고 있는 역사상의 왕과 여왕들은 모두 자기를 위해 죽으라고 백성들을 내 보냈습니다. 자기 백성을 위해 죽겠다고 마음먹은 유일한 왕은 오직 한 분뿐이었습니다." 리더의 희생은 다른 이들을 감동시킬 뿐 아니라 그들에게 리더의 비전을 공유하도록 만든다. 이러한 점은 어떠한 분야나 영역에 제한된 것이 아니다.

한 비근한 예로 이집트와 이스라엘 간에 일어난 1967년 6월에 있었던 6일 전쟁은 전쟁의 역사에서 많은 의미를 주고 있다. 전쟁이 발발했을 때 사람들은 전력 면에서 이집트가 월등히 뛰어났기 때문에 이스라엘은 오래가지 못하고 패하리라 생각했다. 그러나 예상을 뒤엎고 이스라엘은 6일 만에 전쟁을 승리로 이끈다. 무엇보다 이 전쟁에서 사람들의 주목을 끈 것은 다름 아닌 불에 타 죽은 전사자들이었다. 놀라운 사실 중 하나는 이집트 군인 사상사들 대부분이 사병이었던 반면, 이스라엘 사상자들은 거의 장교였다는 점이다. 리더의 희생이 불리하게 보이는 전쟁을 승리로 이끄는 원동력이 되었던 것이다.

리더가 사람들 앞에서 권위가 생기는 것은 직위 자체보다 희생의 의지가 있을 때이다. 이러한 의지는 리더십을 발휘하는 모든 영역에 있어 책임을 분명하게 지는 형태로 나타나야 한다. 특별히 리더는 위임하는 자로서, 일단 위임할 때마다 리더는 자신이 모든 책임을 진다는 분명한 인식을 심어 주어야 한다. 이런 의미에서 위임이란 리더에게 필요하면서도 위험한 것이다. 사람들이 성공하면 공로는 그들의 몫이 되지만, 실패하면 책임을 리더가 져야 한다. 희생을 각오하는 모습을 지닌 모습이 섬기는 리더십의 참된 모습이다.

결론

엄청난 속도로 변화하는 세상은 새로운 패러다임의 리더십을 요구하고 있으며, 섬기는 리더십이 그 요구에 가장 적합한 모델이라는 공감대가 빠르게 확산되고 있다. 앞에서 볼 수 있었듯 섬기는 리더십의 개념은 이미 예수님의 가르침과 본을 세움을 통해 그 의미를 깨달을 수 있으며, 세종대왕과 같이 백성을 섬겼던 임금의 삶 속에 베어있었고, 보스가 아닌 참 리더로서의 정의 자체 속에 포함되어 있을 뿐 아니라, 최근에 각광을 받고 있는 리더십 개념 속에 분명한 자리매김을 하고 있다.

한 저자는 "21세기에 기업들이 생존 발전하기 위해서는 새로운 리더십의 패러다임이 필요하다. 최근 경영계에서는 전통적인 리더십 모델들에 대한 대안의 하나로 '섬기는 리더십'을 제시하고 있다."고 말하고 있다. 그러나 필자가 보기에는 섬기는 리더십이 단순한 '대안의 하나'로서가 아니라 새로운 시대의 '유일한 대안'이라고 감히 말할 수 있다. 이러한 논리는 단순히 이것이 이 시대에 효과를 내고 있기 때문만은 아니다. 오히려 앞에서도 강조하였듯이 리더십이라는 정의 자체에 '섬김'이라는 개념이 이미 담겨있다는 점에서 그렇다는 것이다.

섬기는 리더십의 개념은 짐 콜린스와 같이 기업을 연구하는 경우에만 국한된 것이 아니라 다양한 곳에서 실험되고 있으며, 좋은 결과를 얻고 있다. 예를 들어 고려대학교 앞에서 조그마한 햄버거 장사를 하는 이영철 씨는 『내가 굽는 것은 희망이고 파는 것은 행복입니다』라는 저서에서 섬기는 리더십을 경영에 접목한 자신의 철학을 다음과 같이 표현하고 있다: "제가 영철버거를 하면서 느낀 것 중에 가장 확실한 것은 작은 가게를 운영하든, 큰 기업을 운영하든 진정한 경영자, 즉 CEO는 사업하는 소유자 자신이 아니라 손님이라는 생각입니다. 오너 자신은 손님 CEO의 말을 직접 행동으로 옮기는 말단 사원이 되는 셈

입니다. 지금도 전 손님이 CEO라는 믿음에는 변함이 없고 언제나 그들의 말에 귀를 기울이고 있습니다."

또 다른 예로 섬기는 리더십은 코칭(coaching)이라는 구체적인 형태로서의 가능성으로 등장하고 있다. 리더십의 대부라고 말할 수 있는 워렌 베니스(Warren Bennis)는 "미래가 어떤 모습이든… 조직을 인도하는 남자와 여자는… 우리에게 익숙하지 않은 다른 지도자가 될 것이다. 미래의 지도자는 거장(masters)이 아닌 명 지휘자(maestro)가, 사령관이 아닌 코치가 될 것이다."고 말했다. 코치라는 새로운 리더십 유형의 확산을 예견하고 있는 것이다. 이와 연관하여 켄 블랜차드는 "코칭은 사람들이 그들의 목표를 달성할 수 있도록 도와주는, 섬기는 리더십에서 가장 중요한 요소다."라고 말함으로 워렌 베니스의 예견에 또 다른 요소를 더하고 있다. 코칭이 '섬기는 리더십'의 구체적인 형태라는 것을 분명히 하고 있는 것이다.

위에서 보듯 섬기는 리더십은 자신보다는 다른 이들을 염두에 두는 것이다. 그러나 그 유익의 대상이 꼭 다른 이들에게만 국한된 것은 아니다. 실제로 섬기는 리더십은 실행하는 사람들에게도 많은 유익을 줄 수 있다. 한 예로 '섬기는 리더십'은 많은 리더들의 함정인 권력의 늪에 빠지지 않도록 도와준다. 미국에서 가장 영향력 있는 교회 중의 하나인 새들백 교회의 릭워렌 목사는 "불행한 사실은 오늘날의 많은 지도자들이 종의 자세로 시작하지만 유명인사로 끝난다는 것이다."라고 지적했다. 이는 유명세와 연결된 권력에 중독되어버렸기 때문이다.

권력의 '마법적 매력(?)'에 관하여는 동서고금을 망라하여 지적되어 왔다. 예를 들어 독일의 철학자 베른하르트 그린은 배고픔, 갈증, 섹스에는 만족이 있지만 권력은 그런 한계를 모른다고 했다. 사람들의 더 강해지고, 더 중요해지고 싶은 욕망에는 끝이 없다는 뜻이다. 또한 대낮에 등불을 켜고 아테네 거리를 헤매고 다녔다던 괴짜 철학자 디오게네스는 "권력은 그것을 소유한 모든 사람을 타락시킨다."고 말했다. 권력을 가진 사람은 처음에는 그것을 사용하고 싶고, 나중에는 그것을 남용하고 싶은 유혹이 너무 크기 때문이며, 그 유혹에 넘어갔을 때 말로가 비참해진다. 권력을 남용하지 않고, 권력에 중독되지 않기 위해서라도 섬기는 리더십의 개념이 절대적으로 필요하다.

　한 조직의 위대함은 리더의 위대함과 정비례한다. 그러기에 조직이 리더보다 위대해지는 일은 드물다고 단언할 수 있다. 리더십 혹은 리더십 결핍은 우리 모두 일상생활에서 경험하는 것이며 그것이 미치는 영향력을 경험하며 살고 있다. 물론 리더로서 남을 이끄는 것은 힘겨운 과제이다. 위에서 보았듯 결국 모든 것의 중심에 사람이 있으며, 성공과 실패의 근간이 훌륭한 인재 개발 및 경영에 달려 있다는 것을 분명히 이해하며 리더십을 수행해야 한다.

　어떻게 보면 변화의 시대에 21세기는 리더들에게 전에 없던 도전을 가져다 주기도 했으나, 또 다른 각도에서 보면 자기 조직에 긍정적인 영향을 행사할 수 있는 유례없는 기회를 제공하고 있다고 볼 수 있다. 어떤 사람이든지 '섬기는 리더십'을 염두에 두고 각자 맡겨진 영역에서 최선을 다해 영향력을 확대하며 살아간다면 이 세상과 자신이 속한 단체 또는 공동체의 발전에 기여하는 사람들이 될 수 있다고 믿는다.

3부

예수님의 제자들과 나

예수님의 제자들과 나

제자도라는 주제를 논할 때 어느 누구보다도 예수님과 시간을 많이 보낸 열두 제자들에 관하여 많은 관심을 가지는 것은 지극히 당연하다고 할 수 있다. 실제로 많은 이들이 예수님의 열두 제자들을 개인적으로 자세히 들여다보기를 원한다. 그러나 이러한 원함을 만족시킬 만큼 자료를 얻는 것은 생각만큼 그리 쉽지 않다. 예수님의 제자들에 관한 연구가 쉽지 않은 이유는 한마디로 자료가 매우 제한적이기에 그렇다. 이미 2,000년 가까이의 시간이 흘러버린 후라 남아있는 문서도 많지 않으며, 전통이나 외경 및 위경 등에 남아있을지라도 그 내용의 진위성에 문제가 있는 것이 현실이다. 이런 상황이다 보니 제자들에 관한 연구는 성경에 국한하여 진행해야 하는 한계가 있음을 감안해야 한다.

이에 더해 이들에 관하여 알아보고자 하여 성경을 연구하는 것 또한 만만치 않은 작업이다. 다른 무엇보다도 성경 속에 제자들 각자에 관한 정보들이 많은 것 같으면서도 매우 제한적이기 때문이다. 제자들 중에 베드로와 같은 제자의 경우에는 복음서 내에서 예수님과 연관되어 자주 등장할 뿐 아니라 그의 편지 (베드로 전후서)를 통해서도 그에 관하여 알 수 있는 정보들이 상대적으로 많다고 할 수 있다. 또한 사도 요한의 경우도 그가 저작했다고 믿어지는 요한복음, 요한 서신들 및 요한계시록 및 복음서에 나와 있는 기록 등을 통해 어느 정도 알 수 있다고 말할 수 있다. 야고보 사도도 복음서에 나와 있는 제한적 내용에 더해 그의 저서인 야고보서가 있어 간접적으로 도움이 된다. 마태 사도도 마태복음으로 인해 다른 복음서와의 차이를 통해 직간접적으로 그의 성향을 아는 데 도움이 된다고 말할 수 있다. 그러나 이들과는 달리 다른 제자들은 아무 저서도 정경 속에 남아 있지 않다.

이들 중에 도마나 가룟 유다, 나다나엘, 안드레, 빌립 등은 어느 정도 그들의 성향을 알 수 있을 정도의 성경적 데이터가 존재하기 때문에 개인적으로 그들에 관하여 알 수 있다. 그러나 알패오의 아들 야고보, 다대오 (또는 야고보의 아들 유다)나 가나안인 (또는 셀롯인) 시몬 등 세 제자의 경우에는 사복음서에서 이름만 언급이 되어 있는 정도에 그쳐 교회 전통을 통해 전해지는 것 외에는 전혀 그들에 관해 알 수가 없다. 이 책에서는 진의를 확인할 길이 없는 전통만이 있을 뿐 실제적으로 다룰 수 있는 정도의 말씀이 거의 없는 이 세 제자들에 관하여는 다루지 않고, 나머지 아홉 제자들에 관하여 다루고 있다.

위에서 언급한 아홉 제자들을 다루는 데 있어서의 순서는 복음서와 사도행전에 나와있는 제자들의 순서를 좇았다. 또한 이들에 관한 사실들을 성경 말씀 해석에 근거하고 있으며, 어떤 경우에는 이에 더해 상대적으로 잘 알려진 전통 등을 제한적으로 포함하고 있음을 발견할 것이다. 이들에 관한 말씀을 보며 이들의 삶과 경험을 통해 발견할 수 있는 가르침에 초점을 맞추었으며, 그것들을 우리의 삶에 실제로 적용하고자 노력하였다.

변화되기 전의 베드로
하나님의 방법은 우리와 다를 수 있다

요한복음 1장 42절

    예수님의 열두 제자 중에서 가장 잘 알려진 사람을 꼽는다면 단연 베드로라고 할 수 있다. 베드로 사도는 다른 사도들에 비해 성경 속에서 가장 많이 등장하며 등장 횟수만큼이나 보여 주는 모습 또한 매우 다양하다.
    그의 이름도 다양하다. 성경에서 베드로를 지칭하는 이름이 네 가지나 쓰이고 있다. 베드로는 원래 '시므온(아람어)/시몬(헬라어)'이라는 이름으로 불리었다(막 1:29~30). 그런데 예수님께서는 그에게 바위 또는 반석이라는 의미를 지닌 '게바(아람어)/베드로(헬라어)'라는 이름을 지어 주셨다(요 1:42). 또한 그를 한 곳에서는 '요한의 아들'(요 1:42)로, 다른 곳에서는 '바요나 시몬'(마 16:17)이라고 부르는데 뜻은 둘 다 똑같다.

베드로는 원래 어부였다. 공관복음과 요한복음 두 곳의 기록을 종합해 보면, 베드로는 안드레의 소개로 예수님과 첫 대면을 한 후, 어업과 예수님의 전도 사역 두 가지를 번갈아가며 한 것으로 보인다(요 1장). 그러다가 예수님의 명령으로 풍어(豊漁)를 경험한 후 다른 두 사람(즉 세배대의 아들인 야고보, 요한)과 함께 육지에 배를 댄 후 모든 것을 버리고 예수를 전적으로 좇게 된다(눅 5장).

또 한 가지, 베드로는 이미 결혼을 하고 가버나움에 살고 있었다. 예수님께서 그곳 회당을 출입하신 것이나 베드로의 장모의 병을 고치신 사건 등을 볼 때 예수님께서 그의 집에 유하며 그곳을 사역의 근거지로 삼았던 것으로 보인다. 그리고 고린도전서 9장 5절을 통해 우리는 베드로가 그의 부인과 동행하며 사역했을 것이라는 추측도 해 볼 수 있다. 여기서는 변화되기 전의 베드로의 모습에 초점을 맞추어 몇 가지 교훈을 살펴보고자 한다.

첫째, 하나님께서는 하나님의 관점으로 사람을 택하셔서 사용하신다.
인간적인 안목으로 볼 때 베드로는 평범하고 초라한 사람이었다. 교육 배경을 보아도(행 4:13) 베드로는 유대교의 율법(토라)에 관한 랍비들의 해석에 대한 자세한 내용을 교육 받지 못한, 평신도 중의 평신도였다. 또한 그는 매우 촌스러운 사람이기도 했다. 그 당시 업신여김을 받았던 갈릴리 출신이었고, 그의 언어 속에는 지방 사투리가 가득 배어 있었다(마 26:73). 한때 갈릴리 지방 장관이던 유대 역사학자 요세푸스는 갈릴리 사람에 대해 "그들은 늘 혁신을 좋아하였다. 변하기 쉬운 성격을 가진 자들이다. 소란 일으키기를 기뻐하였다. 성급하여 싸움을 잘하였다. 따라서 용맹스럽기도 하다"라고 했다. 갈릴리 사람에 대한 이런 표현은 베드로에게 그대로 적용되어 성격과 기질이 지극히 충동적이고 감정의 기복이 심했던 사람임을 알 수 있다.

베드로의 충동적이고 감정상의 심한 기복을 잘 보여 주는 예가 마태복음 14장에 기록된 오병이어의 기적 이후 사건이다. 갈릴리 바다 건너편으로 배를 저어 가려고 하나 심한 바람과 파도 때문에 전진하지 못하는 상황이었다. 이때 제자들은 파도 위를 거침없이 걸어오시는 예수님을 보고 유령이라고 소리를 지른다. 그들을 향해 예수님께서 "내니 두려워 말라"고 하자, 베드로가 거의 충동적으로 "주시어든 나를 명하사 물 위를 오라 하소서"(마 14:27~28)라고 외친다.

예수님의 "오라"는 말씀에 베드로는 뱃전을 뛰어넘어 배 밖으로 뛰어들어 파도를 밟으며 걸음을 떼어 놓기 시작했다. 그러나 곧 두려움에 사로잡혀 물 속에 빠지게 된다. 베드로가 "주여, 나를 구원하소서"라고 하자 예수님은 "믿음이 적은 자여, 왜 의심하였느냐"라고 말씀하신다.

이 사건을 통해 우리는 베드로의 인간적인 불안정함과 충동성을 엿볼 수 있다. 거기에다 베드로는 겟세마네 동산에서 예수님을 체포하러 온 사람들 중에 대제사장의 종 말고의 귀를 단칼에 자르는 충동적인 행동을 서슴지 않았다(요 18:10).

그런데도 예수님은 그런 기질의 베드로를 선택하여 제자들의 대변인으로 삼으셨다. 우리의 시각과는 달리 예수님은 당신 자신의 안목으로, 하나님의 관점에서 사람을 보고 선택하심을 알 수 있다. 우리도 우리 자신의 기질이나 성격 때문에 하나님이 우리를 선택하시는 것이 아님을 알아야 한다. 우리가 누구냐 하는 것이 아니라 하나님이 어떤 분이신가 하는 것이 결정적이기 때문이다. 하나님은 당신의 관점에서 사람들을 사용하셔서 하나님의 뜻을 이루어 가신다.

둘째, 하나님께서는 하나님의 방법으로 직접 사람을 변화시키신다.
예수님께서 시몬에게 '게바/베드로'라는 이름을 부여하신 것은 장차 베드로에게 일어날 변화가 어떤 것인지를 시사하는 것이다. 즉 예수님께서 주신 새로운 이름은 그의 변화를 상징하는 예언적 의미를 지니고 있는 것이다. 베드로가 교회의 기둥(갈 2:9 "또 내게 주신 은혜를 알므로 기둥 같이 여기는 야고보와 게바와 요한도 나와 바나바에게 교제의 악수를 하였으니 이는 우리는 이방인에게로, 저희는 할례자에게로 가게 하려 함이라")과 교회를 세우는 터(엡 2:20 "너희는 사도들과 선지자들의 터 위에 세우심을 입은 자라 그리스도 예수께서 친히 모퉁이 돌이 되셨느니라")가 되고 새 예루살렘의 기초석(계 21:14 "그 성에 성곽은 열두 기초석이 있고 그 위에 어린 양의 십이 사도의 열두 이름이 있더라")이 될 것을 미리 말씀해 주신 것이다. 하지만 중요한 것은 그것을 어떻게 이루어 가시는가 하는 것이다. 하나님이 사람을 변화시켜 가시는 방법에 대한 가장 중요한 암시는 마태복음 16장에 기록된 사건이다.

예수님과 제자들이 가이사랴 빌립보 지방에 이르렀을 때의 일이다. 예수님께서 제자들을 향하여 "사람들이 인자를 누구라 하느냐"(13절)고 물으신다. 이 질문에 대해 제자들은 "세례 요한, 엘리야, 예레미야 또는 선지자 중의 하나라고 하더이다"라고 대답한다.

그후에 예수님께서 다시 물으신다. "너희는 나를 누구라 하느냐" (15절). 이 질문에 베드로 사도는 주저 없이 "주는 그리스도시요 살아계신 하나님의 아들이시니이다"(16절)라고 대답한다. 당시 베드로는 그 고백을 하면서도 그 고백에 담긴 의미를 완벽하게 이해하진 못하고 있었다. 그러나 그 고백 자체는 너무도 정확한 것이었다.

이 대답을 예수님께서는 "바요나 시몬아 네가 복이 있도다 이를 네게 알게 한 이는 혈육이 아니요 하늘에 계신 내 아버지시니라"(17절)고 평가하신다. 이 말씀은 베드로에게 하나님의 간섭 즉 기적이 일어났다는 것을 분명히 하고 있는 것이다. 그 후에 예수님은 그를 향한 미래적 축복을 더하신다(18~19절). 결국 이 말씀은 하나님께서 한 사람을 어떻게 변화시키시며 인도해 가실 것인지를 분명히 보여 주고 있다고 할 수 있다.

사람의 영적 변화는 기적을 경험하는 순간에 일어난다. 하나님께서 사람들에게 직접 역사하시고 개입하실 때 일어난다. 기적을 찾고 있는 사람이라면 '믿음을 가진 사람은 이미 하나님께서 행하신 기적을 체험한 사람'이라는 사실을 알아야 한다. 다른 기적을 찾기보다는 하나님께서 이미 행하신 기적에 감사할 줄 알아야 한다. 우리도 하나님의 간섭과 개입으로 기적을 체험한 사람들이다. 그래서 예수 그리스도를 보지 않고도 믿고 따르고 순종하고 있다. 이것은 우리가 이룬 것이 아니다. 하나님께서 하나님의 능력과 사랑과 은혜로 우리를 변화시키신 것이다. 그리고 우리 안에 계신 성령께서는 지금도 우리를 하나님의 방법으로 변화시켜 가고 계신다. 하나님의 방법을 받아들이고 순종하자. 우리를 온전한 그리스도의 형상으로 변화시키실 하나님을 찬송하자.

셋째, 하나님께서는 하나님의 사람을 훈련하시며 훈련된 그 사람을 통해 일하기를 원하신다.

베드로가 등장하는 사건들마다 예수님께서 그를 향해 주신 말씀과 가르침이 많이 기록되어 있다. 그중에는 예수님의 가르침과 하나님의 뜻을 충분히 이해하지 못하고 인간적 반응을 하는 베드로를 향해 "사단아 내 뒤로 물러가라"(마 16:23)고 하시는 충격적인 말씀이 있는가 하면, "몇 번이나 용서하여 주리이까? 일곱 번까지 하오리이까"(마 18:22)라는 용서의 한계를 묻는 베드로의 질문에 "일흔 번씩 일곱 번이라도 하라"는, 용서에는 한계가 없다는 교훈을 가르쳐 주시는 말씀도 있다.

그러나 다른 어떤 가르침보다도 마가의 다락방에서 있었던 최후의 만찬에 대한 기록에서 베드로를 향한 하나님의 세심한 인도와 준비를 엿볼 수 있다. "오늘 밤에 너희가 다 나를 버리리라"(마 26:31)고 말씀하시는 예수님을 향해 베드로는 "다 주를 버릴지라도 나는 언제든지 버리지 않겠나이다"(마 26:33)라고 단언한다. 그런 그에게 예수님께서는 "오늘밤 닭 울기 전에 네가 세 번 나를 부인하리라"(마 26:34)라고 말씀하신다. 그럼에도 베드로는 "내가 주와 함께 죽을지언정 주를 부인하지 않겠나이다"(마 26:35)라며 다시 한번 자신의 결단과 충성을 강조한다.

그러나 우리가 이미 잘 알고 있듯이 베드로는 예수님의 예언대로 예수님을 세 번 부인한다. 마태복음 26장 67절 이후에 보면, 베드로의 첫 번째 부인은 '네가 무슨 말을 하는지 모르겠다'고 함으로써 종의 말을 부정하는 의도였다면 두 번째 부인은 '내가 그 사람을 알지 못한다'는 지식적 부인, 세 번째 부인은 가장 적극적인 저주의 부인이었다. 그 이후에 들려오는 닭 울음소리에 예수님의 말씀을 떠올린 베드로는 통한의 통곡을 한다. 이 통곡과 회개는 그를 변화의 사람이 되게 하는 전기가 되었다.

말씀에 불순종할 수 있다. 실수를 하거나 잘못을 저지를 수 있다. 그러나 성령께서 깨닫게 하시고 말씀이 양심을 찌를 때, 그때가 바로 믿음으로 반응해야 할 때이고 회개해야 할 때다. 그래야 변화가 일어나 하나님이 쓰시는 사람이 될 수 있다. 베드로가 세 번이나 예수님을 부인함으로써 다른 열두 제자들 어느 누구보다 큰 실수를 저질렀음에도 불구하고 그가 나중에 교회 설립의 토대가 되고 교회의 기둥이 된 것은, 바로 하나님이 그를 훈련시키시고 변화시키실 때 믿음으로 적극적으로 반응했기 때문이다.

베드로 사도와 관련된 기록들을 보며 발견할 수 있는 또 한 가지 특이한 사실은 지속적으로 '3'이라는 숫자가 강조되어 있다는 것이다. '3'이라는 숫자는 마치 의도된 훈련의 도구인 양 실수와 잘못, 죄에서 그를 회복시키시는 전 과정 속에 등장한다. 요한복음 21장에 기록되어 있는 예수님과 베드로의 대화에서 네가 나를 '사랑하느냐'라고 예수님이 베드로를 향해 세 번 질문하실 때 '사랑'을 표현하는 두 개의 서로 다른 단어가 쓰였다. 물론 단어상의 의미 차이에도 중요한 뜻이 담겨 있을 수 있지만, 요한복음에서의 단어 사용 용례에서 간과할 수 없는 사실은 '사랑한다'는 의미를 지닌 두 다른 단어가 특별한 차이 없이 사용되었다는 사실이다. 결국 17절에서 보듯 베드로 사도가 근심한 이유는 단어의 의미 차이로 인한 것이 아니라 세 번이나 동일한 질문을 자신에게 하고 계시는 예수님의 마음을 베드로가 읽어 마음의 부담을 느꼈기 때문이었다고 볼 수 있다.

이렇게 같은 질문을 세 번이나 하신 예수님의 의도는 세 번이나 예수님을 부인한 베드로를 온전히 회복시키시고 그가 지고 있던 실수와 죄책감의 부담을 완전히 떨쳐버리게 하시려는 의도였다. 그리고 자신이 베드로에게 주실 '내 어린 양을 먹이라/치라'는 메시지를 베드로의 가슴 깊이 새겨 넣기 위함이었던 것이다. 새롭게 시작될(신약)교회라는 새로운 공동체의 리더가 될 베드로를 내다보시고 그를 온전히 회복시키실 뿐 아니라 그가 평생 수행해야 할 가장 중요한 사명을 마음속 깊이 각인시키신 것이다.

하나님께서는 우리에게도 동일하게 역사하신다. 하나님은 직접 우리 한 사람 한 사람 가운데 역사하시어 세밀하게 인도하시며 당신의 방법으로 훈련시키시고 그 과정에서 우리를 성장시키신다. 하나님께서는 하나님 나라를 확장하시되 하나님께서 친히 택하시고 훈련하신 사람들을 통하여 일하기를 원하시기 때문이다. 지금 우리도 하나님의 그 섭리의 장중에 있다. 우리를 통해 하나님의 뜻이 이 땅 위에 이루어지길 간절히 소망하고 기대하며 살아가는 우리가 되기를 간절히 기도한다.

변화된 후의 베드로
하나님께서는 우리를 리더로 키우신다

베드로전서 1장 7절

성경에서 변화되기 전과 변화된 후의 차이를 가장 극명하게 보여주는 인물을 들 때 베드로 이상의 인물을 찾기는 힘들 것이다. 예수님을 만나 변화된 베드로의 모습은 우리도 얼마든지 변화될 수 있다는 기대와 소망을 불어넣어 준다. 너무나 평범한 한 사람이 어떻게 하나님의 손에 이끌려 이 땅에 하나님의 역사를 이뤄가는 리더로 변화되어 쓰임받을 수 있는지 베드로의 경우를 통해 몇 가지 교훈을 살펴보고자 한다.

첫째, 리더십의 역량은 하나님께서 부어 주신다.
요한복음 21장에서 베드로는 예수님과의 재회와 대화를 통해 회복이 되긴 했으나 어딘지 모를 불안한 모습을 가지고 있었다. 그러나 사도행전 2장의 오순절 사건 이후 베드로는 완전히 딴 사람이 되어 등장한다. 그의 삶의 내용과 방향 목표와 동기가 완전히 바뀌었고, 그의 사역은 인류 역사에서 한 획을 긋는 위대한 신앙운동의 기폭점이 되었다.

　강한 갈릴리 사투리도 더 이상 베드로의 사역에 걸림돌이 되지 않았다. 성령의 능력으로 충만한 베드로 사도의 설교는 청중들의 심령을 예리하게 파고 들며 그들 폐부 깊은 곳을 찔렀다(행 2:37 "저희가 이 말을 듣고 마음에 찔려 베드로와 다른 사도들에게 물어 가로되 형제들아 우리가 어찌할꼬 하거늘"). 그 결과 예수를 믿는 제자의 수가 삼천이나 불어나게 되었다(행 2:41 "그 말을 받는 사람들은 세례를 받으매 이 날에 제자의 수가 삼천이나 더하더라"). 그뿐 아니다. 성전 미문 앞에서 구걸하던 앉은뱅이에게 '나사렛 예수 그리스도의 이름으로 걸으라' 고 말함으로써 앉은뱅이를 일으키는 기적도 행한다(행 3:2 "나면서 앉은뱅이 된 자를 사람들이 메고 오니 이는 성전에 들어가는 사람들에게 구걸하기 위하여 날마다 미문이라는 성전 문에 두는 자라"). 그의 병 고치는 능력이 어찌나 강했던지 병자들은 '그가 지나갈 때에 그의 그림자라도 덮일까 바랄 정도' 였다(행 5:15 "심지어 병든 사람을 메고 거리에 나가 침대와 요 위에 뉘이고 베드로가 지날 때에 혹 그 그림자라도 뉘게 덮일까 바라고").

　또한 예수님의 수난을 숨어서 지켜 보던 겁쟁이 베드로에서 목숨도 아까워하지 않고 생명도 두려워하지 않는 천하의 담대한 사람으로 변화되었다. 당국으로부터 예수의 도를 전하지 말라는 협박을 받자 베드로는 "하나님 앞에서 너희 말 듣는 것이 하나님 말씀 듣는 것보다 옳은가 판단하라"(행 4:19)고 반문하며 도리어 고난과 핍박 앞에서 두려워하기는커녕 더욱 담대해지는 모습을 보여 준다. 베드로의 변화는 하나님이 부어주신 성령의 능력에 의한 것으로 하나님은 이렇게 자신이 리더로 사용하실 사람들에게 리더십의 역량을 부어주신다는 것을 분명하게 보여주신다.

초대 교회의 리더로 베드로가 행한 중요한 일 가운데, 하나님의 인류 구속 계획 속에 분수령이라 할 수 있는 사건들이 있다. 그 중 하나는 이방인인 고넬료에게 예수 그리스도를 소개해 그가 성령충만을 받고 최초의 공인된 이방인 개종자가 되게 했다는 것이다(행 10장). 또한 이방인 기독교인들에게 유대인들의 모세 율법 준수를 강요할 것인가 말 것인가를 놓고 예루살렘 공회(행 15장)에서 격론이 벌어졌을 때 자신이 경험한 고넬료 이방인 전도사건을 통해 모세의 율법은 이방인에게는 해당되지 않는다는 결정을 하도록 핵심적 역할을 한 것에 있다.

이것은 기독교가 이방인 세계로 급속도로 퍼져나가 수용되게 하는데 결정적인 역할을 한 것이었다. 뒤에서 갈라디아서 2장의 사건과 연계해 설명하겠지만 베드로의 이런 증거는 사적인 감정에 치우치기를 거부하고 민족적 편견이나 특권의식을 배제한, 오직 하나님 나라만을 염두에 둔 성숙한 결정이었다.

이것은 베드로가 성령의 역사와 인도, 변화에 열린 사람이었기에 가능한 일이었다. 이처럼 열린 자세와 마음을 가지고 살아갈 때에 배움과 변화가 가능하며 하나님께서 부여하시는 리더십의 역량을 키워갈 수 있다.

둘째, 하나님은 겸손과 섬김의 리더십을 발휘하도록 도우신다.
겸손과 섬김의 측면에서 베드로의 변화를 살펴볼 때 세 가지 사건을 지적할 수 있다. 우선 갈라디아서 2장에 기록된, 사도 바울이 베드로 사도를 대중 앞에서 야단친 사건을 들 수 있다. 이는 그 둘 사이에 일어난 매우 중요한 사건으로, 갈라디아서의 핵심 주제인 '율법의 행위가 아닌 믿음으로 구원을 얻는다'는 가르침과 밀접한 관계가 있다.

갈라디아서는 사도 바울의 가르침을 버리고 다시 유대주의적 성향으로 움직이고 있는 갈라디아 지방의 교회를 향한 권면과 질책을 담고 있다. 사도 바울은 그러한 파괴적 시도들을 염두에 두고 '믿음으로 의롭다 함을 입는다'는 자신의 주장이 '사람에게서 받거나 배운 것이 아니라 예수 그리스도의 계시에 의한 것'(1:11~12)임을 분명히 한다.

그런데 베드로가 안디옥에 있을 때 이방인과 함께 교제를 하던 베드로는 야고보가 보냈다는 어떤 사람들이 도착하자 마치 언제 그랬냐는듯 이방인들과의 교제를 중단해 버린다. 그런 베드로의 외식적 행동으로 인해 바나바까지도 외식을 하게 되었다. 잘못된 것이 번져 가는 것을 본 사도 바울은 '복음의 진리를 따라 바로 행하지 않는' 베드로를 "모든 자들 앞에서"(2:14) 공개적으로 책망을 한다.

이 사건이 있은 후 얼마 지나지 않아 예루살렘 공회가 개최된다. 그 당시 자신보다 서열이 낮은 사도 바울에게, 그것도 공중 앞에서 망신을(?) 당했던 베드로는 자존심이 무척이나 상해 있었을 것이다. 그런데도 베드로가 예루살렘 공회에서 결정적인 순간에 사도 바울의 편에 섰다는 것은 매우 높이 평가해야 한다. 그는 변화된 리더로 사사로운 감정에 치우치지 않고 거국적인 차원에서 겸손하게 섬기는 성숙한 신앙인의 자세를 보여 주고 있다.

또한 베드로 사도와 마가복음과의 관계를 지적할 수 있다. 교회 전통을 통해 알 수 있듯이 마가복음의 저자는 베드로전서 5장 13절("함께 택하심을 받은 바벨론에 있는 교회가 너희에게 문안하고 내 아들 마가도 그리하느니라")에 나와 있는 마가와 동일한 인물이다. 마가복음은 복음서들 중에 가장 먼저 쓰였다. 가장 먼저 복음서를 쓴 저자가 베드로의 제자라는 사실에 더해 또 한 가지 중요한 사실은 마가복음이 제자들의 실패를 가장 적나라하게 보여 주고 있다는 것이다. 다른 복음서들이 제자들의 실패 모습을 희석시키거나('믿음이 없는'이란 표현대신 '믿음이 적은'과 같은 표현 등을 통해) 우회적으로 표현했다면, 마가복음은 온전하며 완전한 실패로 묘사했다.

예수님께서 잡히신 후 대제사장의 뜰까지 좇아가 숨어서 지켜 보았던 사건이나 다시 생각하기도 싫을 세 번의 부끄러운 부인에 대한 사건도 장본인인 베드로에 의해 밝혀졌다는 것을 주목해야 한다. 마가복음이 베드로의 설교 자료에서 이루어진 것이라고 볼 때, 그는 자신의 신앙 여정, 곧 믿음의 실패와 성공을 가감 없이 있는 그대로 만인 앞에서 솔직하게 드러내는 용기를 보여 주고 있다.

위의 두 가지가 그의 겸손한 모습을 드러내고 있다면, 마지막 사건에는 그의 섬김이 부각되어 있다. 공관복음에 나타나 있듯이(예: 막 9:34; 10:35~41) 예수님의 제자들은 자신들에게 주어질 상급과 지위에 대한 관심이 지대했고 그로 인해 종종 갈등도 있었음을 볼 수 있다. 그러한 배경을 염두에 두고 베드로전서 5장 2~3절에 나오는 베드로의 권면을 생각해 보면, 너무도 달라진 그의 모습을 볼 수 있다. 베드로 사도는 교회의 리더들을 향해 "맡겨진 일을 억지로 하기보다는 하나님의 뜻을 좇아 자원함으로 하나님의 양 무리를 치며, 이익을 위하여 하지 말고 오직 즐거운 뜻으로 하며, 주장하기보다는 양 무리의 본이 되라"고 충고하고 있다. 마가복음 10장 43~44절에 나오는 "크고자 하는 자는 섬기는 자가 되어야 하며, 으뜸이 되고자 하는 자는 종이 되어야 하리라"는 말씀을 실천해야 한다는 것이다. 인생 후반기에 베드로는 생전의 예수 그리스도께서 주셨던 섬김에 관한 교훈을 가슴 깊이 새기며 이제는 자기 스스로 그렇게 섬기는 리더가 되길 갈망하고, 리더가 되려는 사람들에게 겸손한 섬김의 자세를 하라고 촉구하고 있는 것이다. 우리는 크리스천 리더들이다. 따라서 우리는 예수님의 리더십, 그분의 겸손과 섬김을 닮아 맡겨진 일을 충성스럽게 감당해야 한다.

셋째, 하나님께서는 희생적이며 주도적인 리더의 모습으로 변화시키신다.

우리가 아는 대로 베드로는 다혈질에다 너무 쉽게 흥분하고 즉흥적이며 충동적인 사람이었다. 하나님은 그런 사람을 어떻게 바꾸어 놓으셨는가? 단칼에 말고라는 종의 귀를 잘랐던(요 18:10) 그였으나 나이가 들어 성숙해지고 변화된 그는 나중에 그의 서신에서 충동적이고 즉흥적이었던 과거의 실패 경험을 뼈저리게 느끼며 그리스도인들에게 과거의 자신의 모습과는 완전히 다른 메시지를 전하고 있다. 즉각적 반응이나 충동적 반작용의 대응을 하지 말 것을 당부하는 것은 물론이고, 주도적인 삶을 선택해 살아가야 함을 강조하고 있다(예: 벧전 3:8~12 "마지막으로 말하노니 너희가 다 마음을 같이 하여 체휼하며 형제를 사랑하며 불쌍히 여기며 겸손하며 악을 악으로, 욕을 욕으로 갚지 말고 도리어 복을 빌라 이를 위하여 너희가 부르심을 입었으니 이는 복을 유업으로 받게 하려 하심이라 그러므로 생명을 사랑하고 좋은 날 보기를 원하는 자는 혀를 금하여 악한 말을 그치며 그 입으로 궤휼을 말하지 말고 악에서 떠나 선을 행하고 화평을 구하여 이를 좇으라 주의 눈은 의인을 향하시고 그의 귀는 저의 간구에 기울이시되 주의 낯은 악행하는 자들을 향하시느니라 하였느니라"). 그뿐 아니라 "그리스도의 고난에 참예하는 것으로 즐거워하라"(벧전 4:13)고 권면하고 있다.

　베드로는 메시지만 그렇게 한 것이 아니다. 위경인 '베드로 행전'에 따르면, 베드로는 죽임을 당할 것을 알고 로마에서 도망치던 중에 로마를 향하시는 예수 그리스도를 만나게 된다. 베드로는 예수님을 향해 '쿼바디스 도미네'(주여 어디로 가시나이까?)라는 질문을 던진다. 십자가를 지기 위해 로마로 간다는 예수님의 말씀을 들은 베드로는 자신도 돌이켜 로마로 돌아가 십자가에 거꾸로 달려 순교했다. 이 이야기의 진위를 확인할 수는 없지만, 중요한 것은 베드로가 자신이 전한 메시지와 같이 끝까지 순종하며 죽기까지 충성했다는 사실이다. 이런 베드로의 죽음은 요한복음 21장 18~19절에서 예수님이 하신 베드로의 운명과 관련한 예수님의 예언 성취와 연결해 볼 수 있다: "내가 진실로 진실로 네게 이르노니 젊어서는 네가 스스로 띠 띠고 원하는 곳으로 다녔거니와 늙어서는 네 팔을 벌리리니 남이 네게 띠 띠우고 원치 아니하는 곳으로 데려가리라 이 말씀을 하심은 베드로가 어떠한 죽음으로 하나님께 영광을 돌릴 것을 가리키심이러라 이 말씀을 하시고 베드로에게 이르시되 나를 따르라 하시니"

베드로전서 1장 7절에서 베드로는 고난받는 성도들을 향하여 자신이 겪어왔던 신앙 여정 경험을 나누며 다음과 같은 권고를 한다: "너희 믿음의 시련이 불로 연단하여도 없어질 금보다 더 귀하여 예수 그리스도의 나타나실 때에 칭찬과 영광과 존귀를 얻게 하려 함이라."

하나님께서는 우리의 삶을 통해 역사하심으로 우리를 그분의 계획대로 세심하게 변화시키신다. 베드로 사도의 변화 전후가 확연히 다르듯 하나님께서는 우리에게도 변화 전후의 차이를 만들어 가신다. 인생의 AD와 BC를 가르는 사건을 겪은 모든 사람들은 그분의 놀라운 변화의 역사를 기대할 수 있다. 늘 깨어 성령 충만하고 말씀에 순종하며 살아가는 것이 우리에게 필요하다. 그럴 때 로마서 12장 2절의 "마음을 새롭게 함으로 변화를 받으라"라는 말씀이 우리가 경험하는 말씀이 된다. 오직 하나님만이 마음을 변화시킬 수 있으시지만 마음을 새롭게 하여 변화하는 데 우리도 적극적으로 동의하고 참여하며 순종해야 한다.

빌립보서 1장 6절은 우리가 분명히 변화될 것이란 사실에 확신과 기대를 갖게 한다: "너희 속에 착한 일을 시작하신 이가 그리스도 예수의 날까지 이루실 줄을 우리가 확신하노라." 변화의 역사를 기대하고 경험하며 사는 우리 모두가 되기를 기대한다.

안드레
드러나지 않은 선구자

요한복음 1장 40~42절

때로 사람들은 '하나님께서는 어떤 성격의 사람을 쓰시는가?', '리더로서 어떤 성격이 적합한가?' 등의 질문을 한다. 이 질문에 대해 우리는 한때 TV에서 유행하던 "그건 그때그때 달라요"라는 말로 답할 수 있을 것이다. 물론 이 말은 하나님의 기준이 그때그때 변한다는 것을 의미하는 것이 아니다. 인간의 관점에서 상황과 위치, 시대 등에 따라서 대답이 다를 수 있다는 것을 의미한다. 달리 표현하면 하나님께서 사용하시는 리더와 그가 가지고 있는 성격은 별개의 문제일 수 있다는 것이다.

열두 제자들을 보더라도 예수님이 무척 다양한 성격의 소유자들을 선택하셨다는 것을 알 수 있다. 안드레를 보더라도 같은 형제인 베드로 사도와 너무도 다르다. 안드레는 베드로와 같은 어부였으나 성격적으로는 베드로와는 완전히 반대된 기질의 소유자였다.

베드로가 폭죽처럼 요란하게 터지는 행동파라고 한다면, 안드레는 밑불처럼 숨쉬며 조용히 열기를 간직하고 기다리는 사람이었다고 평가할 수 있다. '안드레'의 문자적 의미가 '남자' 또는 '장부'라는 의미를 가지고 있다는 점으로 미루어 볼 때 안드레는 남자를 대변하는 과묵하고 진중한 성격의 소유자였다고 추정할 수 있다.

안드레가 예수님께 인도되는 장면을 재구성해 보면 매우 흥미롭다. 그는 원래 세례 요한의 제자였다. 그러던 그가 자신의 스승인 세례 요한으로부터 요한복음 1장 29~30절(이튿날 요한이 예수께서 자기에게 나아오심을 보고 가로되 보라 세상 죄를 지고 가는 하나님의 어린 양이로다 내가 전에 말하기를 내 뒤에 오는 사람이 있는데 나보다 앞선 것은 그가 나보다 먼저 계심이라 한 것이 이 사람을 가리킴이라)에 기록된 말씀을 듣고 가장 먼저 예수님의 제자가 된 두 사람 중 한 명이 되었다(요 1:40).

초대 교회는 '가장 먼저 부름을 받은 자'라고 하여 안드레를 '프로토클레테'(protoclete)라고 불렀다. 무엇이든 첫 번째가 된다는 것은 용기 있고 선구자적인 마음을 가진 사람이라는 의미를 담고 있다. 우리는 안드레 사도를 통하여 다음과 같은 교훈을 얻을 수 있다.

첫째, 복음을 다른 사람들에게 전해야 한다.

요한복음 1장 41절 이후를 보면 "그가 먼저(the first thing Andrew did) 자기의 형제 시몬을 찾아 말하되 우리가 메시아를 만났다 하고 데리고 예수께로 오니…"라고 기록되어 있다. 이것을 풀어 생각해 보면 세례 요한의 말을 따라(40절) 예수님을 좇은 안드레는 그분과의 만남과 대화를 통해 예수님이 구약에서 약속된 메시아라는 사실을 알게 된다. 그 사실을 인지한 후 41절의 '먼저'(the first thing)라는 표현을 39절("그날 함께 거하니 때가 제 십시쯤 되었더라")과 연결해 보면, 안드레가 예수님을 만난 다음 날 가장 먼저 베드로를 찾아갔다는 것을 알 수 있다. 그리고 그를 향하여 "우리가 메시아를 만났다"라고 단호하고 간결하며 확실하게 이야기한다. 짧지만 확신에 가득한 표현으로 괄괄하며 화끈한 베드로를 예수님 앞으로 인도한 것이다.

자신이 예수님의 친 제자가 된 것은 물론이고 베드로를 포함한 다른 사람들을 예수님께로 인도하는 삶을 산 안드레였다고 생각해도 전혀 무리가 없다. 이것은 복음서와 사도행전에 나오는 열세 번의 안드레 이름 중에서 세 번이 다른 사람들을 예수님께로 인도하는 안내자의 역할로 그 이름이 나온다는 사실을 통해 추측할 수 있다. '사람을 인도하는 안드레', 더 나아가 그를 닮아 사람들을 교회로 인도하자는 의미에서 사용하는 '안드레 주일'이라는 표현 속에도 이런 뜻이 담겨 있다.

이렇게 다른 사람들을 주님께로 인도하는 삶은 크리스천의 가장 기본적인 사명이며 신앙 생활의 핵심이다. 베드로전서 2장 9절("오직 너희는 택하신 족속이요 왕 같은 제사장들이요 거룩한 나라요 그의 소유된 백성이니 이는 너희를 어두운데서 불러 내어 그의 기이한 빛에 들어가게 하신 자의 아름다운 덕을 선전하게 하려 하심이라")은 크리스천의 존재 이유를 분명히 말하고 있다. 그뿐 아니라 마태복음 28장 18~20절의 지상명령이 주어져 있으며(비교, 막 16:15), 마태복음 24장 14절("이 천국 복음이 모든 민족에게 증거되기 위하여 온 세상에 전파되리니 그제야 끝이 오리라")을 통해 알 수 있듯 역사의 종국은 복음 전파의 완성을 담고 있다. 역사가 그것을 향해 달려가고 있는 것과 우리가 그러한 하나님의 뜻을 수행하기 위해 부르심을 받은 사람들임을 기억해야 한다. 따라서 우리는 오늘도 다른 사람들을 주께로 인도하는 현대의 안드레들이 되어야 한다.

둘째, 믿음으로 하나님의 시각을 가져야 한다.

안드레의 삶을 통해 가르쳐 주는 이 교훈은 그가 다른 사람들을 주께로 인도하는 요한복음에 기록된 두 개의 사건과 연결되어 있다. 사복음서 모두에 기록되어 있는 사실로 그 중요성이 잘 드러나 있는 오병이어의 사건에서 안드레는 매우 중요한 역할을 한다. 요한복음 6장에서 보듯 "우리가 어디서 떡을 사서 이 사람들로 먹게 하겠느냐"는 예수님의 질문에 대해 빌립은 재빠른 계산으로 이백 데나리온이라는 거금이 필요하다고 대답한다. 그런 분위기에서 안드레는 보리떡 다섯 개와 물고기 두 마리를 가지고 있는 한 소년을 예수님께로 데리고 온다.

그 이후는 우리가 잘 알고 있는 기적의 사건으로 연결되어 있다. 성경은 안드레가 한 소년을 예수님 앞으로 데리고 온 이유에 대해서 특별한 설명을 하지 않는다. 그러나 분명한 사실은 세상의 시각으로는 하찮아 보이고 별 볼일 없는 것일지라도 주님께 드려졌을 때 놀라운 기적이 가능했다는 것이다.

또 다른 기록은 요한복음 12장에 나온다. 이곳을 보면 헬라인들이 빌립을 찾아와(아마도 빌립이라는 이름이 헬라 이름이기에 제일 먼저 그에게 찾아왔을 것임) 예수님을 만나 뵙겠다고 청한다. 이러한 헬라인들의(그 당시 그들이 몇 번이나 예수님이 죽임을 당할 뻔한 예루살렘이라는 도시에 있었다는 것과 그 당시의 분위기를 염두에 두고 볼 때) 쉽지 않은 요구를 들은 빌립은 즉각 안드레에게 도움을 청한다.

여기서 우리는 '빌립은 왜 안드레를 찾아왔을까?' 하는 것을 생각해 봐야 한다. 만약에 그들이 베드로나 야고보, 요한을 찾아가 부탁했더라면 매우 강경한 반대를 경험할 수 있었을 것이다(참고: 눅 9:51 이후). 그러나 늘 사람을 주께 인도하는 큰 아량을 지닌 안드레는 그들을 예수님께 인도한다. 이로 인해 요한복음 12장 23~25절에 나오는 예수님의 죽음이 한 밀알의 죽음과 연결되고 그로 인해 많은 열매를 맺게 된다는 유명한 말씀이 남게 된다.

이런 것들을 통해 안드레에 관해 알 수 있는 사실은 안드레는 자신의 틀 속에 스스로를 가두어 놓지 않은 사람이라는 것이다. 자신의 틀에는 문화의 틀, 생각의 틀, 사역의 틀이라 할 수 있는 교단이나 교리, 전통 등이 포함되어 있다.

본질을 훼손하지 않는 한 방법론은 얼마든지 바꿀 수 있다는 과감한 사고와 시도를 해야 한다. 그러한 것이 없이 이 변화의 시대에 복음을 제시하기란 상당히 제한적일 수밖에 없다. 우리는 고린도전서 9장에서 사도 바울이 취한 것 같은 태도 곧, '한 영혼이라도 얻기 위해' 우리 스스로가 만든 틀을 깰 수 있어야 한다. 그런 것들이 변화하는 세상과 그 속에 사는 사람들에게 영원히 변하지 않는 복음을 전하기 위해 요구되는 자세와 태도다.

셋째, 하나님을 위해 이인자가 될 수 있어야 한다.

안드레 사도는 가장 먼저 예수님께 다가와 그의 제자가 되었다. 또한 안드레는 중요한 리더들을 예수님께 연결시키는 중요한 역할을 했다. 그럼에도 불구하고 안드레는 제자들의 명단에서 항상 네 번째 또는 베드로 다음에 나올 뿐 아니라, 그를 설명할 때는 '베드로의 형제'라는 단서가 붙어서 나온다. 이런 사실은 그의 이름이 당시의 독자들에게 그리 유명하지 않았다는 것을 짐작하게 해 준다. 또한 안드레는 항상 자신을 두 번째의 위치에 두어왔다는 것을 알 수 있다.

안드레는 예수님께서 야이로의 딸을 살리신 치유의 현장에 없었고(막 5:37), 변화산의 눈부신 영광을 목격한 일도 없으며, 겟세마네동산에서도 예수와 함께 기도하는 자리에서 제일 가까운 앞줄, 즉 예수님의 기도 음성이 들리는 베드로, 야고보, 요한이 있었던 그 자리에 참여하지 않은 제자로 기록되어 있다. 결론적으로 나머지 8명의 제자들보다는 더 존귀한 인물이었을지는 모르지만 정점에 있는 베드로, 야고보, 요한 소위 최측근 3인의 반열에는 들지 못했다. 그러나 그가 이인자의 자리에 있었던 것은 그의 능력 때문이 아니었다. 자기의 설 자리를 자기 스스로 정하고 산 그의 인격적 원숙함 때문이었다고 생각해 볼 수 있다.

한 신학자는 "베드로 같은 인물이 아닌 안드레 같은 인물이 많아야 건강하고 건실한 교회다"라는 의미심장한 말을 했다. 요즘같이 튀고자 하는 분위기 속에서도 묵묵히 자신이 맡은 일을 행하는 안드레와 같은 사람들이 많아야 한다.

전설에 의하면 안드레는 그리스의 파드라에서 X형 십자가에 처형되었다고 한다. 그래서 지금도 X형 십자가는 '안드레 십자가'라고 불리고 있으며 스코틀랜드에서는 성인으로 추앙되어 스코틀랜드 국기에도 그려져 있다. 우리는 그의 죽음에서도 잔잔한 감동을 받는다.

데이빗 히넌과 워렌 베니스가 쓴 『위대한 이인자들』이라는 책은 성공보다는 더 소중한 것을 추구하는 이인자들을 소개하고 있으며, 위대한 이인자는 명성에 관심을 갖지 않는다는 공통점을 지적하고 있다. 훌륭한 협력자 정신은 모든 사람을 승자로 만드는 동인이다.

우리는 지난 시대 리더에게 요구되던 카리스마적인 권위는 점점 그 중요성이 약화되고 있는 반면 리더의 협력과 미덕이 갈수록 강조되고 있는 사회를 살고 있다. 이런 새로운 조직 세계에서 권력은 한 사람에게 있지 않다. 따라서 앞으로는 정치가든 기업가든 자신의 권한과 책임을 분산해 공동 스타, 공통의 가치와 포부를 가지고 공동의 목표를 향해 함께 일할 수 있는 협력자들을 만들어야 한다.

안드레는 한마디로 위대한 협력자로서의 특징을 가진 사람이었다. 세례 요한의 말을 믿고 예수 그리스도를 좇고자 했던 용기에다 오병이어의 소년과 헬라인들을 예수님께로 인도하는 창의성을 가졌다. 또한 첫 제자로서의 기득권을 주장할 수 있었음에도 불구하고 끝까지 이인자로 남아 있던 건강한 자아를 소유한 자였다. 우리 또한 안드레가 보여준 용기, 창의성, 건강한 자아를 지닌 자들이 되어야 한다. 그래서 하나님의 의와 그의 나라를 먼저 구하는 우리들이 되기를 간절히 기도한다.

야고보
조용한 리더

사도행전 12장 1~3절

　예수님을 따르던 제자들의 외형적 조직을 보면, 누가복음에 나오는 '칠십 인'이 있는가 하면 우리에게 친숙한 열두 제자들도 있다. 또 열두 제자들 가운데는 베드로와 야고보와 요한, 이 세 사람으로 구성된 핵심 그룹(inner circle)도 있다. 예수님께서는 특히 측근들과 개인적으로 특별한 시간을 보내셨다. 예를 들면 예수님께서 회당장 야이로의 딸을 살리실 때 그 현장에 함께 있으면서 그것을 직접 목격하였고, 변화산에서 예수 그리스도의 변화된 모습을 직접 목격하는 등 다른 제자들과는 차별화된 경험을 하기도 한다.

　핵심 그룹에 속한 이 세 사람 중에서 야고보 사도에 관한 성경적 자료는 너무도 빈약하다. 베드로에 대해서는 복음서나 사도행전, 베드로 전후서를 통해 알 수 있고, 요한에 관해서는 요한에 관한 공관복음서의 기록과 요한복음, 요한 일, 이, 삼서 및 요한계시록을 통해 직간접적으로 알 수 있다. 반면 야고보에 관한 기록은 이들과는 비교할 수 없을 정도로 아주 제한적이다. 하지만 도리어 그렇기에 더욱 관심을 끌고 있다고 할 수 있다. 자료는 제한되어 있으나 그의 삶을 통해서 중요한 교훈들을 배울 수 있다.

첫째, 가장 의미 있는 일에 인생을 투자해야 한다.

야고보가 예수님의 제자로 부름을 받는 장면은 마태복음 4장 21~22절에 기록되어 있다. 야고보와 그의 동생 요한이 어망을 기우느라 한창 바쁠 때였다. 아버지 세베대도 함께 일을 하고 있었다. 그의 아비인 세베대는 자기 어선을 가지고 있었으며, 어부들을 고용하고 있던 부유한 자산가였다. 때문에 남쪽 예루살렘에 귀족층과 대제사장을 대상으로 어물을 판매할 특약점 같은 것을 차려 고객의 저택에 자주 출입해 왔을 것이다. 그것은 요한복음 18장 15절에서 얼굴이 익은 사도 요한이 예수님이 재판을 받으시던 그 저택에도 아무런 거리낌 없이 출입하는 게 가능했다는 데서도 알 수 있다.

예수님이 사람들(야고보와 요한)을 제자로 부르셨을 때 "저희가 곧 배와 부친을 버려두고 예수를 좇으니라"(마 4:22)라고 기록되어 있다. 특히 야고보는 집안의 장남으로 가업을 물려받을 위치에 있었음에도 예수님의 제자가 되기 위해 자신의 특권을 과감히 버렸다.

야고보의 이러한 선택은 우리에게 인생의 목적과 의미를 생각해 보게 한다. 주위를 보면 실존적 공허와 무의미한 상실감 속에서 허덕

이는 사람들이 많다. 실험과 통계조사를 보면 장년층보다 젊은층이 실존적 공허로 인해 더 큰 고통을 받고 있다고 한다. 과학이 발달한 이 사회가 모든 욕망은 충족시켜 주지만, 인생의 의미에 대한 갈망은 채워 주지 못하고 있기 때문이라고 볼 수 있다.

빅터 프랭클은 유대인 수용소에서 살아난 자신의 경험에 근거해 이렇게 말하고 있다: "수용소에서 살아난 사람들에게 자신들을 기다리고 있는 어떤 것, 또는 어떤 사람이 있다는 것은 살고 싶다는 생각을 갖게 했다. 이것이 전하는 메시지(유산)는 인간의 생존이 '무엇을 위해서'(for what), 또는 '누구를 위하여'(for whom)라는 지향점에 좌우된다는 것이다. 한마디로 실존은 자아 초월 능력에 달려 있다." 결국 우리의 삶을 이끌어 가기 위한 절대적인 필요는 미래지향적인 대상, 즉 미래에 그들을 기다리고 있는 일과 사람, 스스로 채워 넣어야 하는 의미를 향한 것이 있어야 한다는 것이다.

주님의 제자가 된다는 것은 가장 의미 있는 일에 동참하는 것이다. 야고보 사도는 그 길을 선택했다. 우리도 가장 의미 있는 일을 위해 인생을 투자하고 있는가를 질문하며 살아야 한다.

둘째, 겸손함으로 무장한 사람이 되어야 한다.

야고보는 요한의 형이다. 그러나 성경 속의 야고보는 요한의 그늘에 서 있기로 작정한 사람 같다. 마치 안드레가 베드로의 뒤에서 후원자의 모습으로 자기의 위치를 정한 것과 같다고 할 수 있다. 성경에서 야고보의 이름은 요한 없이 단독으로 언급된 적이 한 번도 없다. 그에 반해 요한은 자신의 저서 어디에서도 형 야고보의 이름을 언급하지 않는다. 자세히 살펴 보면, 야고보는 맨 처음 성경에 등장할 때 '세베대의 아들'로 나오고, 마지막으로 언급되고 있는 사도행전 12장 2절에서는 '요한의 형제 야고보'라고 소개되어 있다. 물론 신약에 네 번 등장하는 열두 제자의 명단에는 야고보의 이름이 요한보다 (사도행전 1장의 경우를 제외하고는) 먼저 나온다. 그러나 이는 야고보가 요한의 형이라는 이유 말고는 달리 설명할 길이 없다.

한마디로 야고보는 단지 형이라는 이유 하나 때문에 요한보다 이름이 먼저 나올 뿐 동생 요한의 그늘에 가려져 있기로 작정한 사람처럼 나타나 있다. 이러한 자세는 장자권이나 가족에서 서열관계를 중시하는 그 당시 관습을 생각해 볼 때 그리 쉽게 받아들일 수 있는 일이 아니었을 것이다. 이런 관점에서 야고보가 위대하다는 것이다. 그는 자신이 누군지를 알고 자신의 위치를 잘 지킨 사람이었던 것이다.

다르게 말하면, 사도 야고보의 모습 속에는 겸손함이 배어 있다고 할 수 있다. 오늘날 개념으로 표현하면 매너가 있는 사람이었다고 할 수 있다. 최근에 "몸짱, 얼짱을 지나 이제 매너짱이 되라"는 표현이 유행하고 있다. 상대방을 배려하는 자세의 중요성이 점점 더 부각되고 있는 것이다. 어떤 사람은 이것을 '대인지능'을 평가하는 중요 요소로 보기도 한다.

실제로 우리의 삶의 모든 것은 관계로 맺어져 있다. 좋은 관계를 맺기 원한다면 역지사지(易地思之)의 관점으로 자기 자신을 먼저 변화시켜야 한다(마 7:12 "그러므로 무엇이든지 남에게 대접을 받고자 하는대로 너희도 남을 대접하라 이것이 율법이요 선지자니라"). 자신을 정확히 알고 있을 뿐 아니라, 자신을 겸손하게 낮출 수 있는 사람들만이 이런 관계를 맺을 수 있다.

앞에서 돌격을 외치는 리더보다는 팀워크를 중요하게 여기며 섬겨 주는 '부드러운 카리스마'를 지닌 야고보와 같은 리더가 이 시대에 더욱 큰 영향력을 끼치고 있다. 야고보 사도의 이러한 겸손한 모습은 우리의 삶과 리더십 스타일을 점검해 보도록 권면하고 있다.

셋째, 하나님의 축복을 기대하며 살아야 한다.

야고보에 관한 또 한 가지 중요한 사실은 그와 예수님이 친척관계였다는 것이다. 이것은 예수님이 십자가에 달리셨을 때 십자가 아래 모인 여자들에 대한 기록들을 비교해 봄으로 알 수 있다(막 15:40; 요 19:25; 마 27:56).

이 기록들을 비교 분석해 보면 같은 여인들을 제하고 난 후에 남게 되는 예수의 이모 살로메라는 여자와 세베대의 아들들의 어머니가 동일인이라는 것을 알 수 있다. 결국 야고보의 어머니는 예수님의 어머니인 마리아와는 자매지간으로 야고보와 요한은 예수님의 이종사촌이다. 이러한 특별한 관계는 마태복음 20장 20~28절에 기록된 것처럼, 야고보와 요한의 어머니가 예수님께 "주의 나라에서 나의 이 두 아들을 주의 좌편과 우편에 있도록 명하소서"라는, 언뜻 보기에 이해하기 힘든 요구를 하게 된 그 배경을 이해하게 해 준다(물론 마가복음 10장 35절 이후를 보면 야고보와 요한이 이것을 요구한 것으로 되어 있으나, 사람들이 어머니와 함께, 어머니를 통해 전했다고 이해하면 문제가 없음).

예수님의 가까운 친척인 데다 다른 어떤 제자들보다도 세상에서의 기득권을 포기한 채 예수님의 제자가 된 사람들이라는 관점에서, 위와 같은 요구의 정당성을 찾을 수도 있다. 그들의 요구에 예수님은 너희가 '내 잔을 마시며 나의 죽음의 세례를 받을 수 있는가'라고 물으신다. 이 질문에 대해 그들은 깊은 생각 없이 '할 수 있다'고 대답한다. 그것이 영광이 아니라 십자가의 처형인 것을 미처 깨닫지 못하고 있었던 것이다. 그런 대답을 하는 사람들을 향해 예수님께서는 '너희가 과연 내 잔을 마실 것이다'(마 20:23)라고 대답하신다. 예수님의 그러한 예언적인 말씀은, 야고보가 사도행전에서 두 번째로 기록된 순교자인 것과 또한 열두 제자 중에서 가장 먼저 순교하는 것을 통해 그대로 이루어진다.

성경에서 구체적으로 기록하고 있는 제자들의 최후에 관한 기록은 '배신자 유다의 비참한 말로'와 '야고보의 순교' 두 가지뿐이다. 야고보 사도의 순교는 그 당시 정치적 상황을 염두에 두고 볼 때 그의 영향력을 평가해 볼 수 있는 중요한 척도가 된다. 헤롯 대왕의 손자인 헤롯 아그립바는 유대인들의 지지 기반을 확고하게 다지기 위해 교회 박해를 시작했다. 그리하여 당시 예루살렘의 고위층들이 증오하는 대상인 예수를 따르던 제자들 가운데 가장 적극적인 제자 야고보를 살해하기로 결정한다. 반기독교, 반교회 쪽에서 볼 때 야고보가 베드로보다 우선적으로 제거되어야 할 위험 인물로 선정이 된 점은 당시 야고보의 영향력과 리더십을 가늠케 한다. 결국 야고보는 자기 목숨을 대속물로 주셨던 주님의 죽음을 간접적으로 맛본 최초의 순교 사도로 기억되고 있다.

　스페인에서 전해져 오고 있는 기독교 비화에 따르면, 오순절 이후 순교 당하기 전까지 10년간 야고보는 당시의 땅끝인 스페인으로 건너가 선교 활동을 했다고 한다. 물론 이것이 사실인지 아닌지 규명할 증거는 남아 있지 않다. 그러나 만약 이것이 사실이라면, 예수님이 주신 '땅끝까지 이르러 복음을 전하고 제자를 삼아 세례를 주라'고 하신 지상명령을 당대에 실천한 유일한 사람이 야고보였을 것이라는 생각도 가능하다. 실제로 지금도 야고보는 스페인 교회 수호자의 영광을 차지하고 있다.

　야고보의 순교를 논할 때 '축복'이라는 표현은 어울리지 않는다고 단정해 버릴 수도 있다. 그러나 우리가 기억해야 할 사실은 축복은 각 개인의 시각에 따라 다르게 평가될 수 있으며, 특별히 하나님의 시각으로 평가되어야 한다는 것이다.

　야고보 사도의 삶과 죽음은 우리에게 "오래 사는 것보다 어떻게 사느냐가 중요하다. 어떤 이는 오래 살고도 얼마 살지 못한다"라는 표현의 의미를 생각해 보게 한다. 그는 하나님의 시각에서 진정으로 축복받은 사람이다. 이는 우리에게 중요한 가르침을 주고 있다. 하나님께서는 이 세상을 변화시키실 때, 밖으로 크게 드러나진 않지만 자신이 머문 자리에서 잔잔한 감동과 변화의 물결을 일으키는 사람들을 사용하신다는 것이다. 우리들 중에도 그런 사람들이 더욱더 많이 나오기를 기대한다.

요한
길고 굵게 산 자

마가복음 3장 17절

    사도 요한에 관한 것 중에서 가장 눈에 띄는 사실 한 가지는 그의 이름에 관한 것이다. 언어를 초월해 그의 이름(요한/John)은 기독교인들 사이에서 가장 많은 사랑을 받고 있으며, 선두 그룹에 서 있는 이름이라는 사실에 반론을 제기할 사람은 없을 것이다.
    이름으로 인한 친밀도 외에도, 그가 남긴 신약 속의 책(요한복음과 요한계시록)과 서신들(요한 일, 이, 삼서)로 인해, 우리는 요한 사도를 다른 사도들에 비해 좀 더 친숙하게 느낄 수 있다. 실제로 그가 남긴 작품의 분량은 열두 사도 중에서 가장 많으며, 사도 바울과 누가 다음의 위치를 차지한다. 그만큼 사도 요한은 교회사에 큰 영향력을 끼친 인물이다. 여기서는 사도 요한에 대해 살펴보면서 우리의 삶과 관련해 배울 수 있는 교훈들을 찾아보고자 한다.

첫째, 하나님의 역사를 기대하며 살아야 한다.

예수님께서 공생애를 사시는 동안에 만나게 되는 사도 요한은 매우 과격한 기질을 지닌 사람이었다. 누가복음 9장 51~56절에 나오는 사건을 보자. 제자들이 예수님과 함께 갈릴리에서 예루살렘을 향해 가는 도중에 사마리아를 통과하고 있었다. 쉴 만한 곳을 찾던 중이었는지, 식사를 할 시간이 되었는지 정확한 상황은 기록되어 있지 않지만, 중요한 것은 '그들(사마리아인들)이 예수님과 제자들 일행을 영접하지 않았다'는 것이다.

그런 사마리아인들의 태도에 요한(물론 야고보와 요한이라고 말하고 있으나 야고보의 성격을 생각해 볼 때 요한이 더 강하였을 것으로 추측된다)은 과격한 반응을 보인다: "주여 우리가 불을 명하여 하늘로 좇아 내려 저희를 멸하기를 원하시나이까"(눅 9:54). 이런 요한에 대해 예수님께서는 그를 돌아보시고 꾸짖으시고는 함께 다른 촌으로 가셨다. 이러한 기질의 요한이었기 때문에 예수님은 마가복음 3장 17절에서 요한과 그의 형제 야고보에게 '보아너게' 곧 '우뢰의 아들'이란 이름을 붙여 주셨다.

그러나 요한 서신과 그의 생애에 대해 전해 오는 전통에 따르면, 예수님의 죽음과 승천 이후 요한은 완전히 변화된 새 사람이 되었음을 알 수 있다. '우뢰의 아들'에서 '사랑의 사도'로 변화되었다. 사도 요한의 이 같은 변화를 통해 우리도 하나님의 약속에 대한 기대와 그 약속이 우리 가운데 성취되기를 바라는 간절함을 가져야 하며 또 우리 또한 그렇게 변화될 수 있을 것이라는 기대를 가질 수 있다.

하나님께서는 우리 가운데서 착한 일을 시작하셔서 그리스도 예수의 날까지 이루실 것이라는 약속을 주셨다(빌 1:6). 또한 요한계시록 21장 5절에서는 "내가 만물을 새롭게 하노라"라고 말씀하심으로써 완성을 향해 우리를 새롭게 만들어 가고 계시는 현재의 역사를 말씀하신다. 한마디로 하나님은 예수 그리스도를 통해 그분의 자녀가 된 우리들을 변화시켜 가고 계신다는 사실을 기억해야 한다. 그분이 이루어가시는 변화의 사역에 초청받은 자들인 우리는 사랑과 변화의 대상임을 알아 순종하며 살아야 한다.

둘째, 하나님의 관점으로 대인 관계를 바라보아야 한다.

사도 요한의 다혈질적이며 직선적인 기질을 엿볼 수 있는 또 다른 기록이 공관복음에 나온다. 사건이 일어나기 바로 직전인 누가복음 9장 49~50절(마가복음 9장 39~40절에도 비슷한 내용이 있다)에 예수님과 함께 어디론가 가던 노정에서 벌어진 일이다. 요한이 예수님께 (아마도 칭찬을 들을 듯한 태도로 의기양양하게) 이렇게 말을 한다: "어떤 사람이 주의 이름으로 귀신을 내어 쫓는 것을 우리가 보고 우리와 함께 따르지 아니하므로 금하였나이다"(49절).

그 당시 문화와 분위기 속에서 사도 요한의 그런 반응과 조치는 지극히 당연했을 것이다. 그러나 예수님은 완전히 다른 각도에서 접근하고 계신다: "금하지 말라 너희를 반대하지 않는 자는 너희를 위하는 자니라"(50절). (마가복음에서는 "예수께서 가라사대 금하지 말라 내 이름을 의탁하여 능한 일을 행하고 즉시로 나를 비방할 자가 없느니라."9:39) 예수님의 반응을 통해 알 수 있는 사실은 그 당시 사도 요한의 자세에 관용과 지혜가 부족했으며 세상의 '패거리 문화'에 젖어 있었다는 것이다.

　우리는 세상에서 학연, 지연 및 교단주의에 젖어 소속이 다른 사람들을 냉담하게 대하고 적대시하는 경우를 흔히 볼 수 있다. 사도 베드로의 서신을 받은 사람들이 옛날에 자신들이 거하던 죄에 더 이상 머물러 있지 않게 되자 주변 사람들에게 푸대접을 받았던 것과 유사하다(벧전 4:4). 하지만 하나님 나라에 속한 사람들은 그렇게 하면 안 된다. 하나님의 일에 부름을 받은 모든 사람들과 함께 그 사명을 감당해야 하기 때문에 폭넓은 시각과 너그러운 마음으로 다른 사람들을 대해야 한다.

　요한복음 21장을 보면 사도 요한은 장수한 것으로 보인다. 베드로에게 임할 죽음의 형태를 말씀하시는 예수님을 향해 베드로는 요한에 관해서 질문을 던진다. 이 질문에 대해 예수님께서는 "내가 올 때까지 그를 머물게 하고자 할지라도 네게 무슨 상관이냐 너는 나를 따르라 하시더라 이 말씀이 형제들에게 나가서 그 제자는 죽지 아니하겠다 하였으나 예수의 말씀은 그가 죽지 않겠다 하신 것이 아니라 네가 올 때까지 그를 머물게 하고자 할지라도 네게 무슨 상관이냐"(22~23절)라고 말씀하신다. 이 말은 요한이 죽기는 하지만 일찍 죽지는 않을 것을 시사한 말이다.

　이렇게 장수한 요한은 남은 생애 동안 예수님께서 공생애 기간에 가르쳐 주셨던 것들을 되새기며 살았다. 이에 관해 전해오는 이야기가 있다. 그가 에베소에 머무를 때, 나이가 너무 많아 겨우 제자들의 팔에

매달려 교회에 출석할 때였다. 요한은 말을 많이 할 수 없었다. 회중 앞에 서서는 '형제들이여 서로 사랑합시다'라고 말하는 게 고작이었다. 늘 같은 말에 싫증이 난 교인들이 '선생님, 어찌하여 매번 같은 말씀만 하십니까?'라고 질문하면, '이것은 주님께서 가르치신 명령입니다. 이것만 행해도 넉넉합니다'라고 대답했다고 한다.

그런 요한의 태도는 요한 일서에서도 찾아볼 수 있다. 물론 요한 일서의 특성상 에베소의 역사적 상황과 관련해 이단과 연관이 있기는 하나 '사랑과 교제'의 중요성이 다른 어느 곳보다 강조가 되어 있음을 발견할 수 있다. 요한의 생애는 경계선을 분명히 지키되 가급적 세상에서 폭넓게 관계를 맺어가며, 하나님의 관점에서 관계를 보고, 맡겨진 일을 수행해야 한다는 가르침을 전해 주고 있다.

셋째, 맡겨진 사명에 충성하며 살아야 한다.

요한 사도의 위대함은 단순히 그가 장수하였으며 사랑과 교제의 중요성을 반복하여 가르치며 살았다는 그 자체에 있지 않다. 그보다 더욱 중요한 것은, 너무나도 귀한 사실과 가르침을 글로 남겨 놓았다는 사실이다. 그중에서도 요한복음은 처음 주님을 믿는 사람들에게 가장 쉽게 다가갈 수 있는 복음서로 잘 알려져 있다.

요한복음이 지니고 있는 가치는 아무리 강조해도 지나치지 않다. 이 복음서에는 공관복음에 공통적으로 나오는 '예수님의 비유'나 '변화산 사건'도 없으며, 성찬도 없고, 예수님의 시험 받으심도 없으며, 귀신을 내어 쫓는 기록도 없다. 이것은 요한복음이 공관복음과는 분명히 의도적으로 다른 각도에서 쓰여진 것이라는 사실을 말해 준다.

2~4장까지의 가나의 혼인잔치 이야기, 니고데모 이야기, 사마리아에서의 사역, 나사로를 살리신 기적 등은 요한복음에만 기록된 것들이다. 그뿐 아니라 나다나엘, 빌립, 도마 등 공관복음에서는 역할이 없는 제자들과의 대화가 많이 담겨 있어 예수 그리스도와 제자들과의 친밀한 관계에 관해 더 많은 것을 알 수 있게 해 준다. 또한 요한복음은 평이한 헬라어로 쓰여져 그 당시 일반 사람들이 복음을 이해하는 데 큰 부담이 없어 초신자들이 예수 그리스도를 알아가는 데 매우 유익했다. 그러나 이것은 어디까지나 겉으로 드러난 특징이다.

요한복음은 신약의 어느 책보다 구약과의 연관성이 깊어 구약을 알고 보면 더욱더 깊이 이해할 수 있다. 예를 들어, 요한복음 15장에 나오는 '포도나무와 가지'의 비유에서 맺어지는 열매를, 우리는 단순히 우리의 삶에서 맺어지는 전도의 열매로 이해할 수 있다. 그러나 조금 더 자세히 들여다보면, 예수님께서는 자신을 단순히 한 포도나무라고 하신 것이 아니라 '그 포도나무'라고 하심으로써 구약, 특히 이사야서 5장에서 나오는 '포도원의 노래'와 연결하여 말씀하고 계신다는 사실을 알 수 있다.

예수님은 하나님께서 기뻐하시는 열매를 맺는 포도나무이므로 그 나무에 가지가 붙어 있을 때 나무로부터 필요한 것을 공급받아 하나님께서 원하시며 기대하시는 열매를 맺을 수 있다는 것이다. 신앙의 깊이와 성경 이해의 깊이에 따라 의미의 정도가 깊어질 수 있다는 사실은 요한복음이 말하고 있는 두드러진 내용 중 하나다.

또한 요한복음은 공관복음과는 달리 처음부터 분명히 '적극적'으로 예수님이 하나님이라고 말하고 있다(1:1, 18). 그렇게 함으로써 요한복음을 읽는 모든 사람들이 도마처럼 예수 그리스도를 향하여 "나의 주시며 나의 하나님이시니이다"(20:28)라는 고백을 하게 만들고 있는 것이다.

하나님께서는 요한 사도를 택하시고 변화시키셔서 놀랍게 사용하셨다. 한마디로 '굵게 그리고 길게' 살도록 허락하시며, 그를 통해 많은 것을 남겨 놓으셨다. 우리는 사도 요한의 삶을 통해 요한복음 10장 10절에 나오는 "내가 온 것은 양으로 생명을 얻게 하고 더 풍성히 얻게 하려 하심이라"는 말씀에 담긴 진정한 의미를 보게 된다.

우리에게도 동일한 사건이 일어나고 있다. 사도 요한을 변화시키셨듯이 하나님께서 오늘 이 시간에도 우리를 변화시키고 계신다. 기대하고 기도하며 순간순간의 삶을 힘차게 살아가기를 기도한다.

빌립
신중한 전도자

요한복음 1장 43~44절

열두 제자 중에 한 명인 사도 빌립에 대해 살펴보기 전에 먼저 유의해야 할 점이 있다. 많은 사람들이 빌립 사도보다는 빌립 집사에 대해 더 자세하게, 더 많이, 더 잘 알고 있다. 일곱 집사 중의 한 명인 빌립은 사마리아 사역에서 커다란 성공을 거두었고(행 8), 바울이 가이사랴에 있을 때 빌립의 집에 머물렀다(행 21). 그는 선교 사역에 위대한 공적을 남긴 인물로 알려져 오고 있다.

이러한 이유 때문인지 초대교회의 신뢰할 만한 권위자들까지도 동명이인인 이 두 사람을 혼동하는 경우가 많았다. 터툴리안은 사도행전 8장의 빌립을 사도 빌립이라고 생각하고 있으며, 유세비우스는 사도행전 21장에서 사도 바울이 가이사랴에 머문 집을 사도 빌립의 집이라고 말하고 있다. 그러나 사도행전 8장의 빌립이 사도 빌립이었다면 베드로와 요한 두 사도가 사마리아에 갈 필요가 없었다. 이것을 생각해 볼 때 이 두 사람은 엄연히 구별되어야 한다.

성경에서 빌립에 관한 기록을 보면 공관복음서에서는 그의 이름 외에 다른 것이 없는 반면 요한복음에서는 그의 인물됨과 성품을 매우 자세하게 다루고 있다.

빌립이라는 이름은 '말을 사랑하는 자'라는 의미를 지니고 있다. 빌립은 알렉산더 대제 아버지의 이름일 뿐 아니라 팔레스타인 북부 관할을 책임진 분봉 왕의 이름이었을 정도로 당시 선호되었던 이름 중의 하나였다. 또한 빌립은 안드레와 같은 벳세다 지방 출신이었다(요 1:44). 따라서 다른 대부분의 사도들과 마찬가지로 그가 어부였을 것이라고 보는 것에는 큰 무리가 없다.

요한복음에 의하면 빌립은 예수님으로부터 '나를 따라오너라' (Follow me)(요 1:45)는 도전의 말에 가장 먼저 반응한 사람이다. 그 부르심에 응답한 후 요한복음에서 빌립의 이름은 네 번 더 언급된다. 빌립의 이름이 언급될 때마다 그는 우리에게 중요한 몇 가지 교훈을 던져 주고 있다.

첫째, 개개인의 기질과 전도는 상관이 없다.

사도 빌립에 관한 사실 가운데 가장 부각되어 있는 점은 그의 성격과 연관되어 있다. 요한복음 1장에서 빌립은 그의 오랜 친구인 사도 베드로와는 대조적인 신중하고 조심스런 성격을 지닌 사람이었음을 알 수 있다.

빌립은 '나를 따라 오너라'는 예수님의 초대에 응한 후 제일 먼저 나다나엘을 찾아간다. 그에게 자신이 만난 예수님을 소개하고자 한 것이다. 빌립은 나다나엘에게 모세와 예언자들이 말하던 인물을 만났노라고 말한다. 나다나엘이 가장 관심을 갖고 있는 면을 부각시켜 예수님을 소개하고 있다.

나다나엘은 그의 말을 듣고 의혹을 제기한다. 과연 나사렛에서 무슨 좋은 인물이 나겠느냐며 나사렛이라는 지방을 업신여기는 반응을 보였다. 이 말을 들은 빌립은 어떤 변명도 하지 않는다. 장황한 변증도 없다. 단순히 '와서 보라'(요 1:43~46)고 말할 뿐이다.

나다나엘의 말에는 '예루살렘이야말로 메시아가 출현할 더 합리적인 고향이 아니냐'는 암시가 담겨 있다. 이를 향해 빌립은 적극적으로 대응하기보다 오히려 신중하고 조심스런 태도로 답변해 주고 있다. 예수님을 소개할 때 논리의 역점을 그분의 인격에 의존하는 방법은 매우 현명하다고 할 수 있다. 지혜가 담긴 빌립의 신중한 조심성은 나다나엘이 예수님을 만날 수 있게 한다.

그로 인해 빌립은 예수의 열두 제자 명단에서 다섯 번째가 되고, 나다나엘은 여섯 번째가 된다. 훗날 둘씩 짝을 지어 전도자로 파송될 때 그는 자연히 나다나엘과 짝이 되었을 것이다.

구체적인 전도의 방법을 말할 때 대부분의 경우 적극적이며 공격적인 전도가 부각되는 게 사실이다. 이런 훈련을 하다 보면 소극적이거나 내성적인 사람들은 전도에 참여하는 것을 매우 부담스러워하기도 한다. 하지만 빌립을 통하여 성격의 유형과 전도는 전혀 관계가 없다는 사실을 볼 수 있다. 자신의 성격에 맞게 전도 방법을 연구하고 개발하며 실천할 수 있다. 중요한 것은 전도를 향한 열망이며 태도다. 빌립은 자신의 성격과 전도가 무관하다는 점을 잘 보여 주고 있으며, 소극적인 성격의 사람도 자신에게 맞는 방법으로 얼마든지 전도할 수 있다는 것을 보여 준다.

둘째, 합리적이어야 하되 틀에 갇혀서는 안 된다.

사도 빌립과 관련해 발견할 수 있는 두 번째 특징은 그의 합리성이다. 요한복음 6장에 기록된 오병이어 기적 사건에서 빌립의 합리성을 엿볼 수 있다. 예수님께서 '우리가 어디서 떡을 사서 이 사람들에게 먹게 할 것인가' 라는 질문을 하셨을 때 빌립은 "이 사람들이 조금씩 먹게 하더라도 이백 데나리온의 떡이 부족하리이다"(요 6:5~7)라고 대답을 한다.

이 부분은 그때까지 빌립이 열두 제자들의 식사 공급을 책임지고 있었던 것이 아닌가 하는 생각을 하게 한다. 따라서 식사 문제가 생길 때마다 예수님께서는 빌립에게 물으셨을 것이다. 그 질문에 빌립이 그렇게 빨리 주저하지 않고 대답할 수 있었던 것은 그의 머릿 속에 '어떻게 하면 이 군중들을 먹일까' 하는 계산이 이미 끝나 있었기에 가능한 것이었다.

다락방에 등장하는 빌립의 모습에서도 유사한 특징을 찾아 볼 수 있다. 요한복음 14장을 보면 예수님께서 제자들을 향하여 하나님 아버지에 대하여 또는 당신이 왜 아버지 곁으로 가시려 하는지를 설명해 주신다. 주님이 어디로 가시는지 모르겠다며 의심 섞인 눈빛으로 질문하는 도마를 향해 예수님은 "너희가 나를 알았더면 내 아버지도 알았으리로다 이제부터는 너희가 그를 알았고 또 보았느니라"(7절)라고 말씀하신다. 그 말씀에 관하여 빌립은 이렇게 반응한다: "주여 아버지를 우리에게 보여 주옵소서 그리하면 족하겠나이다"(8절).

빌립의 이러한 요청은 예수님께서 그때까지 아직 아무에게도 가르치시지 않은, 기독론에 대한 중요한 대답을 하게 만든다: "나를 본 자는 아버지를 보았거늘 어찌하여 아버지를 보이라 하느냐"(요 14:9).

빌립에게는 믿는 것이 곧 보는 것이었다. 그래서 그는 의심을 억제하지 못하고 예수 앞에 터뜨렸던 것이다. 한마디로 그의 사고의 틀은 기계적, 산술적, 방법론적이었으며 실질적이었다고 말할 수 있다. 빌립의 계산은 믿음을 배제한 산술적 계산이었다.

오병이어의 기적을 통해 나타나는 하나님의 진리는 분명하다. 우리의 치밀한 계산에 하나님의 이적을 가산하는 지혜를 터득해야 한다는 것이다. 우리의 계산으로 작은 것일지라도 주님의 손에 잡히면 절대 작은 것이 아니다.

기독교의 믿음은 하나님 속성과 연결되어 있음을 알아야 한다. 합리성이나 질서는 하나님의 속성의 일부이기는 하지만, 하나님의 방법은 합리성을 초월하는 초자연적 경지까지도 포함하고 있다. 우리는 빌립의 경우를 통해 이 사실을 다시 한번 배울 수 있다.

셋째, 네트워크를 잘 형성할 수 있어야 한다.

사도 빌립이 요한복음에서 또 다시 등장하는 곳은 예수님의 생애 마지막 부분과 연관이 있다. 12장에서 본대로 어떤 헬라 사람들이 예루살렘에 와서 빌립에게 예수님을 만나고 싶다는 요구를 한다. 성경의 기록엔 그 요청을 받은 빌립이 그들을 안드레에게 인도한 후 그와 함께 예수님께 데리고 가는 것으로 나와 있다.

사람들을 대하시며 예수님은 "인자의 영광을 얻을 때가 왔도다"(요 12:23)라고 말씀하신다. 마치 자신이 이제 십자가의 죽음을 향한 마지막 단계로 진입하고 있음을 선언하시듯 응답하신다. 그것과 더불어 복음서에 기록된 주의 말씀 중에서 지극히 소중한 "자기 생명을 사랑하는 자는 잃어버릴 것이요 이 세상에서 자기 생명을 미워하는 자는 영생하도록 보존하리라"(요 12:25)는 귀중한 교훈을 주신다.

전설에 의하면 예수님이 이 말씀을 마치 빌립을 향해 하신 것인 양, 빌립은 리디아, 아시아, 파르티아, 골(Gaul) 등 여러 지방에서 선교했고 가는 곳마다 큰 빛이 되었으며 히에라볼리에서 순교하였다고 한다. 우리는 빌립의 이런 모습에서 다음과 같은 교훈을 얻을 수 있다. '과거를 개미사회라고 한다면, 지금은 거미사회다' 라는 말이 있다. 또한 성공을 하려면 '끈' 즉 네트워킹이 중요하다고 말한다.

헬라 사람들이 빌립을 찾아온 것은 단순히 빌립의 이름이 헬라 이름들 가운데 아주 흔한 이름이었기 때문이었을 것이라고 생각하는 것은 아주 순진한 생각이라 할 수 있다. 다른 사도들도 헬라 이름을 가지고 있었기 때문이다. 오히려 빌립이 지닌 다양한 인적 네트워킹의 열매라고 보는 것이 적절할 것이다. 빌립의 성격 자체가 적극적이라기보다는 신중하고, 말하기보다는 들어 주는 형이며, 감정적이기보다는 이성적이며 합리적인 성향이었기에 이런 연결이 가능했다는 것이다.

네트워크의 중요성은 단순히 자신의 분야나 지역, 나라에 국한된 것이 아니다. 다양한 분야와 다양한 인종까지 포함하는 다양성이 네트워크의 파워로 인정된다. 그것을 위해 우리 각자에게 열린 마음이 절대적으로 필요하다.

하나님께서는 다양한 기회를 통해 한국 교회들로 하여금 세계 선교의 주역을 담당하도록 요구하고 계신다. 한국 교회가 그만큼 역량이 있으며 그와 함께 그 역량을 발휘해야 할 책임 또한 있다는 것이다. 하지만 서구 교회 중심으로 이루어지던 선교의 흐름에서 우리의 역할을 확대하기 위해서는 무엇보다도 다양한 네트워크가 절실하다. 우리 가운데 그러한 네트워크의 교점(node)들이 더욱 더 많이 필요한 이유가 여기에 있다. 언어의 능력 뿐 아니라 열린 마음을 지닌 빌립과 같은 귀한 사역자들이 우리 주위에 더욱 많아지기를 간절히 기도한다.

나다나엘
예수님의 영광을 본 자

요한복음 1장 45~51절

　요한복음 1장에는 나다나엘이라는 인물이 등장한다. 그는 갈릴리 사람이었으며(요 21:2) 그의 이름은 '하나님이 주신다' 또는 '하나님이 주셨다'라는 의미를 지니고 있다. 그의 이름이 공관복음에 나오는 열두 제자의 목록에 포함되어 있지 않아서 열두 제자가 아닌 예수님의 또 다른 제자들 중 한 사람으로 생각하고 쉽게 넘겨 버릴 수도 있다. 그러나 성경의 다른 기록들과 비교해 볼 때 나다나엘은 공관복음에 나오는 바돌로매라는 제자와 동일한 인물이라고 보는 것이 타당하다. 다음과 같은 사실들에서 그런 결론을 얻을 수 있다.

　우선 공관복음에 나오는 바돌로매라는 이름은 '돌매(Tolmai) 또는 탈매(Talmai)의 아들'이라는 의미로 받아들일 수 있다. 즉 공관복음에서는 아버지의 이름을 통해 소개되고 있는 반면, 요한복음에서는 나다나엘이라는 그의 본명으로 소개되었다고 생각할 수 있다.

또한 사복음서에서 알 수 있듯이 위의 두 이름 모두 빌립과 특별한 연관을 가지고 소개되고 있다. 요한복음 1장은 빌립이 "나를 좇으라"(43절)는 예수님의 초청을 받고 제자가 된 후 나다나엘을 찾아가 예수님을 소개했다고 말하고 있다(45절). 사람들의 친분이 두터웠을 것으로 생각해 볼 수 있는 부분이다. 이와 더불어 공관복음에 기록된 제자들의 목록을 보면 공통적으로 바돌로매는 빌립 다음에 이름이 나오며 둘을 짝(pair)으로 소개하고 있다(마 10:3; 막 3:18; 눅 6:14).

이러한 요소들이 나다나엘과 바돌로매가 동일한 사람이라는 가능성을 강하게 시사하고 있다. 이것을 전제로 요한복음에 나와 있는 나다나엘에 대한 설명을 보면서 그의 삶을 통해 배울 수 있는 교훈을 찾아 보고자 한다.

첫째, 말씀을 지속적으로 연구해야 한다.

빌립이 나다나엘을 찾아가서 예수님을 소개하는 내용과 안드레가 베드로에게 예수님에 대해 전하는 말을 비교해 보면 흥미롭다. '우리가 메시야를 만났다' 라는 안드레의 간략한 표현에 비해 빌립은 "모세가 율법에 기록하였고 여러 선지자가 기록한 그이를 우리가 만났으니 요셉의 아들 나사렛 예수니라"(요 1:45)라고 장황하게 말한다. 빌립은 구약을 언급할 뿐 아니라 예수님의 아버지의 이름과 고향을 언급하고 있다. 이에 대해 나다나엘은 "나사렛에서 무슨 선한 것이 날 수 있느냐"(46절)고 묻는다. 그러나 어쨌든 "와 보라"(46절)고 초청하는 빌립의 말에 나다나엘은 예수님께 가게 된다.

이들의 대화에서 몇 가지 사실을 생각해 볼 수 있다. 먼저 나다나엘이 성경을 연구하며 깊이 묵상하는 사람이었다는 사실이다. 성경에 관심이 많고 그 속에 담긴 내용을 잘 알고 있었기에 빌립이 구약을 언급하며 예수님을 소개했을 것으로 추론할 수 있다.

그뿐 아니다. 나다나엘의 응답 속에서도 그 증거를 찾을 수 있다. 그의 답변은 구약을 잘 아는 사람의 답변이었다. 만약 빌립이 나사렛이 아니라 베들레헴이라고 했다면 미가서의 예언(5:2 "베들레헴 에브라다야 너는 유다 족속 중에 작을찌라도 이스라엘을 다스릴 자가 네게서 내게로 나올 것이라 그의 근본은 상고에, 태초에니라")과 연결해 나다나엘은 빌립의 말을 순순히 받아들였을 수도 있다. 물론 요한복음의 저자는 이곳에서 어느 정도의 아이러니를 표현하고자 한 것일 수도 있다. 왜냐 하면 예수님은 실제로 베들레헴에서 탄생하셨으나 나사렛 사람으로 알려져 있다는 사실을 우리는 이미 알고 있기 때문이다.

또한 나다나엘은 자신의 성경 해석적인 아집과 편견에 사로잡힌 사람이 아니었음을 알 수 있다. 그 당시의 분위기는 요한복음 7장 41절~42절에 잘 나와 있다: "그리스도가 어찌 갈릴리에서 나오겠느냐 성경에 이르기를 그리스도는 다윗의 씨로 또 다윗이 살던 촌 베들레헴에서 나오리라 하지 아니하였느냐." 성경을 잘 안다는 사람들 사이에 존재하던 견해를 잘 보여 주고 있다. 나다나엘도 그런 생각에서 처음에는 빌립의 말을 그리 신뢰하지 않았을 것이다.

그러나 우리가 주목해야 할 사실은 그럼에도 불구하고 빌립이 '와 보라'고 초대했을 때 나다나엘이 그를 좇아갔다는 사실이다. 나다나엘은 성경을 잘 아는 사람이었다. 그러나 자신이 갖고 있는 지식 때문에 편견과 오만에 찬 사람은 아니었다. 오히려 열린 마음으로 친구 빌립의 초청에 응한다. 그렇게 하여 나다나엘은 예수님을 만나게 된다.

우리도 역시 믿는 사람들로서 성경을 잘 아는 것이 필요하다. 그 속에 삶의 지혜와 원칙이 담겨 있으며 인생의 목적과 소망, 위로와 사랑, 치료가 들어 있다. 그것과 더불어 기억해야 할 것은 성경에 대한 이해가 깊어졌다고 해서 편견과 오만에 사로잡히면 안 된다는 사실이다. 자신이 알고 있거나 이해하고 있는 것이 잘못되었을 수 있다는 가능성을 열어 놓고 진리를 추구하는 나다나엘과 같은 자세가 우리에게도 필요하다.

둘째, 삶에서 말씀의 열매가 나타나야 한다.

나다나엘은 편견에 사로잡혀 빌립의 초청을 외면하는 대신 열린 마음으로 그 초청에 응한다. 그렇게 해서 그는 "이는 참 이스라엘 사람이라 그 속에 간사한 것이 없도다"라는 평가를 예수님께 받게 된다. 이런 예수님의 평가는 나다나엘이 어떤 사람인가를 보여 준다.

이 말씀은 구약과 연결해 생각해 보아야 한다. 특별히 '이스라엘'이라는 단어와 '간사하다'라는 단어는 야곱이라는 인물과 밀접한 관계가 있다. 이 단어는 창세기 27장 36절에 야곱의 형인 에서가 동생에게 속임을 당한 후에 했던 말과 연관지을 수 있다: "에서가 가로되 그의 이름을 야곱이라 함이 합당치 아니하니이까 그가 나를 속임이 이것이 두 번째니이다 전에는 나의 장자의 명분을 빼앗고 이제는 내 복을 빼앗았나이다…"

야곱은 '간사한 자, 속이는 자'라는 의미를 지닌 자신의 이름값을 하는 사람이었다. 그러나 야곱은 얍복 강가에서 환도뼈가 위골될 때까지 포기하지 않고 천사와 씨름을 한 후(창 32:22~26) 새로운 이름 이스라엘을 얻게 되고 새로운 정체성을 부여 받게 된다(창 32:28). 이 사건 이후로 이스라엘이라는 말은 야곱의 후손들을 일컫는 단어가 된다.

물론 예수님께서는 나다나엘에게 유대인들이 서로를 향해 불렀던 '이스라엘'이라고 그냥 말씀하시진 않으셨다. 오히려 '참'이라는 단어를 덧붙여 그가 야곱의 후손으로서 그 속에 '간사함'이 없는 특별한 '이스라엘 사람'이라고 부르신다. 시편 32편 2절의 "마음에 간사가 없고 여호와께 정죄를 당치 않는 자는 복이 있도다"라는 말씀과 같이 나다나엘이 복된 자라는 것을 말씀하시는 것이다. 더 나아가 '이스라엘'이라는 단어의 어원과 같이 '하나님을 보는 자'라는 그 이름의 의미에서 성자 하나님이신 예수 그리스도를 나다나엘이 보게 될 뿐 아니라 또한 예수님 자신의 제자가 될 것에 대한 예언적 의미도 포함되어 있다. 지금의 우리에겐 과거 어느 때보다 언행일치의 중요성이 요구되고 있다. 나다나엘은 바로 그런 사람이었다. 우리도 나다나엘처럼 열매 맺는 삶을 살아야 하며, 우리의 신앙고백과 일치하는 삶을 살아야 한다.

셋째, 기도로 하나님과 지속적으로 만나야 한다.

자신에게 '참 이스라엘' 사람이라고 말씀하시는 예수님에게 나다나엘은 "어떻게 나를 아시나이까?"라고 질문한다. 그에 대한 예수님의 평가가 정곡을 찔렀기에 나온 반응이었다. 예수님은 "빌립이 너를 부르기 전에 네가 무화과나무 아래 있을 때에 보았노라"(48절)라고 응답하신다.

이 말씀을 이해하기 위해서는 그 당시 팔레스타인 지역의 상황을 생각해 보아야 한다. 일반적으로 그 당시 사람들은 자신들의 집에 키가 5미터 정도 자라고, 가지는 8미터 정도 뻗는 무화과나무를 가옥 입구에 심었다. 그리고 기도와 명상을 위한 조용한 곳으로 무화과나무 그늘을 자주 찾았다. 예수님께서 나다나엘에게 하신 말씀의 참 뜻은 그가 무화과나무 밑에서 기도하며 조용히 명상에 잠겼을 때 보았다는 것이다. 예수 그리스도의 초자연적인 능력을 보여 주는 동시에 나다나엘의 경건성을 보여 주는 부분이다.

나다나엘은 예수 그리스도를 향해 "당신은 하나님의 아들이시요 당신은 이스라엘의 임금이로소이다"(49절)라고 고백한다. 신뢰하던 친구인 빌립의 증거에 자신이 직접 목격한 예수님의 모습으로 그의 의심이 사라져서 나온 자연스러운 반응이었다.

물론 나다나엘의 고백은 요한복음 다른 곳에서 나오는 것처럼 그의 지식을 초월한 고백을 담고 있다(예: 11:50~52 "한 사람이 백성을 위하여 죽어서 온 민족이 망하지 않게 되는 것이 너희에게 유익한 줄을 생각지 아니하는도다 하였으니 이 말은 스스로 함이 아니요 그 해에 대제사장이므로 예수께서 그 민족을 위하시고 또 그 민족만 위할뿐 아니라 흩어진 하나님의 자녀를 모아 하나가 되게 하기 위하여 죽으실 것을 미리 말함이러라"). 그는 그 당시 유대인들이 이해하고 있는 메시아라는 고백을 하고 있었던 것이다. 그러나 요한복음에서 분명히 증거하고 있듯이 예수 그리스도는 단순히 메시아가 아니라 성부 하나님과 형이상학적인 관계를 가지고 있는(요 1:1~4) 삼위일체의 한 분이시라는 사실을 염두에 두고 나다나엘의 말을 들어야 한다.

예수님께서는 이러한 고백을 하는 나다나엘을 향하여 말씀하신다: "내가 너를 무화과나무 아래서 보았다 하므로 믿느냐 이보다 더 큰 일을 보리라. 또 가라사대 진실로 진실로 너희에게 이르노니 하늘이 열리고 하나님의 사자들이 인자 위에 오르락 내리락하는 것을 보리라 하시니라"(50~51절).

이 말씀은 창세기 28장에 나오는 벧엘에서 꾼 야곱의 꿈과 연결되어 있다. 간략하게 요약하자면 야곱의 꿈 속에서 천사들이 하늘로 향한 사다리를 오르락 내리락한 것처럼 나다나엘이 예수 그리스도 위에 하나님의 영광이 오르락 내리락하는 것을 볼 것이라고 예언하시는 것이다. 제자가 된 나다니엘은 나중에 십자가상에서 예수님의 죽음과 부활을 통해 영광을 목도한다.

나다나엘은 너무도 분주하고 얄팍함으로 깊이를 가린 사람들이 범람하는 세상 살아가고 있는 우리 모두에게 우리 자신들의 삶을 돌아보게 해 준다. 하나님의 말씀과 우리가 올리는 기도에 일치하는 삶을 사는 것이 중요함을 다시금 부각시켜 주고 있다. 우리도 우리 각자의 무화과나무는 어디이며, 거기서 우린 무엇을 하고 있는지를 자문해 보아야 할 것이다.

도마
가치 있는 것에 목숨을 건 자

요한복음 11장 6절; 14장 5절; 20장 25절

　최근 업그레이드(Upgrade)라는 단어가 자주 사용되고 있다. 컴퓨터 소프트웨어, 하드웨어 등과 연관되어 사용되던 이 단어가 최근에는 외모, 실력, 경력뿐 아니라 리더십의 영역에까지 광범위하게 사용되고 있다. 그중에서도 가장 중요한 업그레이드는 신앙의 업그레이드일 것이다. 최근에 스티븐 코비 박사가 『성공하는 사람들의 8번째 습관』이라는 책에서 "영성지수(SQ)는 지능지수(IQ), 감성지수(EQ) 등 다른 지수를 관리하며 인도하는 지수로서 가장 중요하다"고 지적한 것도 이 같은 흐름을 반영하고 있는 것이다.

　신앙의 업그레이드를 위해서는 꼭 필요한 자세가 있다. 이 자세는 어떻게 보면 전혀 뜻밖의 인물에게서 찾아볼 수 있다. 바로 예수님의 제자들 가운데 의심 많기로 소문난 도마에게서 그런 자세를 찾아볼 수 있다. '의심 많은' 도마라는 수식어는 성경 본문을 자세히 살펴볼 때 그렇게 공정하게 평가된 것이 아님을 알 수 있다.

공관복음에서는 도마를 그저 열두 제자 중의 한 명으로 소개하고 있지만, 요한복음에서는 그를 "디두모(헬라어로 쌍둥이)라 하는 도마"로 소개하고 있다. 그리고 그와 관련된 세 가지 중요한 사건을 기록하고 있다. 우리는 이 본문을 통해 신앙의 업그레이드를 위해 배워야 할 중요한 자세가 적어도 세 가지가 있음을 알 수 있다.

첫째, 가치 있는 것을 위해서는 목숨까지 걸 수 있어야 한다.

요한복음에서 도마가 처음 등장한 것은 11장에서다. 요한복음 11장 15절을 보면 예수님께서 나사로에게 "가자"고 말씀하신다. 18절에서 볼 수 있듯이 나사로가 있는 곳은 예루살렘 바로 옆, 베다니라는 곳이었다. 이전에 예수님께서 초막절과 수전절에 예루살렘에 올라 가셨을 때, 최소한 두 번이나(각각 8:59; 10:31) 돌로 쳐 죽임을 당할 뻔한 사건을 겪으셨다. 그런 상황에서 예루살렘에 간다는 것은 자살행위나 다름없었다.

이런 분위기 때문에 다른 제자들은 나사로에게 가자는 예수님의 말씀에 침묵했다. 그러나 도마는 "우리도 가서 선생님과 함께 죽자"(11:16)고 말한다. 예루살렘 쪽으로 되돌아가는 것은 자살행위나 마찬가지가 아니냐고 답답해하는 제자들의 의식에 도마는 충성의 불꽃을 일으키고 있는 것이다. 한마디로 도마는 위험한 상황에서도 죽음을 각오하고 충성하려는 용감한 사람임을 보여 주고 있는 것이다. 가치 있는 것이라면 목숨도 걸 수 있다는 자세를 보여 준 도마는 그 후 수년이 지나 순교를 당함으로써 자신의 이런 용기와 충성을 직접 실천했음을 증명해 보였다.

세상 사람들은 여러 다양한 것에 목숨을 걸고 살아간다. 연애에 목숨을 건 사람은 애인의 변심에 자살을 택하고, 돈에 목숨을 건 사람은 재정이 파탄나고 실직을 하게 되면 그것과 자신의 목숨을 바꾸어 버리고 만다. 이런 극단적인 경우가 아닐지라도 사소한 것에 목숨 걸고 싸우고 고민하며 살아가는 많은 사람들을 주변에서 쉽게 볼 수 있다.

우리 나라에서도 출판된 『사소한 것에 목숨 걸지 마라』는 책을 쓴 심리학자 리처드 칼슨은 "많은 사람들이 삶의 모든 일들을 하나같이 다 너무도 중대한 일로 보고 그 일들을 하나하나 차례로 처리하느라 결국에는 인생을 다 허비하고 있다"고 지적하고 있다.

우리는 대관소찰(大觀小察)할 수 있어야 한다. 우리를 죽기까지 사랑하신 주님을 위해 목숨을 걸 수 있어야 한다. 그분을 향해 자신의 인생의 참 주인이 되어 달라는 기도에 목숨을 걸 수 있어야 하며, 그분이 주신 지상명령 성취를 염두에 두고 자신을 개발하며 발전시키는 것에 목숨을 걸 수 있어야 한다. 영원한 가치가 있는 것에는 목숨을 걸고서라도 그것을 성취하려고 노력하며 살아야 한다.

둘째, 모르는 것은 부끄러워하지 말고 질문하는 자세를 가져야 한다.

요한복음에서 도마가 두 번째로 등장하는 곳은 14장이다. 마가의 다락방에서 최후의 만찬을 한 이후 예수님께서 자신의 죽음을 말씀하시고 있을 때였다. 예수님께서는 제자들을 위하여 처소를 예비한 후 다시 돌아오겠다고 하시며 "내가 가는 곳에 그 길을 너희가 알리라"(4절)고 말씀하신다. 이 말씀 끝에 도마는 "주여 어디로 가시는지 우리가 알지 못하거늘 그 길을 어찌 알겠사옵나이까?"(5절)라고 묻는다. 이 질문에 대해 예수님은 우리에게 너무도 친숙한 말씀으로 대답해 주신다: "내가 곧 길이요, 진리요, 생명이니 나로 말미암지 않고는 아버지께로 올 자가 없느니라"(6절). 이 질문은 의심이 들면 그것을 절대로 그냥 지나칠 수 없는 도마의 성격을 암시하고 있다.

여기서 우리가 해야 할 질문은 '그렇다면 다른 제자들은 예수님의 말씀을 다 이해해서 잠잠히 있었던 것일까?' 하는 것이다. 당연히 그렇지 않았을 것이다. 모든 것을 버리고 3년 동안이나 그분을 좇아다녔는데, 이제 자신들을 버려두고 떠나신다는 말씀에 제자들은 온통 두려움과 침통함에 깊이 잠겨 있었을 것이다. 그런 분위기는 요한복음 14장에서 예수님이 "근심하지 말라"는 말씀으로 시작하고 있는 것을 통해 알 수 있다.

역사 신학계에서 널리 알려진 존 우드브리지(John Woodbridge)라는 학자는 "아는 사람만이 옳은 질문을 할 수 있다"고 했다. 이런 관점에서 볼 때, 도마는 예수님이 하시는 말씀, 그 당시 상황에서는 결코 이해할 수 없었던 그 말씀을 이해하는 척하기보다는 용감하게 그리고 주저 없이 질문한 것으로 볼 수 있다.

우리는 인생을 살아가면서 수많은 질문을 한다. 이 질문은 단순히 호기심을 만족시키는 것이기도 하고, 때로는 인생의 성공과 실패를 결정지을 정도로 중요한 것이기도 하다. 만약 우리의 인생에서 구원을 얻고 새로운 생명을 온전히 누리는 것이 정말로 중요하다면, 우리는 이 영역에서도 진지한 질문을 해야 한다. 깊은 영적 갈망, 조금 더 깊이 알아가려는 목적으로 추구하는 태도, 그리고 자신의 영적 생활에서 평범한 것 그 이상을 감지하려는 강력한 갈망을 가지고 하나님을 향해 진솔한 질문을 던져야 하는 것이다.

셋째, 믿음을 위한 증거를 요구할 수 있어야 한다.

도마는 요한복음에서 그가 믿음을 위해 증거를 찾는 인물임을 보여 주는 대목에서 마지막으로 등장한다. 주님께서 부활하신 바로 그 주간의 주일 저녁에 도마를 제외한 열 명의 제자들이 모였을 때, 부활하신 예수님께서 나타나신다. 도마가 빠진 이유를 정확히 알 수는 없으나, 아마도 예수님의 죽음 이후 시름에 빠져 방황하고 있었을 가능성이 높다. 예수님의 부활을 본 다른 열 제자들이 그의 부활을 알렸을 때, 도마는 "직접 예수를 보고 그 손의 못 자국을 보며 내 손가락을 그 못 자국에 넣으며 내 손을 그 옆구리에 넣어보지 않고는 믿지 아니하겠노라"고 말한다(요 20:19~25).

도마는 실증론자의 입장을 대변하고 실용주의자의 조건을 요구했다. 우리는 이러한 그의 요구를 터무니없다고 판단할 수 없다. 오히려 그들이 보았다는 주님이 자신이 알고 있던 그 주님인지를 확인하고 싶어했다고 생각하는 것이 옳다. 여기서 중요한 것은 도마가 절망 중에서도 포기하지 않고 확실한 증거를 찾으려고 했다는 것이다. 그런 그의 자세는 그 다음 주일에 제자들의 모임에 참여해 예수님을 만나게 됨으로써 결실을 얻게 된다.

예수님께서는 도마의 믿음을 위해 도마가 요구했던 조건을 수락하셨고, 그런 예수님을 향하여 도마는 '나의 주시며 나의 하나님이시니이다'라고 고백한다(요 20:26~28). 이 고백은 신약성서에서 가장 위대한 신앙고백 가운데 하나라 할 수 있다. 가장 높은 선에 도달한 자가 할 수 있는 고백이다. 도마의 오랜 의심과 회의가 주님의 임재로 인하여 가장 눈부신 확신으로 변한 것이다.

그의 질문을 보면 그가 분명 의심을 가지고 있었던 것이 사실이지만, 그의 회의는 정직한 회의였다고 할 수 있다. 예수님과 도마가 나눈 대화를 살펴볼 때, 도마의 질문에 대해 예수님께서 노여워하시거나 불쾌해하셨다는 암시가 전혀 없다. 특히 도마의 질문이 요한복음에만 나오고 있고, 요한복음에서 거의 결론적인 제자 고백의 성격을 띠고 있는 부활 사건의 맥락에서 볼 때, 도마의 질문이 결코 부정적인 동기에서 나오지 않았다는 것을 알 수 있다. 구조적으로 그 부분에 도마의 에피소드를 포함시켜 놓은 저자의 긍정적인 의도를 엿볼 수 있다.

도마의 고백은 요한복음의 주제와 가장 일치한다. 따라서 '의심 많은 도마'라고 하기보단 '질문 많은 도마'라고 해야 맞을 것이다. 그뿐 아니다. 도마의 사건으로 인해 예수님께서 '너는 나를 본고로 믿느냐 보지 못하고 믿는 자들은 복되도다'(요 20:29)라고 말씀하심으로써, 앞으로 믿게 될 수많은 제자들도 같은 고백을 하게 될 것이라는 토대를 마련해 주고 계신다.

두려움과 망설임 없이 하나님을 아는 지식의 업그레이드를 향해 나아가야 한다. 도마는 의심하기보다는 오히려 증거를 찾고자 노력했다. 찾고자 했기에 찾을 수 있었던 것이다. 예수님께서는 확증을 얻고자 하는 사람을 꾸짖지 않으신다. 마치 천국의 비유에서 좋은 진주를 구하러 다니는 진주 장사처럼 열심히 구하는 자에게 주어지는 결과에 견줄 수 있다. 신앙의 업그레이드를 꿈꾸며 그것을 위해 적극적으로 노력하고 투자하는 사람들이 되기를 기대한다.

마태
사람 낚는 어부로 부름 받은 자

마태복음 9장 9~13절

　예수님의 제자들 대부분이 갈릴리의 어부 출신들인 데 반해 출신과 전직(前職)이 전혀 다른 제자가 한 사람 있는데 그가 바로 세리 출신인 마태다. 그는 마태복음 10장 3절에서 '세리 마태'라고 소개되어 있으며, 누가복음 5장 27절에서는 '레위라 하는 세리'로 소개되어 있다. 직접적인 성경의 자료가 거의 없기 때문에 개인에 관한 정보는 매우 제한적이지만 마태의 직업이 세리였다는 사실과 그의 저서인 마태복음을 통해 간접적으로 마태에 대한 것을 살펴볼 수 있다. 그가 제자로 부르심을 받았다는 것의 의미와 그가 남긴 마태복음을 통해 하나님 나라에 관한 중요한 원리들을 발견할 수 있다.

첫째, 예수님께서는 모든 이를 차별 없이 부르신다.

성경이 마태를 소개하며 세리라는 전직을 언급하는 것은 그 당시의 상황을 볼 때 파격적인 일이었다. 그는 가버나움 세관에서 일하는 세리였다(막 2:1 "수일 후에 예수께서 다시 가버나움에 들어가시니 집에 계신 소문이 들린지라"). 가버나움이라는 곳은 다메섹에서 예루살렘으로 가기 위해서 모든 사람들이 거쳐가야 하는 중요한 곳이었다. 그 당시 세리에는 두 계층이 있었다. 한 계층은 가바이(gabbai)라고 해서 술이나 곡식 같은 상품에 세금을 부과하는 일반적인 세리이며, 또 다른 하나는 미크사(mikhsa)라고 해서 통관에 관련된 세금을 거두는 세리였다. 마태는 후자에 속하는 세리로 가버나움이라는 길목에서 통관 세금 거두는 일을 하고 있었다.

어느 시대나 세금 내는 것을 기뻐하는 사람은 없다. 그 당시도 세리는 온갖 미움과 악평을 받았고 멸시의 대상이었다. 특히 로마의 통치하에 있던 유대인들이 세리를 향해 갖고 있는 감정은 단순히 세리를 미워하며 경멸하는 분위기로만 설명될 수 없는 것이었다.

당시에 유대인들은 '자신들은 하나님의 백성이므로 하나님께만 드리면 된다'는 생각이 팽배해 있었다. 그런데 그 당시 세리들은 최대한 많은 돈을 거두어 정해진 액수만 로마 정부에 주고 나머지는 자기 주머니에 넣는 자들이었다. 또한 로마정부로부터 부여 받은 권리를 이용하여 지나가는 행인을 정지시켜 짐을 풀게 한 후 지팡이로 짐 속을 휘저어 세금을 매기는 등의 무례한 일도 거침없이 했다. 이런 이유로 세리는 미움을 받았고 유대 사회에선 정치·사회적 권리마저 빼앗겨 버렸다. 그래서 성전에 가서도 '멀리 서서' 기도할 수밖에 없었다(눅 18:13 "세리는 멀리 서서 감히 눈을 들어 하늘을 우러러 보지도 못하고 다만 가슴을 치며 가로되 하나님이여 불쌍히 여기옵소서 나는 죄인이로소이다 하였느니라").

예수님께서는 그런 무리에 속해 있던 마태를 제자로 부르셨다(막 2:14; 마 9:9; 눅 5:27 등). 그 부르심 자체로 혁명적인 사건이 아닐 수 없다. 인간적으로 보기에 그런 행동은 당시의 문화 풍토 속에서 대단한 스캔들이며, 예수님이 장차 사역을 펼쳐 나가는 데 큰 장애물이 될 것이 분명한 상황이었다.

우리는 마태의 부르심을 통해 어느 누구도 차별 없이 하나님 나라로 초대하시는 예수 그리스도의 복음의 메시지를 분명하게 확인할 수 있다. 예수님은 어느 누구도 차별하지 않으시고 당신의 사랑을 필요로 하는 사람들 누구에게나 조건 없이 베푸셨다. 마태 같이 외면 당하고 소외된 멸시 받는 사람들을 위해 오셨다는 것을 분명히 보여 주고 계신다. 예수님의 부르심은 차별이 없다.

둘째, 부르심을 받았을 땐 온전한 응답을 해야 한다.

성경의 기록을 보면, 예수님께서 제자로 부르시기 전에 마태는 예수님에 관해 알고 있었던 것으로 보인다. 가버나움에 머물던 마태는 지나는 사람들을 통해서 아니면 다른 세리들을 통해서 갈릴리 지역의 새 유명인사로 부상하고 있던 예수님에 관해 들었을 가능성이 얼마든지 있다. 어부업을 내팽개친 베드로와 안드레 그리고 세금도 제법 많이 내고 있는 지방 유지 집안의 상속자들인 요한과 야고보가 모든 것을 버려두고 그를 좇았다는 사건은 그의 귀에 쉽게 전달되었을 것이다. 지붕으로 반신불수가 된 사람을 내렸더니 완치되어 걸어 나갔다는 마가복음 등의 기적 이야기도 들었을 것이다. 그런 이야기들을 들을 때마다 마태는 과연 예수라는 사람은 누구며 어떤 분일까 라는 생각을 했을 수도 있다.

그러던 어느 날 그는 자신의 앞을 지나던 한 사람이 자신을 응시하는 것을 느꼈다. 직감으로 그분이 예수님이라는 것을 알았다. 모든 사람들이 존경하는 예수님이 자신을 응시할 때 그는 움찔했다. 혹시라도 다른 사람들에게 하신 것처럼 '이 더러운 녀석아, 이 돼지 같은 세리야' 라고 말씀하실 수도 있는 상황이었다. 그러나 예수님은 다른 종교 지도자들이나 랍비들과는 달리 '나를 따르라' 는 초청을 마태에게 하심으로써 그를 제자로 부르신다.

그 놀라운 초청에 마태는 자신 앞에 있던 세무 장부를 덮어 버린다. 그리고 그분을 자신의 집으로 초대한다. 다른 세리들도 함께하는 잔치였다. 그 잔치의 의미는 구원받은 것을 축하하는 잔치였을 것이다. 또한 동료 세리들을 향해 자신의 이직을 표현하는 잔치이기도 했다. 새로운 삶의 시작과 다른 곳으로의 떠남을 담고 있는 잔치였다.

이 잔치는 많은 바리새인들의 비판을 쏟아 놓게 만든다. 죄인과 경멸의 대상인 세리나 창기들과 함께 먹고 마시는 예수님이 영적 지도자의 기품과 권위를 훼손시킨다고 생각하여 비판하는 것이었다. 그러나 그들에게 예수님은 이렇게 말씀하신다: "건강한 자에게는 의원이 쓸데 없고 병든 자에게야 쓸데 있느니라… 내가 의인을 부르러 온 것이 아니요 죄인을 부르러 왔노라"(19:12~13절). 예수님이 이 땅에 오신 이유와 함께 그를 통해 일어나는 온전한 변화와 새로운 삶의 시작을 말씀하고 계신 것이다.

마태를 제자로 부르셔서 그를 변화된 사람이 되게 한 것은 마태 한 사람에게 국한된 것이 아니었다. 당시의 사회 통념과 풍습을 뛰어넘어 죄인들과 비천한 자를 제자로 부르신 예수님, 그리고 그런 부르심에 온전히 응답한 마태의 변화 사건은 다른 세리들을 예수님께로 나아오게 하는 계기가 되었다. 다른 죄인들뿐 아니라 삭개오와 같은 세리장(눅 19:2)까지도 예수님께 관심을 보이게 되고 결국은 그도 회개하여 하나님의 백성이 되는 역사가 일어나게 된다(눅 19:1~10). 이 모든 사건들은 예수님의 부르심에 온전히 응답한 마태의 삶이 중요한 역할을 했다.

복음서를 비교하며 읽어볼 때 흥미로운 사실을 발견할 수 있는데 마태복음에서만 본인 스스로를 '세리 마태'라고 부르고 있다는 사실이다(마 10:3). 이것은 다른 복음서에서 마태의 이름을 언급하되(그 당시의 기준으로 볼 때) 모욕적인 직업에 대한 언급을 하지 않는 것과는 대조를 보인다. 이것은 마치 마태가 스스로에 대해 고백을 하고 있는 것 같다. 예수님의 부르심에 온전히 반응한 마태의 삶에는 철저하게 변화된 모습과 그에 상응하는 행동이 포함되어 있다. 예수님의 부르심에도 그 소명에 합당한 온전한 반응이 필요하다. 그리고 마태처럼 완전하게 변화되어 주변 사람들에게 영향을 끼치는 사람들이 되어야 한다.

셋째, 예수님께서는 응답한 사람들을 통해 놀라운 역사를 행하신다.

당시 팔레스타인에서 두 가지 이름을 갖는 것은 흔한 일이었다. 사울과 바울, 시몬과 베드로 등은 성경에서 쉽게 찾을 수 있는 예이다. 위에서 보았듯 마태도 레위라는 이름으로 등장한다. 마태라는 이름의 의미가 '하나님의 은사/선물'이기에 어떤 학자는 예수님께서 '레위'라는 사람에게 마태라는 또 다른 이름을 주셨을 것이라고 말하기도 한다. 마치 예수님께서 시몬을 향하여 베드로라는 이름을 주신 것과 같은 경우다.

이름의 의미와 연관해 생각해 볼 때 한편으로는 그를 향한 예수님의 마음을 엿볼 수 있다. 예수님께서는 마태를 그 이름의 뜻대로 '하나님의(사랑의) 선물'로 귀하게 여기셨다. 이는 회개하는 죄인들 누구에게나 예외 없이 베푸시는 예수님의 은혜와 사랑을 가리킨다. 그분께서는 부르심에 온전한 응답을 한 자들을 귀히 여기실 뿐 아니라 그들이 가지고 있는 능력을 최대한 발휘할 수 있도록 도우신다.

또 다른 면에서 그의 이름을 생각해 보면 마태라는 이름은 후대의 제자들인 우리들을 향한 '하나님의 선물'이라고도 생각해 볼 수 있다. 그가 남긴 마태복음은 우리를 위해 주신 하나님의 크나큰 선물이 아닐 수 없다.

마태복음에 관하여 유세비우스라는 교회 사학자는 "주의 여러 제자 중에 오직 마태와 요한이 기록을 남겼다… 기록을 남긴 이유는 마태가 처음에는 히브리 사람들에게 전도하다가 다른 나라 사람들에도 복음을 전하게 되면서 자기를 파송한 사람들에게 그 기록을 남기고자 했기 때문이었다"고 말하고 있다. 파피아스는 "마태는 받은 바 교훈을 히브리말로 정리하였다. 그러나 사람들은 그것을 자기들이 이해할 수 있도록 번역하였다"고 기록하고 있다. 교회사에서 마태복음의 위상과 가치는 다른 복음서와 비교할 수 없을 정도다. 그의 복음서에 담겨 있는 예수님이 주신 교훈의 가치는 어떤 것보다도 더욱 귀한 것으로 여겨져 왔다.

세리였던 레위가 마태복음의 저자인 마태로 변화된 것은 예수님의 부르심에 온전한 응답을 한 사람들에게 어떤 역사가 일어날 수 있는가를 가르쳐 주는 부분이다. 고기 잡던 어부들을 사람 낚는 어부들로 변화시키신 하나님의 역사가 우리들에게도 동일하게 일어날 수 있다.

하나님은 누구나 차별 없이 부르고 있으며, 그러한 부르심에 온전한 응답을 요구하고 계신다. 온전한 응답에는 변화된 삶과 행동이 담겨 있다: "큰 집에는 금과 은의 그릇이 있을 뿐 아니요 나무와 질그릇도 있어 귀히 쓰는 것도 있고 천히 쓰는 것도 있나니 그러므로 누구든지 이런 것에서(불의한 것들) 자기를 깨끗하게 하면 귀히 쓰는 그릇이 되어 거룩하고 주인의 쓰심에 합당하며 모든 선한 일에 예비함이 되리라"(딤후 2:20).

하나님과 그의 나라를 위해 구별된 삶을 사는 사람들의 라이프 스타일은 달라야 한다. 마태처럼 부르심에 온전히 응답하고 날마다 주님을 닮아가기 위해 고민하며 노력하는 사람들이 되기를 간절히 기도한다.

가룟 유다
메시아를 판 자

요한복음 6장 70절

　　가룟 유다는 기독교인은 물론 일반 비기독교인들에게조차 가장 부정적인 인물로 알려진 제자 중의 한 사람이다. 그와 관련된 용어들도 많다. 위장된 배신자의 우정을 가리켜 '유다의 키스'라고 하고, 감방에서 죄수를 감시하는 창구를 가리켜 '유다의 창'이라고 부르기도 한다. 또 웹스터 사전에서는 그에 대해 '반역자, 특히 우정을 가장하여 배신한 반역자'라고 정의하고 있고, 오늘날에도 양들을 죽이기 위하여 도살장으로 유인하는 데 사용되는 염소를 '유다 염소'라고 부른다. 그만큼 유다라는 이름에 대한 인상은 부정적인 요소들로 가득하다.

　　가룟 유다에 관한 것은 성경에 기록된 것 외에 다른 기록이 존재하지 않으며, 유다 스스로의 자기 고백이 없어서 그의 마음속에 어떠한 생각이 오갔는지 전혀 알 수 없다. 오직 우리는 성경말씀에 근거하여 추측해 볼 수밖에 없다. 여기서는 그의 실패를 살펴보면서 그런 전철을 되밟지 않기를 소원하며 그와 관련한 몇 가지 교훈을 배우고자 한다.

첫째, 인생은 선택의 산물임을 기억해야 한다.

가룟(Iscariot) 유다는 신약성경에서 가장 큰 수수께끼의 인물로 평가되고 있다. 어떤 사람들은 가룟이라는 말이 '단도를 가진 자'라는 의미를 지닌 시카리우스(sicarius)와 연계되었다고 생각해 그가 그런 무리들 가운데 한 사람이었다고 본다. 이 단어는 사도행전 21장 38절에 사용되었는데, 우리 나라에서는 '자객'이라고 번역되어 있다. 그러나 이 주장의 문제점은 다른 곳(예: 요 6:71; 13:26)에서 '가룟 시몬의 아들 유다'라고 하여 그의 아버지에게도 쓰였다는 점이다.

가장 그럴듯한 설명은 그것을 지명으로 보는 것이다. 히브리어에서 '사람'이라는 의미를 지닌 단어 '이쉬'(ish)와 지명을 뜻하는 '그리욧'(Kerioth)을 합친 것으로 보는 것이다. 이곳은 헤브론에서 남쪽으로 수마일 떨어진 곳에 있다.

이런 설명이 맞다면 예수님의 열두 제자들 중에 유다만이 갈릴리 사람이 아니라고 할 수 있다. 따라서 유다는 처음부터 자기는 권외의 인물이라는 생각을 가지고 있었을 가능성이 있다. 이로 인한 지역감정이 밑바닥에 깔려 있어서 대체로 북쪽 갈릴리 출신들인 다른 제자들과 유다는 쉽게 어울리지 못했을 것이다. 또한 점차 예수와 격돌하는 일이 많아진 남쪽의 바리새인들과 원래부터 친분이 있었다는 것도 유다가 쉽게 제자들에게서 이탈할 수 있었던 이유였다고 생각해 볼 수 있다. 유대 출신 사람으로 정세 비판에 밝아서 정열적인 갈릴리 출신 사도들보다 냉정한 판단을 하고, 그로 인한 좌절된 야심이 배반하게 된 하나의 배경이 될 수 있다.

반면에 그의 이름은 매우 자랑스러운 의미를 담고 있다. 유다라고 하는 가문의 이름은 '찬양받는 자'의 의미를 지니고 있다. 또한 마게도니아인의 독재에 항거하여 투쟁을 한 유다 마카비우스(Judas Maccabeus)는 유대인 모두에게 존경의 대상이었다. 그러기에 예수의 형제 중에도 유다서의 저자인 유다라고 하는 아우가 있었고(마 13:55), 제자들 중에도 '가룟인이 아닌 다른 유다'(요 14:22)가 있었을 정도로 많은 사람들이 선호하는 이름이었다.

그러나 오늘날 유다라는 이름은 멸시와 혐오의 동의어가 되었다. 어떤 부모도 자녀의 이름을 유다라고 짓지 않는다. 그를 보면서 받는 교훈은 우리의 인생은 좋은 이름이나 출신 성분에 의해 결정되는 것이 아니라 개인의 선택에 의해 결정된다는 사실이다. 가룟 유다가 선택한 배반의 행동을 정당화할 수 있는 것은 전혀 없다. 따라서 우리는 선택의 중요성을 늘 염두에 두고 순간순간 옳은 선택을 해야 한다.

둘째, 하나님의 방법과 때를 기다려야 한다.

우리는 지금 제한된 시간 내에 처리해야 하는 일들이 계속적으로 증가하는, '압축된 시간'을 살고 있다. 그러다 보니 갈수록 조급증에 시달리는 사람들이 늘어나고 있다. 가룟 유다의 배반을 보면서 조급증과 유사한 것을 발견하게 된다.

유다가 왜 예수님을 배반했을까라는 질문은 역사상 반복된 질문이며 다양한 가설에 의한 답변이 존재한다. 답변 중에는 3~4세기에 쓰인 '유다복음'이라는 위경(僞經)에 '유다가 예수님의 요구로 배반했다'는 터무니없는 내용도 있다. 추론을 할 땐 믿을 만한 증거에 근거해야 하듯 우리의 주장은 성경에 근거해야 한다. 성경 속에 나오는 자료에 근거하여 두 가지 가설을 생각해 볼 수 있다.

가장 잘 알려진 가설은 그 당시의 정치·사회적 분위기 때문이었다는 가설로써 가룟 유다가 로마로부터 독립을 원하는 과격파 혁명세력의 일부이거나 그것에 영향을 받은 사람이었다고 보는 것이다. 이 견해에 따르면 유다의 배신 행위가 당초에는 좋은 의도에서 출발한 것이지만, 일이 잘못 되는 바람에 배신하게 되었다고 생각하는 것이다.

이 견해는 예수를 우유부단한 인물로 보고 예수를 궁지로 몰아 실력을 행사하지 않으면 안 되는 메시아가 되도록 유도했다는 논리적 비약이 깔려 있다. 궁지에 몰린 예수는 결국에 초자연적인 권능을 사용하게 될 것이고 자기를 구원할 뿐 아니라 그런 저항이 도화선이 되어 이스라엘의 주권을 회복할 것이 아니냐고 보는 것이다.

이와는 달리 돈에 대한 탐욕과 물질적 유익을 얻으려는 유다의 심리를 연결시키는 의견도 있다. 만약 그렇다면 유다가 은 30냥에 예수를 판 것은 그 당시 노예 한 명의 몸값으로 판 것에 불과하니 역사상 가장 싼 값으로 팔아 넘긴 것이라 할 수 있다(비교: 출 21:32). 그때 예수의 목에는 상금이 걸려 있었을 가능성도 충분히 있었기 때문에, 유다는 그 상금을 얻기 위해 배반했다는 가능성도 생각해 볼 수 있다(비교: 요 11:57).

그러나 유다가 왜 예수님을 배반했는지 정확히 알 수는 없다. 단순히 돈을 노렸다고 보기에는 액수가 너무 적어서 오히려 그 이상의 무엇이 있었던 것이 아닌가라고 추측하는 것이 더 타당성이 있다. 자신의 기대를 저버리는 예수님에 대한 실망과 좌절이 혼합된 심리 때문이었을 것이라는 게 더 합당한 설명이라는 생각이 든다.

성경에 보면 그의 배반 장면 바로 전에 일어난 사건과 그의 배반을 극적으로 대조시키고 있다. 곧 최후의 만찬에서 배반할 유다를 향한 예수님의 극진한 대접이 그려져 있는 것이다. 그 당시 풍습으로 손님은 왼팔로 낮은 침 의자에 몸을 기대어 오른손으로 음식을 집어 먹었다. 보통 침 의자는 세 사람이 쓰게 되어 있었고 이때에 요한은 예수의 오른편에 앉아 있었다. 그것은 요한복음 13장 23절 '그의 사랑하시는 자가 예수의 품에 의지하여 누웠는지라' 는 표현에서 알 수 있다. 그리고 가장 귀한 손님은 주인의 왼편에 앉는다. 그것은 주인이 그 머리를 왼편 사람의 가슴에 기댈 수 있기 때문이었다.

요한복음에는 유다가 특별히 좋은 자리에 앉아 있다는 것을 추측해 볼 수 있는 대목이 나온다: "내가 한 조각을 찍어다가 주는 자가 그니라 하시고 곧 한 조각을 찍으셔다가 가룟 시몬의 아들 유다를 주시니"(요 13:26). 이런 극진한 대접에도 불구하고 그는 예수님을 배반했다.

유다를 보면서 우리가 배우게 되는 두 번째 교훈은 스스로의 계획과 욕심을 추구하며 살 때 우리는 돌이킬 수 없는 선택을 할 위험성이 있다는 것이다. 따라서 우리의 계획이나 욕심 방법을 따라 살지 말고 주님의 계획과 주님의 방법 그리고 주님의 때를 구하며 살아야 한다.

셋째, 끝까지 선한 싸움을 해서 승리해야 한다.

가룟 유다에 관한 기록을 보면 그가 처음부터 배신자였다고 보기는 어렵다. 최소한 복음서를 통해서 볼 때, 겉으로는 유다도 다른 제자들과 다르지 않았다. 만약 다른 제자들이 유다의 계획이나 행동을 미리 알았다면 유다를 그냥 두지 않았을 것이다. 또한 그가 회계를 맡았다는 것은 제자들의 신임을 받았다는 사실을 간접적으로 증명해 준다. 특별히 금전 회계에 관해 충분한 지식이 있는 세리 출신 제자 마태를 제쳐 놓고 그런 책임을 맡았다는 것은 그가 상당한 신뢰를 받고 있었기에 가능한 일이었다고 생각할 수 있다.

그러나 시간이 흐르며 그는 변질되었다. 요한복음 6장을 보면 오병이어 기적 이후 예수님을 좇던 무리 중의 상당수가 자신들이 기대하던 왕이 아니라는 것 때문에 실망하거나, 자신들의 신학적 견해와 다르다는 이유로 예수님의 가르침을 거부하고 떠나게 된다. 그 후 67절을 보면 예수님은 열두 제자들을 향해 "너희도 가려느냐" 하고 물으신다. 그때 시몬 베드로는 "우리가 뉘게로 가오리이까 우리가 주는 하나님의 거룩하신 자신 줄 믿고 알았삽나이다."라고 말한다. 그러자 바로 이때 예수님께서 말씀하신다: "내가 너희 열둘을 택하지 아니하였느냐 그러나 너희 중에 한 사람은 마귀니라 이 말씀은 가룟 시몬의 아들 유다를 가리키심이라." 제자들은 모르고 있었을지 모르지만 예수님께서는 처음부터 유다의 배반을 알고 계셨다. 또한 이 말씀은 변질되어가고 있는 유다의 모습을 지적하신 것일 수 있다.

요한복음 12장을 보면 베다니에서 마리아가 나드 한 근을 가져다가 예수의 발에 부을 때 가룟 유다는 4절에서 이렇게 말한다: "이 향유를 어찌하여 삼백 데나리온에 팔아 가난한 자들에게 주지 아니하였느냐." 이에 대해 저자 요한은 6절에서 "이렇게 말함은 가난한 자들을 생각함이 아니요 저는 도적이라 돈궤를 맡고 거기 넣는 것을 훔쳐 감이러라"고 평하고 있다. 물론 이 사건이 일어난 지 약 70년 후에 기록되었다는 것을 염두에 두어야 하지만 결국 변질되어가고 있는 유다의 모습을 엿볼 수 있는 부분이다.

시간이 지남에 따라 변질되었던 유다는 비참한 최후를 맞게 된다. 마태복음 27장의 기록과 사도행전 1장의 기록은 약간의 차이가 있으나 분명한 것은, 유다가 예수님을 배반한 대가로 돈을 받은 것에 대해 자책감에 시달리며 결국은 자살이라는 비참한 최후를 택했다는 사실이다.

고대 사람들은 배반자는 마지막에 공포에 싸이고, 비참해진다고 생각하고 있었다. 단테도 배반자의 영은 9층 지옥 맨 아래층에 간다고 했다. 사도행전 1장 25절을 보면 유다는 제 곳으로 갔다고 기록되어 있다. 그런 죽음과 징벌이 당연하다는 논평이다.

유다의 삶을 보며 그와는 대조적으로 끝까지 '선한 싸움'을 싸우고 믿음을 지켰다고 고백한 사도 바울의 모습(딤후 4:6~8 "관제와 같이 벌써 내가 부음이 되고 나의 떠날 기약이 가까왔도다 내가 선한 싸움을 싸우고 나의 달려갈 길을 마치고 믿음을 지켰으니 이제 후로는 나를 위하여 의의 면류관이 예비되었으므로 주 곧 의로우신 재판장이 그 날에 내게 주실 것이니 내게만 아니라 주의 나타나심을 사모하는 모든 자에게니라")이 떠오른다. 선한 싸움은 자신과의 싸움이다. 자신의 뜻이 아닌 하나님의 뜻을 좇아 이 세상에서 끝까지 승리하여 하나님 앞에서 '착하고 충성된 종'이라는 평가를 듣기를 소원한다.

4부
제자도와 연관된 Q&A

Q&A로 풀어보는 제자도

　일반적으로 예수님의 제자들과 그들에 대한 가르침인 제자도라는 주제를 살피는 데 있어서 꼭 필요한 내용임에도 불구하고 다루어지지 않은 내용들이 많다. 예를 들면, 그들의 역사적 배경이나, 성경 이외의 각종 증거들 및 기타 다양한 내용과 주제들이 거기에 속한다. 이들을 다루는 방법 또한 양극단이 존재하는데 하나는 너무 일반적이고 또 하나는 지나치게 세부적인 내용들이 그것이다.

　이 내용들은 이 책의 제1부에서 다루어진 사복음서 각각에서 강조되어 있는 가르침이나, 제3부에서 다루어진 예수님의 열두 제자들(대부분)과 관련이 있음에도 불구하고 그 부분들에서 적절하게 다루는 데 한계가 있어 포함시키지 못했다. 여기서는 그런 영역에 속하는 내용들을 모아 Q&A 형식을 빌어 설명하고자 한다.

1. 예수님께서 제자들 중 '측근'(inner circle) 멤버들로 특별히 열두 명을 택하신 이유는 무엇인가?

일반적으로 '12'라는 숫자는 유대 철학자인 필로(Philo)가 지적한 대로 이상적 숫자로서 '온전함'을 상징하는 숫자이다. 이것을 이스라엘 백성의 열두 지파와 연결시켜 생각해 볼 때 '온전한 통치를 위한 하나님의 백성을 염두에 둔 이상적 구분'을 의도하고 있다는 설명이 가능하다. 예수님께서 많은 제자들 중에서 특별히 열둘을 측근 멤버로 선택하신 것도 이러한 맥락이라 할 수 있다.

어떤 학자는 여기서 열둘을 선택하신 것이 열두 지파를 심판할 열두 보좌를 의도하고 있다고 보고 심판에 초점을 두었다고 해석하기도 하지만 말씀 속에 강하게 부각되어 있는 요소는 오히려 '메시아의 부활을 전하기 위해 필요' 했던 숫자라고 보는 것이 더 타당하다. 이러한 해석을 뒷받침해 주는 증거로 가룟 유다의 죽음 이후 그를 대신할 사람으로 맛디아를 선택하는 정황과 과정을 들 수 있다: "항상 우리와 함께 다니던 사람 중에 하나를 세워 우리로 더불어 예수의 부활하심을 증거할 사람이 되게 하여야 하리라 하거늘 … 봉사와 및 사도의 직무를 대신할 자를 보이시옵소서 유다는 이를 버리옵고 제 곳으로 갔나이다 하고 제비 뽑아 맛디아를 얻으니 저가 열 한 사도의 수에 가입하니라"(행 1:22~26).

예수님의 부활을 증거할 임무를 지닌 사람들로 예수님과 함께 있었어야 한다는 조건에 부합하는 사람들 열둘이 필요했는데 가룟 유다의 배반으로 인해 그 숫자를 채워야만 했다. 그래서 이 임무를 수행하기 위해 위의 조건을 충족하는 사람 중에 하나를 선택하여 가룟 유다의 자리를 대신하고자 제비를 뽑았는데 맛디아가 선택되었다.

그렇다고 해서 열둘이라는 사명 수행을 위한 숫자적 상징성에만 초점을 두어 지속적으로 열두 제자가 유지되지는 않았다는 점 또한 간과해서는 안 된다. 다시 말해 대신할 사람을 찾는 행위가 '새로운 시작'을 위해 필요했던 과정이긴 하였으나 열둘이라는 숫자를 지속적으로 유지하고자 하는 의도는 없었다는 것이다. 이것은 요한의 형제 야고보 사도가 순교를 당한 후 그를 대신하고자 다른 이를 선택했다는 기록이 없는 것을 통해 알 수 있다(행 12:1~2 "그때에 헤롯 왕이 손을 들어 교회 중 몇 사람을 해하려 하여 요한의 형제 야고보를 칼로 죽이니").

열둘이라는 숫자에 담긴 위와 같은 상징은 성경의 가장 마지막이면서 종말에 관해 논하고 있는 요한계시록에 특별히 강하게 남아 있다. 요한계시록에서 새 예루살렘을 보면 열둘이라는 숫자가 반복적으로 강조되어 있다: "하나님의 영광이 있으매 그 성의 빛이 지극히 귀한 보석 같고 벽옥과 수정같이 맑더라 크고 높은 성곽이 있고 **열두 문**이 있는데 문에 **열두 천사**가 있고 그 문들 위에 이름을 썼으니 이스라엘 자손 **열두 지파**의 이름들이라 동편에 세 문, 북편에 세 문, 남편에 세 문, 서편에 세 문이니 그 성에 성곽은 **열두 기초석**이 있고 그 위에 어린 양의 **십이 사도의 열두 이름**이 있더라 내게 말하는 자가 그 성과 그 문들과 성곽을 척량하려고 금 갈대를 가졌더라 그 성은 네모가 반듯하여 장광이 같은지라 그 갈대로 그 성을 척량하니 **일만 이천 스다디온** (12,000 = 12×10³)이요 장과 광과 고가 같더라 그 성곽을 척량하매 **일백사십사 규빗**(144 = 12×12)이니 사람의 척량 곧 천사의 척량이라 그 성곽은 벽옥으로 쌓였고 그 성은 정금인데 맑은 유리 같더라 그 성의 성곽의 기초석은 각색 보석으로 꾸몄는데 첫째 기초석은 벽옥이요 둘째는 남보석이요 세째는 옥수요 네째는 녹보석이요 다섯째는 홍마노요 여섯째는 홍보석이요 일곱째는 황옥이요 여덟째는 녹옥이요 아홉째는 담황옥이요 열째는 비취옥이요 열 한째는 청옥이요 **열 둘째**는 자정이라 그 **열두 문**은 **열두 진주**니 문마다 한 진주요 성의 길은 맑은 유리 같은 정금이더라"(21:12~17). 그 뿐 아니라 7장에서 '인 맞은 자의 수'가 144,000(= 12×12×10³)이라고 말하고 있으며, 새롭게 창조된 에덴의 모습으로 부각되어 있는 새 예루살렘의 모습에도 '12'라는 숫자가 부각되어 있다: "강 좌우에 생명 나무가 있어 **열두 가지 실과**를 맺히되 날마다 그 실과를 맺히고 그 나무 잎사귀들은 만국을 소성하기 위하여 있더라"(22:2).

이러한 모습은 새 하늘과 새 땅에 존재하는 천국을 묘사하며 장소적 개념으로의 새 예루살렘보다는 예수 그리스도를 통해 완성된 새로운 공동체의 완성에 초점을 두고 있다고 말할 수 있다. 하나님께서 함께 하심으로 온전한 통치가 이루어지는 온전한 하나님 나라의 백성들의 모습을 그리고 있다. 그래서 그곳은 21장 3~4절에 나와 있는 그대로("내가 들으니 보좌에서 큰 음성이 나서 가로되 보라 하나님의 장막이 사람들과 함께 있으매 하나님이 저희와 함께 거하시리니 저희는 하나님의 백성이 되고 하나님은 친히 저희와 함께 계셔서 모든 눈물을 그 눈에서 씻기시매 다시 사망이 없고 애통하는 것이나 곡하는 것이나 아픈 것이 다시 있지 아니하리니 처음 것들이 다 지나갔음이러라")이며 하나님이 함께 계시기에 더 이상 성전이 필요 없고(21:22 "성 안에 성전을 내가 보지 못하였으니 이는 주 하나님 곧 전능하신 이와 및 어린 양이 그 성전이심이라"), 그분의 영광으로 인해 해와 달이 필요 없으며(21:23 "그 성은 해나 달의 비췸이 쓸데 없으니 이는 하나님의 영광이 비취고 어린 양이 그 등이 되심이라"), 하나님과 인간의 영원한 교제와 예배가 이루어지게 된다(22:3~4 "다시 저주가 없으며 하나님과 그 어린 양의 보좌가 그 가운데 있으리니 그의 종들이 그를 섬기며 그의 얼굴을 볼터이요 그의 이름도 저희 이마에 있으리라"). 드디어 인간은 하나님이 본래 의도하신대로 참된 본연의 인간다운 삶을 살게 되는 것이다.

2. 열두 제자들은 사도라고 불리기도 하는데 '제자'라는 단어와 '사도'라는 단어의 차이는 무엇인가?

A 이 질문에 답을 하기 전에 먼저 기억해야 할 것은 성경의 어느 부분과 연관을 시키느냐에 따라 답이 달라질 수 있다는 사실이다. 우선 사도라는 단어는 '보냄을 받은 자'라는 문자적 의미를 지니고 있다. 이 단어는 사복음서 내에서는 '열두 제자들'을 지칭하는 단어로만 쓰여져 있다(눅 6:13 "밝으매 그 제자들을 부르사 그 중에서 열둘을 택하여 사도라 칭하셨으니").

열두 제자들을 향해 이 단어를 사용한 것은 그들이 단순한 개념의 제자들이 아니라 하나님 나라의 확장을 향한 운동가로서 특별한 임무를 부여 받은 리더들이라는 사실을 강조하기 위해서라고 말할 수 있다.

하지만 사복음서 이후 곧 신약의 다른 부분에서는 상황이 달라진다. 사복음서에서 사도라는 단어가 열두 제자에 국한되어 사용되고 있는 것과는 대조적으로 좀더 광범위한 대상을 사도라고 부르고 있다. 예를 들어 고린도전서 15장 5절에서는 열두 제자를 언급하고 7절에서는 '모든 사도'라고 표현한 것을 볼 때 여기서 사도는 열두 제자 이외의 사도들이라는 것이 분명하다. 사도행전부터 사도라는 단어는 좀더 문자적인 의미 – 보냄을 받은 자 – 가 부각되어 사용되고 있다. 사도라는 단어는 바울뿐 아니라 바나바(예: 행 14:14 "두 사도 바나바와 바울이 듣고 옷을 찢고 무리 가운데 뛰어 들어가서 소리 질러") 및 '안드로니고와 유니아'에게도 사용되었다(롬 16:7 "내 친척이요 나와 함께 갇혔던 안드로니고와 유니아에게 문안하라 저희는 사도에게[사도들 가운데서]

유명히 여김을 받고[They are outstanding among the apostles] 또한 나보다 먼저 그리스도 안에 있는 자라"). 또 고린도후서 8장과 같은 경우 임무를 받아 보냄을 받은 자라는 넓은 의미에서 이 단어가 사용되고 있는 것을 발견할 수 있다(23절 "디도로 말하면 나의 동무요 너희를 위한 나의 동역자요 우리 형제들로 말하면 여러 교회의 사자들[헬라어에서는 사도와 동일한 단어가 쓰임]이요 그리스도의 영광이니라").

사도라는 단어의 문자적 의미로만 볼 때는 예수님도 사도라고 할 수 있다(히 3:1 "함께 하늘의 부르심을 입은 거룩한 형제들아 우리의 믿는 도리의 사도이며 대제사장이신 예수를 깊이 생각하라"). 왜냐 하면 예수님 또한 하나님으로부터 이 세상으로 보냄을 받은 분이시기 때문이다(요 17:18 "아버지께서 나를 세상에 보내신 것같이 나도 저희를 세상에 보내었고"). 문자적 의미의 측면에서 보자면 믿는 이들 모두가 사도라는 단어를 쓸 수 있으나, 교회사를 통해서 사도라는 단어가 열두 제자와 사도 바울 또는 바나바와 같이 제한된 대상들에 국한되어 사용되었다는 것을 생각한다면 열두 사도 이외의 다른 사도들은 고린도후서 8장 23절의 경우와 같이 '그리스도의 사자'(representative) 또는 '사신'(ambassador)이라고 부르는 것이 타당할 것이다.

제자라는 단어는 사도라는 단어와는 달리 '좇는 자' 라는 의미를 담고 있다. 그러기에 이 단어는 사복음서에서부터 매우 넓은 대상을 향해 사용된다(Q&A의 8번 문제 답을 참조). 요약하면 사도와 제자라는 두 단어는 성경에서 서로 공유하고 있는 부분과 그렇지 않은 부분이 있음을 알 수 있다.

3. 열두 제자들의 목록이 신약성경에 몇 번 나오며, 그 목록을 통하여 발견할 수 있는 특징은 무엇인가?

A 신약을 보면 네 개의 서로 다른 책(마태복음, 마가복음, 누가복음, 사도행전)에 사도들의 명단이 나온다. 어떤 이유에서인지 요한복음은 이 사도들의 명단을 수록하지 않았다. 그들의 이름이 나오는 명단들을 보면(다음 표에서 볼 수 있듯) 언제나 3개조로 나누어 보는 것이 가장 자연스럽고 이름의 순서가 달라지는 경우가 있기도 하나 한 조 안에 네 사람씩으로 되어 있는 것 같다. 그리고 신약에 나오는 모든 명단을 살펴보면 셋으로 나뉜 각 조마다 제일 앞에 나오는 제자의 이름이 절대로 바뀌는 법이 없다는 특징을 발견할 수 있다.

세 그룹은 다음과 같다: (가) 베드로, 요한, 야고보, 안드레, (나) 빌립, 바돌로매(나다나엘), 마태, 도마, (다) 알패오의 아들 야고보, 다대오(가룟 유다 아닌 유다, 또는 야고보의 유다로 알려짐. 여기서 야고보의 유래관. 야고보의 아들 유다라는 의미임. 호트에 따르면 다대오는 또 유다라는 별명이 있어 유다가 부끄러울 때에는 떼어 버리고 다대오라고만 부르게 하였는지도 모른다고 함) 및 가나안인 시몬(셀롯당 시몬), 가룟 유다 등이다.

성경 구절	사도들의 명단
마 10:2~4	열두 사도의 이름은 이러하니 베드로라 하는 시몬을 비롯하여 그의 형제 안드레와 세베대의 아들 야고보와 그의 형제 요한, 빌립과 바돌로매, 도마와 세리 마태, 알패오의 아들 야고보와 다대오, 가나안인 시몬과 및 가룟 유다 곧 예수를 판 자라
막 3:16~19	베드로란 이름을 더하셨고 또 세베대의 아들 야고보와 야고보의 형제 요한이니 이 둘에게는 보아너게 곧 우뢰의 아들이란 이름을 더하셨으며 또 안드레와 빌립과 바돌로매와 마태와 도마와 알패오의 아들 야고보와 및 다대오와 가나안인 시몬이며 또 가룟 유다니 이는 예수를 판 자러라
눅 6:14~16	곧 베드로라고도 이름 주신 시몬과 및 그 형제 안드레와 및 야고보와 요한과 빌립과 바돌로매와 마태와 도마와 및 알패오의 아들 야고보와 및 셀롯이라 하는 시몬과 및 야고보의 아들 유다와 및 예수를 파는 자 될 가룟 유다라
행 1:13	들어가 저희 유하는 다락에 올라가니 베드로, 요한, 야고보, 안드레와 빌립, 도마와 바돌로매, 마태와 및 알패오의 아들 야고보, 셀롯인 시몬, 야고보의 아들 유다가 다 거기 있어

이 중에서 첫 번째 그룹인 (가) 그룹에서 안드레를 제외한 세 사람은 예수님과 가장 밀착이 된 측근 중의 측근이라고 할 수 있을 만큼 친밀한 교제를 가지고 있었다. 베드로, 야고보, 요한은 변화산에서의 영광과 겟세마네 동산 기도의 아픔을 지켜 본 제자들이다(막 5:37 "베드로와 야고보와 야고보의 형제 요한 외에 아무도 따라옴을 허치 아니하시고"; 9:2 "엿새 후에 예수께서 베드로와 야고보와

요한을 데리시고 따로 높은 산에 올라가셨더니 저희 앞에서 변형되사"; 14:33 "베드로와 야고보와 요한을 데리고 가실새 심히 놀라시며 슬퍼하사").

열두 제자들이 네 사람씩 세 조로 나눌 때 뿐 아니라, 다시 네 사람을 두 사람씩 짝을 짓는, 즉 둘씩 여섯 조를 조직하는 경우도 있었다. 칠십 문도들이나 열두 제자들이 두 사람씩 짝이 되어(그 이유에 관해서는 Q&A 11번 문제의 답을 참조할 것) 전도하기 위해 파송된 기록에 나온다(눅 10:1 "이 후에 주께서 달리 칠십 인을 세우사 친히 가시려는 각동 각처로 둘씩 앞서 보내시며; 막 6:7 "열두 제자를 부르사 둘씩 둘씩 보내시며 더러운 귀신을 제어하는 권세를 주시고").

성경학자들은 예수가 제자들의 짝을 어떻게 구성하였는가에 관해 제자들의 성격의 차이, 인품과 개성의 차이를 고려하셔서 한 것으로 판단한다. 가령 즉흥적 기질의 베드로는 명상적이고 조용한 요한과 짝이 되며, 조심성이 많은 빌립은 단순한 신앙의 소유자인 나다나엘과 한 조가 되었다는 것이다.

베드로의 형제, 안드레와 빌립은 모두 갈릴리의 벳새다 출신이었다는 사실은 우리에게 성경의 다른 부분을 이해하는 데 도움이 된다(요 1:44 "빌립은 안드레와 베드로와 한 동네 벳새다 사람이라"). 이곳은 유대인들이 사는 곳이나 이미 국제화된 곳이었다는 사실은 고고학적 연구를 통해 밝혀졌다. 이 둘 모두 헬라식 이름을 갖고 있었다는 사실을 통해서도 간접적으로 알 수 있다. 아마도 이러한 이유가 요한복음 12장에서 헬라인들이 빌립을 먼저 만났고, 안드레가 그들을 빌립과 함께 예수님께 데리고 갔었을 것이라고 추측해 볼 수 있다(부연설명을 위해서는 제2부 '안드레'와 '빌립'에 관한 부분을 참조).

4. 열두 제자들의 나이, 혼인 여부 등 개인적인 특징은 무엇이 있는가?

이러한 문제를 논하기 전에 한 가지 분명히 해야 할 사실은 제자들은 지극히 평범한 사람들이었다는 것이다. 그들은 한마디로 갈릴리 지역에서 흔하게 만날 수 있는 보통 사람이었으며, 그 지역 회당에서 지극히 기초적인 교육을 몸에 익힌 지극히 평범한 사람들이었다.

연령적인 측면으로 본다면 원숙한 사람들이 아닌 대체로 20대의 젊은이들이었으며, 그 중에서 요한은 가장 나이가 어려서 어쩌면 10대 후반에 속했을 가능성도 있다. 그 중에 베드로가 가장 연장자였다고 여겨지며 삼십에 가까운 나이였을 것으로 추측된다. 베드로는 이미 기혼자였고(마 8:14 "예수께서 베드로의 집에 들어가사 그의 장모가 열병으로 앓아 누운 것을 보시고"), 다른 제자 중에도 기혼자가 더 있었던 것으로 보인다(고전 9:5 "우리가 다른 사도들과 주의 형제들과 게바와 같이 자매 된 아내를 데리고 다닐 권이 없겠느냐").

관계적인 측면으로 본다면 제자들은 서로간에 친척이거나 동업자였던 사람들이 속해 있었다. 예를 들어 베드로와 안드레 및 요한과 야고보와 같은 처음 그룹에 속한 네 사람은 둘씩둘씩 서로간에 형제였다. 또한 이들은 서로 간에 이웃이며 사업 동업자들이었다(눅 5:10 "세베대의 아들로서 시몬의 동업자인 야고보와 요한도 놀랐음이라 예수께서 시몬에게 일러 가라사대 무서워 말라 이제 후로는 네가 사람을 취하리라 하시니"). 이뿐 아니라 세베대의 아내, 즉 요한과 야고보의 어머니가 예수님의 어머니의 동생일 가능성이 있다(제 2부에서 '야고보' 부분을 참조하라). 이러한 설명이 맞는다면, 흥미로운 사실은 예수님께서 제자들을 모으시되 친척 및 그들과 연결된 동업자들부터 시작해 확장하기 시작하셨다는 것이다.

5. 제자들은 경제적 측면으로 볼 때 어떤 부류에 속한 사람들이었을까?

일반적으로 제자들은 매우 가난한 계층에 속한 사람들이었을 것으로 생각된다. 물론 제자들 대부분의 직업은 주로 노임에 의지해 살아가는 노동계층에 속하였던 것만은 분명해 보인다. 하지만 모든 제자들이 다 그랬던 것은 아니다. 최소한 요한과 야고보의 가정은 상대적으로 부유층에 속했던 것 같다. 그들이 예수님으로부터 제자로의 부름을 받는 장면을 살펴보면 이같은 사실을 짐작할 수 있다.

예수님께서 그들을 부르실 때 야고보와 요한 형제는 어망을 깁느라고 한참이나 바쁠 때였다. 그 자리에는 아버지 세베대가 함께 일을 하고 있었다. 세베대는 자기 어선이 있고(마 4:22 "저희가 곧 배와 부친을 버려두고 예수를 좇으니라"), 어부들을 고용한 부요한 자산가였다고 보는 것이 타당하다. 이런 추측은 요한복음에서 요한이 대제사장과 친분이 있는 사람으로 등장하고 있는 데서 알 수 있다(18:15~16 "시몬 베드로와 또 다른 제자 하나가 예수를 따르니 이 제자는 대제사장과 아는 사람이라 예수와 함께 대제사장의 집 뜰에 들어가고 베드로는 문 밖에 섰는지라 대제사장과 아는 그 다른 제자가 나가서 문 지키는 여자에게 말하여 베드로를 데리고 들어왔더니").

요한의 집안은 갈릴리에서 고기를 잡아 그 잡은 고기들을 판매할 특약점 같은 것을, 남쪽 예루살렘에 차려놓고 귀족층과 대제사장 저택에 자주 출입을 해왔던 듯 하다. 그렇기 때문에 위의 구절에 나와 있듯이 얼굴이 익은 사도 요한이 예수의 재판 받으시는 그 저택에도 아무런 거리낌이 없이 출입할 수 있었던 것으로 보인다.

　이것을 통해 알 수 있는 사실은 그들의 집안은 배와 종들을 소유하고 있었고, 더 나아가 대제사장과 안면까지 있어 그의 집을 드나들 수 있는 정도의 힘이 있었음을 요한복음을 통해 볼 수 있다. 따라서 대부분의 제자들이 가난한 삶을 영위하긴 했지만 제자들 모두가 경제적으로 하위계층에 속한 사람들은 아니었다는 것을 알 수 있다.

6. 제자들의 학식은 어느 정도였는가?

많은 사람들이 제자들의 학식 정도에 관심을 갖고 있다. 특히 베드로에 관해서는 사도행전 4장 13절("그 본래 학문 없는 범인으로[they were unschooled, ordinary men] 알았다가")을 인용하며 '무식하며 거친' 어부였다고 묘사하곤 한다. 과연 그런 해석이 정당한 해석일까? 실제로 위 구절은 베드로 사도가(낫 놓고 기역자도 모르는) '무식한' 사람이라기보다는 유대교의 토라에 관하여 랍비들이 해석해 주는 교육을 받지 못했다는 것을 의미하고 있다고 보아야 한다. 요즘으로 말하면 신학교 교육을 받지 못한 것이라고 해석해야 한다는 뜻이다.

베드로 사도뿐 아니라 다른 사도들의 경우도 일반적 생각과는 다른 결론에 도달한다. 예를 들어 만약에 사도 마태가 마태복음의 저자일 뿐 아니라 그것을 헬라어로 썼다면, 또한 그의 전(前)직업이 세리였다는 것을 생각해 볼 때 헬라어를 잘 할 수 있었을 것이라고 추정하는 데는 문제가 없다고 할 수 있다. 결론적으로 제자들의 학식 정도를 지나치게 낮게 잡아서는 안 된다.

7. 성경에는 예수님의 열두 제자들 중에 혁명을 일으키려는 열심당원 (the Zealot)이 있다는데, 그것이 사실인가?

이러한 주장이 나오는 배경에는 누가의 저서인 누가복음과 사도행전에 기록된 열두 제자들의 리스트 모두(눅 6:15 "마태와 도마와 및 알패오의 아들 야고보와 및 셀롯이라 하는 시몬과"; 행 1:13 "들어가 저희 유하는 다락에 올라가니 베드로, 요한, 야고보, 안드레와 빌립, 도마와 바돌로매, 마태와 및 알패오의 아들 야고보, 셀롯인 시몬, 야고보의 아들 유다가 다 거기 있어") '셀롯인 시몬'("Simon who was called the Zealot"[NIV]; "Simon called Zelotes"[KJV]; "Simon (the Zealot)"[NLT])을 포함하고 있다는 사실에 근거하고 있다. 앞서 열두 제자들의 리스트 대조를 통해 알 수 있는 것은 셀롯인 시몬은 마태복음과 마가복음에서 '가나안인 시몬'이라고 불린 제자와 동일하다는 사실이다. 이를 두고 가나안인 시몬이라는 제자가 로마 정부를 대항하여 혁명을 일으켰던 열심당원 (the Zealot)의 한 사람이라고 결론 내리는 것이다. 어떤 학자는 이러한 결론에 근거하여 예수님을 로마 정부에 대항한 혁명 운동가로까지 해석하곤 한다.

그러나 이런 해석은 시간적인 관점에서 보아 매우 부적절한 해석이다. 이를 입증하는 한 증거로 요세푸스의 기록을 들 수 있다. 요세푸스에 따르면 열심당 자체는 주후(AD) 67년 후반부에 가서야 만들어졌다는 것이다. 이는 유대인들의 로마에 대한 첫 번째 반란의 시작과 연결이 되어 있어 예수님께서 사역하실 당시와는 약 40년의 차이가 있다. 그러기에 예수님 당시의 이 단어를 보면 열심당이라는 이름을 붙이는 것은 무리라고 보아야 한다.

물론 열심당이라는 형태를 갖춘 그룹이 만들어지기 이전에도 반로마적인 민족주의자들의 운동이 있었을 것임에는 틀림없다. 하지만 그렇다 할지라도 시몬이 그들 중에 하나였다는 결론을 내리기에는 증거가 불충분하다.

오히려 더 타당한 설명은 시몬이라는 사람의 특징을 말하고 있다고 보는 견해이다. 셀롯이라고 해석된 헬라어 단어가 '열심이 있는 사람'이라는 문자적 의미가 있다는 것에 착안해 시몬은 원래 품성이 '열심이 있는 사람'이라고 보는 것이다.

8. 예수님의 제자들 중에는 열두 제자 외에 다른 사람들도 많았던 것 같은데 제자들은 어떻게 구성되었나?

열두 제자 외에도 다른 제자들이 많았다는 사실은 제자라는 단어들이 이들 외에 다른 이들에게도 동일하게 사용되었다는 것을 통해 알 수 있다. 가장 가까운 예로 누가복음 10장을 보면 칠십 인들에 관한 언급을 들 수 있다. 이런 성경적 증거들을 볼 때 일반적으로 예수님을 중심으로 한 열두 명의 측근 그룹과 그 다음 단계의 제자들이 있었다고 볼 수 있다. 그러나 성경은 이들에 관하여 구체적으로 다루고 있지 않으므로 자세한 사항은 알기 어렵다. 단지 그런 제자들이 언급되어 있다는 것만 지적할 수 있을 뿐이다.

요한복음은 다른 복음서와는 달리 제자들의 형성 과정을 처음부터 다루고 있다. 예수님의 처음 제자들은 세례 요한의 제자들로서 가장 먼저 안드레와 이름을 언급하지 않은 제자(저자 자신인 요한)로 시작되었으며, 이들이 다른 이들을 예수님께로 인도하였다고 기록하고 있다. 그와 더불어 사복음서의 기록 전체를 종합해 볼 때 예수님께서는 갈릴리에서 사역을 시작하시며 대부분의 시간을 머무셨으므로 그곳에서 친척들(형제들)이나 사업 동업자들이나 이웃들과 지인들이 예수님 주위로 모여들어 제자들이 형성되었다는 것을 어느 정도 짐작할 수 있다 (앞에서 논하였듯이 최소한 야고보와 요한은 예수님의 친척이었다).

사복음서에서 제자라는 단어들이 사용되는 것을 살펴볼 때 요한복음의 제자라는 단어는 매우 독특하다. 특히 6장 60절("제자 중 여럿이 듣고 말하되 이 말씀은 어렵도다 누가 들을 수 있느냐 한대") 등에서 알 수 있는 사실은, '제자들'이라는 단어를 문자적인 의미 그대로 예수님을 '물리적으로 좇았던 자들'로 묘사하고 있다는 것이다.

물론 그들 모두가 예수님을 지속적으로 좇았던 것은 아니다. 6장 66절을 통해 알 수 있듯이 '다시 그와 함께 다니지 아니한' 즉 다시 원래 모습으로 되돌아간 사람들도 많았다는 것을 알 수 있다. 다시 말해 예수님의 주위에는 많은 이들이 좇아 다녔으며 예수님께서는 그들에게 계속적으로 제자로 도전하셨다고 할 수 있다. 그와 같은 제자에 대한 도전의 예는 마태복음 8장 18~22절("예수께서 무리가 자기를 에워쌈을 보시고 저 편으로 건너가기를 명하시니라 한 서기관이 나아와 예수께 말씀하되 선생님이여 어디로 가시든지 저는 좇으리이다 예수께서 이르시되 여우도 굴이 있고 공중의 새도 거처가 있으되 오직 인자는 머리 둘 곳이 없다 하시더라 제자 중에 또 하나가 가로되 주여 나로 먼저 가서 내 부친을 장사하게 허락하옵소서 예수께서 가라사대 죽은 자들로 저희 죽은 자를 장사하게 하고 너는 나를 좇으라 하시니라")에 나와 있는 '너는 나를 좇으라'는 표현을 통해 알 수 있다.

이러한 사실을 종합해 보면 결국 예수님은 자신을 좇던 수많은 제자들 중에서 열두 제자들을 선택하신 것이다. '그를 좇는다'는 것은 그의 제자로서 그를 따른다는 전문적인 표현이다. 제자를 예수님이 각지를 다니시며 하시는 사역을 물리적으로 좇아 다닌 것이라고 표현할 수 있다면, 요한복음 19장 38절("아리마대 사람 요셉이 예수의 제자나 유대인을 두려워하여 은휘하더니 이 일 후에 빌라도더러 예수의 시체를 가져가기를 구하매 빌라도가 허락하는지라 이에 가서 예수의 시체를 가져가니라")에 나오는 아리마대 요셉과 같은 이들은 예수님을 심정적으로 좇아 다닌 제자라고 할 수 있다. 물론 이런 물리적 추종자와 심정적인 추종자들로 이루어진 제자들과 예수님의 도전에 응해 모든 것을 버리고 그를 전심으로 좇은 열두 제자들과는 큰 차이가 있다. 이들에게 예수님은 천국 복음을 전하기 위해, 또한 후일에 교회에서 해야 할 미래의 역할을 위해 그들에게는 훈련을 요구하셨다. 또 마태복음 28장 18~20절에서는 약속과 함께 지상명령 성취의 사명도 주셨다: "예수께서 나아와 일러 가라사대 하늘과 땅의 모든 권세를 내게 주셨으니 그러므로 너희는 가서 모든 족속으로 제자를 삼아 아버지와 아들과 성령의 이름으로 세례를 주고 내가 너희에게 분부한 모든 것을 가르쳐 지키게 하라 볼지어다 내가 세상 끝날까지 너희와 항상 함께 있으리라 하시니라."

9. 예수님과 친숙한 '제자들' 중에 여자들도 있었는가?

　　예수님의 제자들 가운데 여자들이 있었는가라는 질문을 답하기 전에 먼저 그 당시 여성에 대한 인식에 관해 다룰 필요가 있다. 한마디로 말해 그 당시 여자들을 향한 편견은 매우 심각했다. 유대 철학자인 필로는 '여성이라는 것 자체가 약점'이라고 말했고, 요세푸스는 여자는 열등하기에 남자에게 순종해야 한다고 말할 정도로 그 당시 여성에 대한 인식이나 사회적 대우는 형편 없었다. 이외에도 주전(BC) 180년쯤 저작된 것으로 알려져 있는 유대인들의 전통적 경건함과 지혜를 주창하는 시락(Sirach 또는 Ecclesiasticus라고 불리기도 함)이라는 외경에서 여성은 '좋은 부인'이든지 아니면 '문제다'라고 말하고 있을 뿐만 아니라 "남자의 악행이 선한 일을 하는 여성보다 좋다."고 말하고 있다. 그리고 그 이유로 "모욕과 치욕을 여자가 가져오기 때문이다."라고 설명했다. 토세프타(Tosefta는 부록이라는 의미를 지니고 있으며 미쉬나[Mishnah]와 동시대에 속하나 그곳에는 포함되지 않은 랍비들의 율법 해석 모음집)에서는 남자가 하루 세 번 기도하는데 그 기도 중의 하나가 자신이 여자가 아니기에 감사하다는 것이 포함되어 있을 정도였다. 이러한 분위기는 디모데전서 2장에서 사도 바울이 여자들을 향하여 '남자 가르치는 일을 하지 말라'고 하는 이유들을 논하는 상황에서도 간접적으로 반영되어 있다: "여자의 가르치는 것과 남자를 주관하는 것을 허락지 아니하노니 오직 종용할지니라 이는 아담이 먼저 지음을 받고 이와가 그 후며 아담이 꾀임을 보지 아니하고 여자가 꾀임을 보아 죄에 빠졌음이니라"(딤전 2:12~14).

창세기를 언급하며 여자가 먼저 죄를 짓지 않았느냐는 종교적 이유도 여자들을 차별하며 폄하하는 행동을 정당화하는 수많은 이유들 중에 하나였다고 추측할 수 있다.

그러나 예수님의 경우에는 이러한 편견과 차별의 상황에서 여자들을 다르게 대하셨다는 것을 알 수 있다. 예수님을 좇는 자들 중에 여자들이 상당히 많이 있었다는 사실은 특별히 누가복음에서 두드러지게 나타난다.

누가복음 11장에 나오는 예수님과 마르다와 마리아와의 절친한 관계를 언급하지 않더라도 8장 1~3절에 나오는 요약적 표현은 많은 것을 시사하고 있다: "이 후에 예수께서 각 성과 촌에 두루 다니시며 하나님의 나라를 반포하시며 그 복음을 전하실새 열두 제자가 <u>함께 하였고</u> 또한 악귀를 쫓아내심과 병 고침을 받은 어떤 여자들 곧 일곱 귀신이 나간 자 막달라인이라 하는 마리아와 또 헤롯의 청지기 구사의 아내 요안나와 또 수산나와 다른 여러 여자가 <u>함께 하여</u> 자기들의 소유로 저희를 섬기더라".

이 표현 중에서 밑줄 친 단어인 '함께하다'라는 표현에 주목해 볼 필요가 있다. 이 표현은 1절에서 열두 제자가 예수님과 '함께 하였고'라는 표현과 같은 단어로써 여자들에게도 그대로 사용되고 있다. 예수님의 곁에는 이런 여자들이 다른 남자 제자들과 함께 있었다는 사실을 보여 주고 있다. 그렇다면 이들을 제자로 부르진 않고 있지만, 앞에서 지적한 것처럼 문자적 의미에서나 광의적 의미에서는 이들이 예수님의 제자들이었다라고 말할 수 있다.

위에서 살펴본 대로 그 당시 여자들에 대한 심각한 불평등이 존재하던 사회 상황을 염두에 두고 볼 때 예수님을 따르는 여자들(그런 의미에서 제자들)이 있었다는 사실은 예수님의 사역이 얼마나 혁명적이었는가를 보여 주고 있다. 이것은 예수님이 오심으로 시작된 새로운 하나님 나라와 모든 이에게 차별 없이 다가가시는 하나님의 복음의 성격을 잘 보여주고 있다(갈 3:28 "너희는 유대인이나 헬라인이나 종이나 자유자나 남자나 여자 없이 다 그리스도 예수 안에서 하나이니라").

10. 예수님과 제자들은 어떻게 재정적으로 지원을 받았는가?

사도 바울의 경우 염소 털로 짠 천막을 만드는 직업을 통해 재정적 필요를 채우거나 때론 교인들이 보내주는 지원을 통해 재정적 필요를 채워 나갔다는 것을 알 수 있다(빌 4:15~16 "빌립보 사람들아 너희도 알거니와 복음의 시초에 내가 마게도냐를 떠날 때에 주고 받는 내 일에 참예한 교회가 너희 외에 아무도 없었느니라 데살로니가에 있을 때에도 너희가 한번 두번 나의 쓸 것을 보내었도다").

사도 바울과 달리 예수님과 (일단 예수님을 좇기로 결정한 이후 자신들의 직업을 버린) 제자들의 경우 어떻게 생계를 이어나갔는지에 대해서는 확실하게 알 수가 없다. 물론 이들이 사역 대상들로부터 도움을 받았을 것이라는 추측을 할 수는 있다. 그러나 이러한 일상적인 보답 차원에서의 도움 외에도 특별한 도움의 손길들이 있었다는 증거를 누가복음 8장 3절의 말씀에서 발견할 수 있다: "또 헤롯의 청지기 구사의 아내 요안나와 또 수산나와 다른 여러 여자가 함께 하여 자기들의 소유로 저희를 섬기더라." 여기서 헤롯(헤롯 안티파스)의 청지기라는 표현의 의미는 '헤롯의 재산 관리인'이라고 생각할 수 있다. 그리고 요안나(요한의 여성형) 또는 수산나는 여인이 구사와 함께 언급된 것으로 보아 이들 또한 그 당시 상(중)류층에 속한 여인들이었을 것이라고 추측할 수 있다. '자기들의 소유로 저희를 섬기더라'는 표현에서 보듯 이들이 예수님과 제자들의 모든 재정적 필요는 아니었을지라도 상당한 지원을 했을 것으로 추정할 수 있다.

11. 누가복음 10장에서 예수님께서 70인을 전도여행에 보내시며 두 명씩 짝을 지어 보내신 이유는 무엇인가?

누가복음 10장 1절을 보면 "이 후에 주께서 달리 칠십 인을 세우사 친히 가시려는 각 동 각처로 둘씩 앞서 보내시며"라고 기록되어 있다. 이렇게 둘씩 짝을 지어 다니는 모습은 초대 교회에서 매우 흔한 장면이었다(막 6:7; 눅 7:18~19 "요한의 제자들이 이 모든 일을 그에게 고하니 요한이 그 제자 중 둘을 불러 주께 보내어 가로되 오실 그이가 당신이오니이까 우리가 다른 이를 기다리오리이까 하라 하매"; 행 13:2 "바울과 바나바"; 15:27 "유다와 실라"; 39~40절 "바나바와 마가"; 17:14 "실라와 디모데"; 19:22 "디모데와 에라스도"). 다른 문헌에 따르면 이러한 모습은 유대인들 가운데서도 흔하게 목격되었다고 한다.

흔히 있는 일이라 하더라도 '왜 예수님께서는 세 명 또는 네 명씩 보내시기보다는 굳이 두 명씩 짝을 지어 보내셨을까' 라는 질문은 여전히 남는다. 그 질문에 대한 답과 관련해서는 구약의 가르침, 즉 '증인'에 대한 성경적 명령과 연결해 생각해 볼 수 있다. 신명기 17장 6절을 보면 "죽일 자를 두 사람이나 세 사람의 증거로 죽일 것이요 한 사람의 증거로는 죽이지 말 것이며"라고 기록되어 있다. 이렇게 참된 증인이 되기 위한 최소한의 조건을 충족하는 숫자가 두 사람이다. 동일한 의미에서 예수님도 자신에 관한 것을 언급하셨다: "너희 율법에도 두 사람의 증거가 참되다 기록하였으니 내가 나를 위하여 증거하는 자가 되고 나를 보내신 아버지도 나를 위하여 증거하시느니라"(요 8:17~18).

증인 및 증거에 대한 것은 신약성경의 다른 곳에도 나타나 있다. 예수님의 말씀 중에는 교회 내부의 '치리'를 다루는 문맥 속에서 예수님은 '두 세 사람이 내 이름으로 모인 곳에 나도 함께 하겠다' 고 말씀하셨다(마 18:20). 그리고 장로들을 향한 송사의 신중함에도 사용되고 있다(딤전 5:19 "장로에 대한 송사는 두 세 증인이 없으면 받지 말 것이요"). 여기에다 요한일서 5장 8절("증거하는 이가 셋이니 성령과 물과 피라 또한 이 셋이 합하여 하나이니라")을 보면 세 가지 증거를 언급하며 예수님께서 육신으로 오신 메시아라는 사실의 확실성을 부각하고 있는 것을 볼 수 있다.

예수님은 한정된 숫자의 제자들을 데리고 가장 효과적으로(가장 많은 그룹을 가장 많은 곳으로) 파송하면서도 참된 증인의 조건을 갖추게 하기 위해 제자들을 둘씩 짝을 지어 보내셨다고 결론내릴 수 있다. 다른 부수적인 이유로는 둘이 다니면 서로에게 동행이 되어 외롭지 않고, 서로를 보호할 수 있었다는 것도 생각해 볼 수 있다.

12. 예수님 당시 갈릴리의 정치적 상황은 어떠하였는가?

1세기에 로마는 '팍스 로마나'(Pax Romana)라는 표현에 걸맞게 세계에서 가장 강력한 정치 군사 집단이었다. 이러한 로마가 예수님과 사도들의 무대였다. 아시아와 유럽, 아프리카 세 대륙 사이에서 가교 역할을 하던 좁은 땅덩어리인 팔레스타인에서 이스라엘 민족은 출애굽 후에 가나안 입성과 바벨론으로의 포로생활 그리고 귀환 등과 같은 사건들을 경험한다.

유대인들이 바벨론 포로생활에서 돌아온 이후 처음에는 헬라인들이 그리고 뒤에는 로마인들이 팔레스타인을 정복하고 다스렸으나 사실상 그곳의 백성은 결코 정복하지 못하였다. 반란이 계속적으로 일어났으며, 작은 분노가 로마에 대한 혁명 운동으로 불붙기 일쑤였다. 그곳을 지배하도록 헤롯 왕조에게 다스리는 권한을 부여하였고 헤롯 왕조가 반란을 진압할 수 없을 때에는 로마인들이 직접 그 일을 했다.

반란이 일어났을 때 헤롯 왕조는 가이사 앞에서 얼굴을 들지 못하고 그에게 엄한 형벌을 받아야만 했다. 이 때문에 헤롯 왕조는 반역의 기미만 보이면 자신들이 곤경에 빠질 폭풍으로 번지기 전에 힘을 다해 이스라엘 백성들을 짓밟았다. 이러한 분위기 속에서 예수님은 유대인들에게 폭동을 주도한 혐의로 헤롯과 빌라도에게 위법적인 재판을 받았고, 로마 총독 빌라도가 그의 무죄를 선언했음에도 결국은 유대인들의 반란 조짐에 굴복한 빌라도의 허락으로 부당하게 참람죄와 반역죄

제자도와 연관된 Q&A **257**

로 사형 선고를 받았던 것이다.

누구든지 팔레스타인을 지배하는 자들은 때로는 당근을, 때로는 채찍을 사용하여 그곳에 폭동이 일어나는 것을 막아야 했다. 이같이 유대인들의 반란기질을 무마하기 위한 통치자들의 정치적 수단이 사도 행전에서도 사도 바울과 관련되어 나타난다. 사도행전 24장 27절을 보자: "이태를 지나서 보르기오 베스도가 벨릭스의 소임을 대신하니 벨릭스가 유대인의 마음을 얻고자 하여 바울을 구류하여 두니라."

예수님 및 제자들은 다른 누구보다도 헤롯 왕조와 밀접한 관계가 있다. 그러나 복음서에서는 헤롯 왕조에 속한 모든 통치자들을 그냥 헤롯으로만 불러서 때로는 독자들로 하여금 혼동하게 만든다. 이러한 혼동을 피하기 위해서는 헤롯 가문의 복잡한 가계와 그들이 통치한 지역 및 그들과 연결된 주요 사건들을 간략하게라도 이해하는 것이 도움이 된다.

제일 먼저 무엇보다 예수님 탄생시의 통치자로 등장하는 헤롯은 헤롯 안티페이터(Antipater)의 아들로서(유대인의 입장에서 보면 혼혈 종족인) 이두미안 족 출신이다.

헤롯 안티페이터는 주전(BC) 166년부터 63년까지 마카비 독립운동을 통해 독립왕조를 유지했던 해스모니안이라는 유대인 왕국의 계보를 밀어내고 자기 아들 헤롯을 갈릴리의 총독으로 만드는 데 성공한다. 이후 꾀와 지략이 뛰어난 헤롯은 결국 나중에 아구스도라는 이름으로 바꾼 옥타비우스로부터 유다의 왕이라는 타이틀을 얻게 되어 예수님의 탄생 당시 팔레스타인 지역을 통치하게 된다.

왕이 된 후 복잡한 집안 내력과 10명의 부인들로 인해 권력 다툼과 내분을 경험하기도 한 헤롯 왕은 정통 유대인들에게 잘 보이기 위해 예루살렘 성전 건축을 시작하는 등 많은 건축 공사를 한 것으로 알려져 있다(주전(BC) 20년에 시작했으나 자신의 생애 동안에는 완성하지 못하고 이것은 주후(AD) 63년이 되어서야 완성되었다). 그러나 그는 예수님의 탄생 후 얼마 지나지 않아 곧 처참하게 죽고(주전(BC) 4년), 그의 세 아들들이 그가 다스리던 지역을 세 곳으로 나누어 다스리게 된다. 그 아들들이 통치한 지역으로는 헤롯 아켈라오(Archelaus)가 이두미아, 사마리아, 유다를, 헤롯 안티파스(Antipas)가 갈릴리와 베뢰아를, 그리고 헤롯 빌립(Philip)이 북동쪽의 지역을 다스렸다(눅 3:1 "디베료 가이사가 위에 있은지 열 다섯 해 곧 본디오 빌라도가 유대의 총독으로, 헤롯이 갈릴리의 분봉왕으로, 그 동생 빌립이 이두래와 드라고닛 지방의 분봉왕으로, 루사니아가 아빌레네의 분봉왕으로).

그 중에서 아켈라오는 유대인과 사마리아인들을 잔인하게 다스린 것으로 널리 알려져 있다. 이에 대한 간접적인 성경의 증거는 마태복음에서 요셉이 애굽에 있을 때 꿈 속의 경고를 통해 그가 다스리는 지역을 피해 안티파스가 다스리는 나사렛으로 오게 되었다는 표현에 반영되어 있다(마 2:22~23 "그러나 아켈라오가 그 부친 헤롯을 이어 유대의 임금 됨을 듣고 그리로 가기를 무서워하더니 꿈에 지시하심을 받아 갈릴리 지방으로 떠나가 나사렛이란 동네에 와서 사니 이는 선지자로 하신 말씀에 나사렛 사람이라 칭하리라 하심을 이루려 함이러라"). 아켈라오는 주후(AD) 6년에 잔인성과 독재로 인한 불만과 불평으로 인해 아구스도에 의해 쫓겨나게 되며 그가 다스리던 지역은 황제의 직접 관할에 놓이게 된다.

아켈라오의 경우와는 달리 빌립이 다스리던 지역은 대부분이 시리아인들과 헬라인들이 거주하던 지역이어서 비교적 평화롭게 지냈다고 한다. 바로 이 지역이 우리에게 친숙한 가이사랴 빌립보와 벳세다가 있는 곳이기도 하다. 이곳에서 예수님께서는 소경을 고치시고(막 8:22 이후), 인근 광야에서 4천 명을 먹이기도 하셨다(막 8:1~10). 이 지역의 사람들이 대부분 빌립을 좋아하였다고 알려져 있으며, 그는 주후(AD) 34년에 세상을 떠났다고 한다. 갈리굴라 황제는 37년에 헤롯 안티파스 1세를 이 지역의 책임자로 임명하였다.

헤롯 안티파스는 모든 형제들 가운데 가장 능력이 있고 꾀가 많은 인물로 알려져 있다. 그는(고고학자들에 의해 발견되었으며 예수님 당시에도 상당한 도시였던) 세포리스라는 나사렛으로부터 6킬로미터 정도 떨어진 가까운 곳에 도시를 세우기도 하는 등 주전(BC) 4년부터 주후(AD) 39년까지 그 지역을 비교적 안정적으로 통치하였다고 한다. 바로 이 헤롯이 마태복음 14장에 나오는 세례 요한의 목을 벤 장본인이다.

그는 기혼 상태였음에도 불구하고 첫 부인과 이혼하고 배다른 형제인 헤롯 빌립의 부인이며 그의 조카인 헤로디아와 결혼하였다. 세례 요한은 지도자의 그런 부도덕을 비판했고 헤롯은 그런 세례 요한의 목을 베었던 것이다. 나중에 마태복음 14장을 보면 예수님을 세례 요한이 부활한 것으로 오인하기도 하나(14:1~2 "그 때에 분봉왕 헤롯이 예수의 소문을 듣고 그 신하들에게 이르되 이는 세례 요한이라 저가 죽은 자 가운데서 살아났으니 그러므로 이런 권능이 그 속에서 운동하는도다 하더라"), 커다란 무리에 둘러싸인 예수님을 감히 손을 대지 못했을 것이라고 추측해 볼 수 있다. 그리고 누가복음 13장에는 헤롯 안티파스가 그를 죽일지도 모른다고하여 그곳을 떠났다는 기록이 나온다(31절

"곧 그 때에 어떤 바리새인들이 나아와서 이르되 여기를 떠나소서 헤롯이 당신을 죽이고자 하나이다"). **헤롯 안티파스는 예수님의 재판과도 연결되어 있다**(눅 23:6~12 "빌라도가 듣고 묻되 저가 갈릴리 사람이냐 하여 헤롯의 관할에 속한 줄을 알고 헤롯에게 보내니 때에 헤롯이 예루살렘에 있더라 헤롯이 예수를 보고 심히 기뻐하니 이는 그의 소문을 들었으므로 보고자 한 지 오래였고 또한 무엇이나 이적 행하심을 볼까 바랐던 연고러라 여러 말로 물으나 아무 말도 대답지 아니하시니 대제사장들과 서기관들이 서서 힘써 고소하더라 헤롯이 그 군병들과 함께 예수를 업신여기며 희롱하고 빛난 옷을 입혀 빌라도에게 도로 보내니 헤롯과 빌라도가 전에는 원수이었으나 당일에 서로 친구가 되니라").

누가복음에 따르면, 빌라도는 예수가 헤롯이 다스리는 갈릴리 지역에서 왔다는 것을 이유로 유월절을 맞아 예루살렘에 온 헤롯 안티파스에게 예수님을 보낸다. 빌라도는 법적으로 굳이 그럴 필요는 없었으나 자신의 난처한 입장을 피하기 위해, 또한 헤롯 안티파스가 자신에 대한 좋지 않은 보고를 티베리우스 황제에게 올린 것을 알고 그를 기쁘게 하기 위해 예수님을 헤롯 안티파스에게 보낸 것이다. 그러나 헤롯 안티파스는 예수님으로 인해 황제에게 좋지 않은 보고가 들어갈 것을 두려워하여 예수를 조롱한 후 다시 빌라도에게 보내었다. 헤롯 안티파스는 자신이 헤롯 아그립바 1세(행 12장에 등장하는 비참한 죽음의 주인공)와 같이 왕이라는 칭호를 얻고자 했으나, 아그립바가 먼저 선수를 치는 바람에 안티파스의 운명은 끝을 맺고 아그립바 1세가 안티파스의 영역까지 통치하게 되었다.

빌라도가 통치하는 동안 유대 땅은 갈릴리 사람들의 대량학살(눅 13:1 "그 때 마침 두어 사람이 와서 빌라도가 어떤 갈릴리 사람들의 피를 저희의 제물에 섞은 일로 예수께 고하니")과 사마리아인들의 죽음 등으로 피로 물들게 되었고, 그로 인해 빌라도는 결국 로마로 송환을 당하게 되었다. 유세비우스에 의하면 빌라도는 마지막에 자살하였다고 알려져 있다(주후(AD) 36년). 주후(AD) 41년에 헤롯 아그립바 1세가 유대인의 왕으로 임명을 받았으나 그의 죽음 이후(행 12:23 "헤롯이 영광을 하나님께로 돌리지 아니하는고로 주의 사자가 곧 치니 충이 먹어 죽으니라) 곧 이듬해인 주후(AD) 42년에 팔레스타인은 다시 로마 총독의 영이 되어 버린다. 이후 팔레스타인 지역은 혼란이 증대되어 마침내 주후(AD) 70년 로마에 의해 예루살렘 성전이 파괴되고 멸망하는 비극을 당한다. 그리고 주후(AD) 130년에 일어난 두 번째 대규모 반란으로 유대인들은 예루살렘과 유대에서 다 쫓겨나 디아스포라가 되어 버린다.

13. 예수님 당시 갈릴리 사람들에 대한 일반적 평가는 어떠했는가?

그 당시 갈릴리 사람들에 대한 평가에 관해서는 유대 역사가인 요세푸스의 기록이 신빙성이 높다. 왜냐 하면 그는 한때 갈릴리 지방장관을 지낸 적이 있기 때문이다. 그래서 갈릴리의 사정과 그 지역 사람들의 성정도 잘 알고 있었다. 요세푸스는 갈릴리 사람들에 대해 이렇게 말했다. "그들은 늘 혁신을 좋아하였다. 변하기 쉬운 성격의 소유자들이다. 소란 일으키는 것을 기뻐하였다. 그래서 지도자를 따라 반란을 일으키려 하였다. 그들은 성급하여 싸움을 잘하였다. 따라서 용맹스럽기도 했다." 또한 탈무드에는 갈릴리 사람들을 '이익보다 명예를 존중한다' 하였다. 기질이 격정적이어서 충동과 선동에 잘 호응하고 분기하여 끝까지 충성하였다. 이것으로 보아 베드로는 아주 전형적인 갈릴리 사람이라 할 수 있다.

이런 갈릴리 사람들의 기질을 잘 보여 주는 한 예가 사도행전 5장의 가말리엘의 말 속에 나온다: "호적할 때에 갈릴리 유다가 일어나 백성을 꾀어 좇게 하다가 그도 망한 즉 좇던 사람이 다 흩어졌느니라"(37절). 갈릴리 사투리는 그 당시 쉽게 구별이 되었다: 마가복음에 따르면 두 번 예수님과의 관계를 부인한 후 "곁에 서 있는 사람들이 다시 베드로에게 말하되 너는 갈릴리 사람이니 참으로 그 당이라"(14:70)고 기록이 되어 있다. 어떻게 갈릴리 사람이라는 것을 금방 알았을까라는 의문이 들지만 마태복음 26장 73절에 보면 그 이유를 쉽게 알 수 있

다: "너도 진실로 그 당이라 네 말소리가 너를 표명한다 하거늘" 이 말은 갈릴리 사람들의 사투리가 강해서 다른 지방 사람들도 쉽게 알 수 있었다는 것을 보여 주는 것이다. 또 그 지적에 대해 베드로가 '저주하며 맹세하여 말하며' 세 번째 부인한 것을 보면 그 당시 갈릴리 사람들을 향한 부정적 정서가 상당히 강했다는 것을 짐작할 수 있다. 요한복음 1장 46절에서도 나다나엘이 가로되 "나사렛에서 무슨 선한 것이 날 수 있느냐"라며 갈릴리 지역을 무시하는 듯한 어투에서도 이런 정서는 감지된다.

14. 요한복음에서는 두 종류의 베다니가 나오는데, 서로 어떻게 다르며 그곳에 얽힌 이야기는 무엇인가?

요한복음에서는 베다니라는 장소가 두 번 나오는데, 하나는 건너편 베다니, 다른 한 곳은 나사로의 집이 있는 베다니이다. 먼저 건너편에 있는 베다니라는 곳은 헤롯 안티파스가 총독으로 있던 북동쪽에 위치한 곳으로 알려져 있다: "이 일은 요한이 세례 주던 곳 요단강 건너편 베다니에서 된 일이니라"(1:28).

요한복음에서는 예수님께서 그곳에 자주 가셔서 시간을 보내셨다는 것을 알게 하는 암시들이 나온다: "다시 요단강 저편 요한이 처음으로 세례 주던 곳에 가사 거기 거하시니"(10:40).

결국 요단강 건너편 베다니라는 지명은 요한복음에서 1장과 10장을 통해 두 번 나오고 있는데, 요한복음의 구조적 측면에서 볼 때 단순한 언급이라기보다는 매우 전략적인 부분에 나오기 때문에 거기에는 어떤 의도가 담겨 있다고 보는 것이 타당하다. 이곳 베다니는 세례 요한이 예수님의 공적 사역을 시작하시는 길을 예비한 곳인 동시에, 예수님의 공적인 사역이 마무리되어 가면서 다시금 세례 요한의 사역과 연결하여 예수님의 사역을 종합적으로 평가를 내리고 있는 곳이기도 하다: "많은 사람이 왔다가 말하되 요한은 아무 표적도 행치 아니하였으나 요한이 이 사람을 가리켜 말한 것은 다 참이라 하더라 그리하여 거기서 많은 사람이 예수를 믿으니라"(41~42).

또 다른 베다니는 요한복음에서 죽은 자를 살리신 유일한 소생의 기적을 행하신 나사로의 집이 있는 곳이다. 위에서 말한 처음 베다니를 언급한 직후 시작하는 11장은 두 번째 베다니를 언급하며 시작한다: "어떤 병든 자가 있으니 이는 마리아와 그 형제 마르다의 촌 베다니에 사는 나사로라"(11:1).

이 베다니의 위치는 예루살렘에서 약 3km 떨어진 곳에 있으며(11:18 "베다니는 예루살렘에서 가깝기가 한 오리쯤 되매") 10장 끝부분에서 예수님은 요단강 저편 베다니에 계시다가 11장에서는 나사로가 사는 베다니로 이동하시는 모습을 볼 수 있다.

그러나 이 이동은 단순한 이동이 아니라 이미 나사로의 죽음에 대한 모든 것을 아시고 의도적으로 움직이신 것을 알 수 있다. 11장 6절("나사로가 병들었다 함을 들으시고 그 계시던 곳에 이틀을 더 유하시고")을 보면 예수님께서는 나사로의 죽음의 소식을 들으신 후 이틀을 더 요단강 저편 베다니에 유하셨다. 그 후 또 다른 베다니에 도착하셨을 때는 "나사로가 무덤에 있은 지 이미 나흘(4일)"(17절)이 지난 후였다.

그 당시 사람들은 유대 전통이 담긴 랍비들의 글에 나오는 대로 사람이 죽으면 처음 삼 일 동안 영혼이 육체 위에 떠다닌다는 믿음이 있었다. 예수님은 그 사실을 염두에 두고 움직이셨던 것이다. 이 전통에 따르면 나흘이 지난 후 영혼이 다시 육체로 돌아가려 하나 삼 일째부터 이미 시신이 썩어 부패하기 시작하기 때문에 영혼은 다시 죽은 이의 몸으로 들어가지 못하고 떠난다는 것이다.

나사로를 살리시는 과정에도 우리에게 주시는 메시지가 있다. 예수님은 나사로의 죽음과 그의 죽음으로 인한 사람들의 슬퍼함을 보시며 "통분히 여기시고 민망히 여기"(33절)셨을 뿐 아니라 "눈물을 흘리셨다"(35절). 잠시 후면 자신이 다시 살리실 것이었으므로 나사로의 죽음을 향한 통분과 눈물이 아니었음이 분명하다. 오히려 사람들의 불신과 믿음 없음, 그리고 그렇게 사람들을 잡아두는 죄와 그 죄로 인한 죽음을 향해 가는 주님의 심정을 묘사한 것이다. 그 모든 것을 해결할 십자가를 눈앞에 두신 예수님의 마음을 읽을 수 있다. 예수님의 십자가의 사역으로 인해 사도 바울이 죄와 죽음에 대해 한 말이 우리 모두에겐 아멘으로 다가온다: "사망아 너의 이기는 것이 어디 있느냐 사망아 너의 쏘는 것이 어디 있느냐 사망의 쏘는 것은 죄요 죄의 권능은 율법이라 우리 주 예수 그리스도로 말미암아 우리에게 이김을 주시는 하나님께 감사하노니 그러므로 내 사랑하는 형제들아 견고하며 흔들리지 말며 항상 주의 일에 더욱 힘쓰는 자들이 되라 이는 너희 수고가 주 안에서 헛되지 않은 줄을 앎이니라"(고전 15:55~58).

15. 가나에서 물을 포도주로 바꾸신 기적의 의미는 무엇인가?

나다나엘의 고향이기도 한 가나(요 21:2 "시몬 베드로와 디두모라 하는 도마와 갈릴리 가나 사람 나다나엘과 세배대의 아들들과 또 다른 제자 둘이 함께 있더니")에서 예수님은 요한복음에 나오는 첫 번째 기적이며 매우 심오한 상징을 담고 있는 기적(저자 요한은 '표적'을 선호함)을 행하신다.

먼저 기적의 배경이 되는 혼인 잔치의 성격을 살펴볼 필요가 있다. 예수님의 어머니와 그의 제자들이 초청되어 있는 것을 보면 친척이거나 가까운 가족의 친지일 수도 있으며, 또한 마리아가 혼인 준비에 어느 정도는 책임을 진 잔치였을 가능성도 있다. 혼인 잔치에서 잔치가 끝나기 전에 음식이 떨어진다는 것은 그것을 책임지고 있는 신랑의 집에는 수치스러운 것이었다. 이것이 가나 혼인 잔치 표적의 배경이다.

이 표적에 담긴 의미를 이해하기 위해서는 그 과정을 묘사하고 있는 본문을 잘 살펴보아야 한다. 예수님께서는 "유대인의 결례를 따라 두 세 통 드는 돌 항아리 여섯"(2:6)에 "아구까지 물을 채우라"(7절)고 명하신다. 그 이후 8절을 보면 "이제는 떠서 연회장에 갖다 주라"고 말씀하신다.

여기서 중요한 해석의 키는 '어디서 물을 떠서 갖다 주는가'라는 것에 있다. 헬라어에서 '떠서'라는 단어는 주로 샘에서 물을 기를 때 쓰이는 단어였는데, 예수님께서 물을 '떠서' 갖다 주라고 말씀하신 것은 아구까지 차 있는 항아리에서라기보다는 그 항아리를 채운 우물에서 물을 떠서 갖다 주라고 보는 것이 자연스럽다. 그렇다면 6절에서 말하는 것처럼 유대교를 상징하던 항아리와 불완전함을 상징하는 숫자인 여섯 항아리에 물을 가득 채웠다는 것은 그러한 결례가 요구되던 시대의 끝이 도래했다고 볼 수 있다. 그와 함께 예수님의 오심으로 시작된 새로운 시대의 도래를 상징하는 배경이 된다고 할 수 있다. 이러한 가르침은 연이어 나오는 예수님께서 새로운 성전이 되신다는 가르침과(2:18~21 "이에 유대인들이 대답하여 예수께 말하기를 네가 이런 일을 행하니 무슨 표적을 우리에게 보이겠느뇨 예수께서 대답하여 가라사대 너희가 이 성전을 헐라 내가 사흘 동안에 일으키리라 유대인들이 가로되 이 성전은 사십 육년 동안에 지었거늘 네가 삼 일 동안에 일으키겠느뇨 하더라 그러나 예수는 성전된 자기 육체를 가리켜 말씀하신 것이라") 예수님이 여실 새로운 시대에 속하기 위해서는 영적 거듭남이 필요하다는 것을 니고데모에게 알려 주시는 사건으로 연결된다. 결국 이 기적은 메시아의 오심으로 인해 시작되는 새로운 시대, 새로운 것으로의 대체라는 상징적 의미를 담고 있는 표적인 것이다.

16. 요한복음 2장 11절 '예수께서 이 처음 표적을 갈릴리 가나에서 행하여 그 영광을 나타내시매 제자들이 그를 믿으니라'라는 표현에서 '믿는다'는 의미에는 무엇이 담겨 있는가? 그것이 요한복음 전체에서 어떠한 역할을 하고 있는가?

A 위에서 이미 언급하였듯 요한복음에서 '제자'라는 단어 사용은 다른 복음서와 차이가 있다. 요한복음의 독특한 단어 사용은 이에 더해 '믿는다'는 단어 또한 일반적 이해와는 다르다는 것을 보아야 한다. 실제로 이것을 이해하기 위해서는 요한복음 전체의 흐름과 연관하여 생각해 보아야 한다.

가나의 기적을 정리하며 요한복음에서는 제자들이 예수님의 표적(단순한 기적이라기보다는 그것이 의도하고 있는 것을 보게 만드는)을 보며 그 영광을 봄으로 예수님을 믿었다고 표현하고 있다. 요한복음 1장 14절을 보면 영광이라는 단어의 연결성을 발견할 수 있다: "말씀이 육신이 되어 우리 가운데 거하시매 우리가 그 영광을 보니 아버지의 독생자의 영광이요 은혜와 진리가 충만하더라."

이러한 관점에서 예수님의 사역의 과정 속에서 일어나는 모든 한 과정, 한 사건은 한 마디로 그 영광의 희미한 윤곽에 불과하셨다고 말할 수 있다. 이 모든 것은 십자가의 죽음을 향해 예수님께서 인자의 영광을 받을 때가 왔다고 말씀하심을(요 12:23) 통해 볼 수 있듯 십자가에서 온전한 표현 및 완성을 하시게 된다. 가나에서 행하신 첫 번째 표적에 관한 제자들과 하인들의 차이는 제자들을 표적은 보았으나 그 분의 영광을 보지 못한 반면, 하인들은 표적 뒤의 예수님의 영광을 감지했기에 11절에 말하듯 예수님을 믿었던 것이다. 이곳에서의 하인들과 동일한 모습을 많은 사람들의 반응에서도 발견할 수 있다(23절 "유월절에 예수께서 예루살렘에 계시니 많은 사람이 그 행하시는 표적을 보고 그 이름을 믿었으나").

표적이라는 측면에서 요한복음을 살펴보면 2장 11절의 말씀이 이 복음서를 저작한 목적과 매우 관련이 있다는 것을 발견할 수 있다: "예수께서 제자들 앞에서 이 책에 기록되지 아니한 다른 표적도 많이 행하셨으나 오직 이것을 기록함은 너희로 예수께서 하나님의 아들 그리스도이심을 믿게 하려 함이요 또 너희로 믿고 그 이름을 힘입어 생명을 얻게 하려 함이니라"(20:30~31). 이 목적을 서술하기 바로 앞에 도마의 고백을 향한 예수님의 반응이 기록되어 있다: "예수께서 가라사대 너는 나를 본 고로 믿느냐 보지 못하고 믿는 자들은 복되도다"(20:29).

가나의 표적이나 도마의 경험이나 모두 보고 믿은 경우였다. 요한복음을 저작한 목적에 담겨 있는 의도는 이들과는 달리 보는 것은 가능하지 않지만 그럼에도 불구하고 믿어 예수님의 영광을 경험하는, 예수님을 좇을 새로운 세대들이 도래할 것을 예고하고 있는 것이다. 예수님의 부활 후 그를 믿는 모든 이들이 바로 이 무리들에 속한다.

이들은 비록 표적과 함께 그 뒤에 숨어 있는 영광을 실제로 보지는 못할지라도 믿음을 통해 표적과 함께 그 분의 영광을 보게 되는 요한복음 17장 20절("내가 비옵는 것은 이 사람들만 위함이 아니요 또 저희 말을 인하여 나를 믿는 사람들도 위함이니")에 해당하는 사람들이다.

17. 마가의 다락방에서 행한 성만찬의 모습은 어떠했는가?

〈다 빈치 코드〉라는 소설과 영화를 통해 더욱 더 유명해진 레오나르도 다 빈치의 최후의 만찬의 모습은 그 당시 성만찬을 제대로 반영하고 있지 않다. 그의 작품은 단순히 그의 작품을 보고 있는 우리를 위한 것일 뿐 그 당시 만찬을 하고 있는 모습을 그린 것은 아니다. 그 당시 풍속에는 함께 한 손님들은 왼팔을 (바닥에 앉아 먹는) 침 의자 위에 기대고 발을 뒤로 빼고 앉아 있는 자세로 자리를 잡았다. 그리고 그 자세로 오른손으로 음식을 집어 먹는다. 보통 테이블은 세 사람이 함께 쓰게 되어 있었다고 한다.

요한복음의 표현에 따르면 요한은 예수의 오른편에 앉아 있었음이 분명하다. 왜냐 하면 그가 예수님의 오른편에 앉아 있었기에 예수님에게 질문을 하기 위해서는 예수님의 품에 머리를 기대야 했기 때문이다 (요 13:23 "예수의 제자 중 하나 곧 그의 사랑하시는 자가 예수의 품에 의지하여 누웠는지라"). 이러한 장면은 레오나르도 다 빈치의 최후의 만찬의 모습으로는 상상할 수 없는 자세이다. 그리고 가장 귀한 손님은 주인의 왼편에 앉힌다. 그것은 주인이 그 사람과 대화할 때 그 머리를 왼편 사람의 가슴에 기댈 수 있기 때문이다. 요한복음에 따르면 유다가 특별히 좋은 자리에 앉아 있었다는 것을 26절을 통해 추측해 볼 수 있다: "한 조각을 찍어다가 주는 자가 그니라 하시고 곧 한 조각을 찍으셔다가 가룟 시몬의 아들 유다를 주시니." 예수님의 가룟 유다를 향한 특별한 배려를 발견할 수 있는 부분이다.

18. 가룟 유다라는 표현에서 '가룟'은 무엇을 의미하는가?

가룟이란 무엇을 말하는가에 관해 일반적으로 두 개의 주장이 있다. 먼저 가룟이라는 말을 라틴어에서 단도를 가진 자라는 의미인 시카리우스(sicarius)에서 왔다고 주장하는 것이다. 이 단어는 개역 한글 성경의 경우 '자객'이라고 번역하고 있다(행 21:38 "그러면 네가 이전에 난을 일으켜 사천의 자객을 거느리고 광야로 가던 애굽인이 아니냐"). 그러나 이러한 주장의 문제점은 요한복음 두 곳(6:71과 13:26)에 걸쳐 쓰인 '가룟 시몬의 아들 유다'라는 표현에 있다. 다시 말해 가룟이라는 표현이 유다에게만 쓰여진 것이 아니라 아버지 시몬에게도 사용되고 있다는 것이다. 물론 아버지도 동일한 부류에 속한 사람이었다면 타당성이 있긴 하지만 말이다.

오히려 더 그럴듯한 설명은 가룟이라는 단어가 지명이었다고 보는 것이다. 히브리어의 사람을 의미하는 이쉬(ish)라는 단어에 지명을 뜻하는 '그리욧'(Kerioth)을 합친 것이라고 보는 것이다. 구약에 이 지명은 두 번 나오는데 하나는 모압(암 2:2 "내가 모압에 불을 보내리니 그리욧 궁궐들을 사르리라 모압이 요란함과 외침과 나팔 소리 중에서 죽을 것이라")에 또 하나는 유다에 있는 것으로 나온다(수 15:25 "하솔 하닷다와 그리욧 헤스론 곧 하솔과"). 후자는 헤브론 남쪽 수 킬로 떨어진 거리에 있다. 이것이 맞다면 유다는 다른 열두 제자들과는 달리 홀로 갈릴리 사람이 아니었다고 말할 수 있다.

19. 신약성경에는 왜 유다라는 이름이 그리 많이 나오는가?

한마디로 말해 유다라는 이름은 그 당시 유대인들에게 매우 인기 있는 이름이었다. 그것은 그 이름에 담긴 유대인의 역사에 기인하고 있다. 무엇보다 유다는 야곱의 넷째 아들의 이름으로, 메시아의 족보에 기록된 의미를 지닌 가문의 이름일 뿐 아니라, 주전(BC) 2세기 마게도니아인의 독재에 항거하여 투쟁을 한 유다 마카비우스(Judas Maccabaeus)라는 유대인의 영웅의 이름이기도 하기 때문이다. 예수의 형제 중에도 유다서의 저자로 알려져 있는 유다라고 하는 이름의 아우가 있었고(막 6:3 "이 사람이 마리아의 아들 목수가 아니냐 야고보와 요셉과 유다와 시몬의 형제가 아니냐"), 예수님의 열두 제자 중에도 가룟 유다가 아닌 다른 유다의 이름의 제자가 있었을 뿐 아니라(요 14:22 "가룟인 아닌 유다가 가로되 주여 어찌하여 자기를 우리에게는 나타내시고 세상에게는 아니하려 하시나이까"), 사울과 바나바와 함께 안디옥으로 보냄을 받은 사람 중에도 유다라는 사람이 있었다(행 15:22 "…그 중에서 사람을 택하여 바울과 바나바와 함께 안디옥으로 보내기를 가결하니 곧 형제 중에 인도자인 바사바라 하는 유다와 실라더라").

이들 모두가 우리 성경에는 유다라고 불려지고 있으나 영어에서는 'Judah', 'Judas', 'Jude' 등 세 종류의 스펠링이 사용됨을 통해 그들간에 차별성을 두고자 한 것을 알 수 있다. 먼저 'Judah'는 야곱의 넷째 아들을 나타내는 데 사용하고 있으며, 'Judas'는 가룟 유다를 포함한 유다라는 이름을 지닌 신약의 다른 유다들에게 사용되며, 'Jude'는 예수님의 동생이며 유다서의 저자를 부르는데 사용된다. 이러한 차이 중에서 특별히 'Jude'를 'Judas'와 구분하는 이유는 가룟 유다로 인해 악명이 높아진 'Judas'라는 스펠링보다는 'Jude'라는 이름을 선택함으로 그들을 구분하고자 했다.

그 당시와는 달리 오늘날에 와서 유다라는 이름은 멸시와 혐오의 동의어로 사용된다. 어떤 부모도 자기 자식의 이름을 유다라고 짓는 사람은 없다. 유다라는 이름은 그 당시 아주 명예로운 것이었으나 가룟 유다로 인해 불명예스러운 배반자의 상징으로 전락해 버린 것이다.

20. 가롯 유다와 다른 제자들과의 관계는 어떠하였는가?

바로 앞에서 지적하였듯 그의 지역적 특성에 근거하여 볼 때 열두 제자들 중에 유다만이 갈릴리 사람이 아니었다. 이로 인해 아마도 그는 처음부터 자기는 권외의 인물이라는 생각을 가지고 있었을지도 모른다. 그리고 유대지방 사람이었기에 상대적으로 정세 판단에 밝아서 정열적인 갈릴리 출신 사도들보다 미래에 대한 냉정한 비판을 할 수 있었을 가능성이 있다.

그럼에도 불구하고, 정확히는 알 수 없으나 최소한 복음서를 볼 때 유다가 겉모양으로는 다른 제자와 조금도 다르게 취급을 받지 않았다고 결론 내릴 수 있다. 오히려 그는 그런 사실에도 불구하고(또는 대조적으로) 다른 제자들에 비해 상대적으로 인정을 받았다는 것을 볼 수 있다.

무엇보다도 최후의 만찬 당시를 볼 때 앞 Q&A(17번)에서 이미 지적하였듯이 유다는 예수의 왼편, 즉 가장 우대하는 자리에 앉았다. 이는 유다가 열두 제자 중에서 높은 지위를 차지하였던 것을 보여 주고 있다. 그리고 그는 성경에서 알 수 있듯(요 13:29 "어떤 이들은 유다가 돈 궤를 맡았으므로 명절에 우리의 쓸 물건을 사라 하시는지 혹 가난한 자들에게 무엇을 주라 하시는 줄로 생각하더라") 그들 가운데에서 회계 노릇을 하였다는 사실은 그가 예수님 및 다른 제자들로부터 신임을 받았다는 것을 간접적으로 보여 주고 있다.

이렇듯 마태와 같이 본래 세리 출신이어서 금전 회계에 관한 넉넉한 기능과 지식이 있는 제자가 있었음에도 불구하고 유다가 재정관리라는 책임을 맡았다는 사실은 그가 상당한 신뢰를 얻고 있었다고 결론 내리는 데 무리가 없을 것이다. 그리고 그는 속으로는 배반을 생각했을지라도 철저히 그것을 감추었기에 누구도 그의 의도를 눈치챌 수 없었다. 만약 다른 제자들이 유다의 행동을 미리 알았다면 그것을 가만 두지 않았을 것이 분명하다.

21. 가롯 유다는 왜 예수님을 배반하였을까?

가롯 유다가 왜 예수님을 배반했는가에 관해 다양한 표면적 추측이 존재한다. 분명히 할 것은 이러한 이유들은 어디까지나 추측에 불과하다는 사실이다.

일단 먼저 생각해 볼 수 있는 것은 앞에서 이미 지적하였듯이 다른 제자들과 고향이 다르다는 사실로부터 출발할 수 있다. 다른 열두 제자들과는 달리 가롯 유다만이 갈릴리 사람이 아니었다는 것으로 인해 (현재 우리 민족 가운데서도 존재하듯) 지역 감정이 밑바닥에 깔려 있어서 대체로 북쪽 갈릴리 사람인 제자들과는 그가 쉽게 어울리지 못했는지도 모른다. 그가 남쪽에서 왔다는 서먹함과 그리고 남쪽의(그가 본래 친분이 있었던) 바리새인들과 점차 예수와 격돌하는 일이 많아지는 여건이 그로 하여금 결과적으로 쉽게 이탈하게 만든 배경이라고 생각할 수 있을 것이다.

이에 더해 가롯 유다가 '현실주의자' 또는 '시카리우스'(단도를 품고 다니며 독립운동을 하던 무리들)에 속한 자로 보는 견해가 존재한다. 이 견해에 따르면 유다에게 잘못이 있으나 그의 배신 행위가 당초에는 좋은 의도에서 출발한 것이요, 그래서 그는 일이 잘못 풀리고만 애국자였다고 말한다. 그러한 생각의 공통적인 기초에는 예수가 우유부단하였으므로 예수로 하여금 구체적인 난관에 몰리게 하여 실력을 행사하는 메시아가 되도록 유도했다고 하는 생각과 논리의 비약이 깔려 있다. 유다의 기대 속에는 자신의 그러한 행동으로 인해 궁지에 몰린 예수는 결국에 초자연적인 권능을 사용할 것이고 자기를 구원할 뿐 아니라 그런 저항이 도화선이 되어 이스라엘의 주권을 회복할 것을 기대하지 않았겠는가라는 것이다. 이러한 줄거리를 '플롯'으로 한 책이 뮤지컬로 유명해진 'Jesus Christ, the Superstar'이다.

존재하는 설명 중에 그래도 요한복음의 증거를 볼 때 가장 타당성이 있다고 볼 수 있는 것은 그가 돈에 대한 탐욕으로 인하였다는 주장이다(요 12:4~6 "제자 중 하나로서 예수를 잡아 줄 가룟 유다가 말하되 이 향유를 어찌하여 삼백 데나리온에 팔아 가난한 자들에게 주지 아니하였느냐 하니 이렇게 말함은 가난한 자들을 생각함이 아니요 저는 도적이라 돈궤를 맡고 거기 넣는 것을 훔쳐 감이러라").

그때 예수의 목에는 상금이 걸려 있었을 것이다. 그 돈을 얻기 위하여 배반한 것이다(요 11:57 "이는 대제사장들과 바리새인들이 누구든지 예수 있는 곳을 알거든 고하여 잡게 하라 명령하였음이러라"). 이것이 만약 사실이라면 다음에서 알 수 있듯 유다가 은 삼십에 예수를 판 것은 그 당시 '노예 하나의 값'으로 판 것이다(출 21:32 "소가 만일 남종이나 여종을 받으면 소 임자가 은 삼십 세겔을 그 상전에게 줄 것이요 소는 돌에 맞아 죽을지니라").

종교 지도자들의 예수님을 제거해야 하는 절박함을 염두에 두고 볼 때 '노예 하나의 값'이란 사실 너무나 터무니없는 가격이었다고 말할 수 있다(은 삼십의 실제적 가치에 관하여는 Q&A 23번을 참조하라). 이것은 유다가 예수님을 팔되 한마디로 '바겐세일'의 가격으로 예수님을 넘겼다고 말할 수 밖에 없다. 사도행전 1장 25~26절에서는 유다의 막을 내리며 맛디아가 유다를 대신하여 사도에 보충되고 유다는 제갈 곳으로 갔다고 기록되었다. 위의 이유 중에서 어떤 것이 그로 하여금 그런 끔찍한 일을 하게 하였는가는 분명히 알 수 없으나 그러한 행동을 자신이 선택했으며, 그 선택에 합당한 대가를 치렀다는 것을 성경에서는 분명히 하고 있다.

22. 가룟 유다의 최후에 관하여 성경은 어떻게 말하고 있는가?

　마태복음(27:3~10)에서는 유다가 제사장에게 가서 자기는 죄 없는 사람의 피를 흘리게 한 죄를 범하였다고 말하고 예수를 판 돈을 도로 받으라 하였으며, 제사장이 그 돈을 받으려 하지 않으매 돈을 그들 앞에 던져 버리고 돌아가서는 스스로 그 목을 졸랐다고 기록하고 있다. 또한 유대 지도자들이 유다가 던지고 간 돈으로 외국인을 매장하기 위한 토지를 샀다고 한다(아겔다마 [피밭]는 토기장이의 밭을 지칭함). 그 돈은 정당치 못한 더러워진 돈이어서 다른 데는 쓰지 못하기 때문이었다. 구약의 성취에 대한 강조점이 있는 마태복음에서는 이것이 스가랴의 예언의 성취였다고 묘사하고 있다(슥 11:12~14 "내가 그들에게 이르되 너희가 좋게 여기거든 내 고가를 내게 주고 그렇지 아니하거든 말라 그들이 곧 은 삼십을 달아서 내 고가를 삼은지라 여호와께서 내게 이르시되 그들이 나를 헤아린바 그 준가를 토기장이에게 던지라 하시기로 내가 곧 그 은 삼십을 여호와의 전에서 토기장이에게 던지고 내가 또 연락이라 하는 둘째 막대기를 잘랐으니 이는 유다와 이스라엘 형제의 의를 끊으려 함이었느니라").

　사도행전의 기록을 보면 유다가 그 돈으로 토지를 샀으며, 그 후에 몸이 곤두박질하여 배가 터져 창자가 다 흘러 나왔다고 기록하고 있다. 세부적인 설명에는 차이가 있으나 이곳에서도 역시 그는 자살하였다는 공통점을 가지고 있다. 땅을 산 돈이 유다의 돈이었기에 마태의 기록이나 사도행전의 기록은 결국은 같은 것을 다르게 표현하였다고 말할 수 있다.

분명한 것은 가룟 유다는 자살이라는 책임의 한계선을 교묘하게 이용해 책임 회피라는 또 다른 잘못된 선택을 한 것이다. 고대 사람들은 배반자의 마지막을 공포에 싸이고 비참한 것이라고 생각하였다. 단테는 배반자의 영은 9층 지옥 맨 아래층에 간다고 하였다. 그의 최후에 관해 성경에서는 가장 처참한 죽음의 모습을 그려 주고 있다.

23. 가롯 유다가 예수님을 판 대가로 받은 가치는 얼마나 되는가?

이 질문에 대한 답변은 일단 두 부분으로 나누어 접근하는 것이 좋다. 첫째 구약과의 연결성이며 둘째로 그 당시에 '은 삼십의 가치'에 관한 것이다. 첫째, 출애굽기 21장 32절(*"소가 만일 남종이나 여종을 받으면 소 임자가 은 삼십 세겔을 그 상전에게 줄 것이요 소는 돌에 맞아 죽을지니라"*)에 따르면 그 삼십이라는 가격이 노예 한 명의 가격에 해당하는 것이었음을 볼 수 있다.

둘째, 그렇다면 '은 삼십의 가치'는 과연 어느 정도였는가를 살펴 볼 수 있다. 그 당시에는 다양한 은전이 있었다. 데나리온과 드라크마는 각각 로마와 헬라 은전으로 가치가 거의 동등하였다. 이뿐 아니라 세겔이라는 유대인들의 은전도 있었고 이는 '네 드라크마'에 해당하는 가치가 있었다(마 17:27 *"그러나 우리가 저희로 오해케 하지 않기 위하여 네가 바다에 가서 낚시를 던져 먼저 오르는 고기를 가져 입을 열면 돈 한 세겔을 얻을 것이니 가져다가 나와 너를 위하여 주라 하시니라"*). 마태복음(27:3 *"때에 예수를 판 유다가 그의 정죄됨을 보고 스스로 뉘우쳐 그 은 삼십을 대제사장들과 장로들에게 도로 갖다 주며"*)에서 은전이라고 쓴 것을 보았을 때 그 은전을 데나리온(로마 사람들이 사용하는 데나리온이라는 개념은 육체 노동자의 하루 노동의 대가에 해당)으로 보는 것이 가장 무리가 없을 듯하다. 결국 가롯 유다는 예수님을 '삼십 데나리온'이라는 헐값에 팔아넘겨 버린 것이다.

24. 사복음서에 나오는 돈의 단위는 어떤 것이 있으며, 그들이 지닌 가치는 어떠했는가?

A 23번에서 언급한 은전 외에도 신약을 보면 다른 다양한 돈의 단위가 사용되어 있다. 그들간의 관계를 아는 것이 말씀을 온전히 이해하는 데 도움을 준다. 그 당시 존재했던 돈을 자질에 따라 가치가 달랐다는 것은 마태복음 10장 9절에서 가치에 따라 나열함을 통해 잘 보여주고 있다(마 10:9 "너희 전대에 금이나 은이나 동이나 가지지 말고"). 먼저 금을 재료로 사용한 단위로 오레우스(aureus)라는 것이 있었으나 신약에서는 사용되어 있지 않다. 이보다 큰 단위로 사용되는 것으로 마태복음에 사용된 달란트(18:24 "회계할때에 일만 달란트 빚진 자 하나를 데려오매"; 25:15 "각각 그 재능대로 하나에게는 금 다섯 달란트를, 하나에게는 두 달란트를, 하나에게는 한 달란트를 주고 떠났더니")와 누가복음에 사용된 므나(19:13 "그 종 열을 불러 은 열 므나를 주며 이르되 내가 돌아오기까지 장사하라 하니라")를 들 수 있다. 이들은 모두 실제로 돈의 단위이기 보다는 돈의 합을 나타내는 단위이다. 이들의 가치는 한 달란트는 6,000 드라크마에 해당하며, 한 므나는 100 데나리온에 해당하였다고 한다.

이 외에도 렙돈, 고드란트, 앗사리온 등의 다른 돈의 단위들이 사용되어 있음을 알 수 있다. 이들 가운데 가장 가치가 적었던 것은 렙돈이라는 동전이었다. 마가복음 12장 42절("한 가난한 과부가 와서 두 렙돈 곧 한 고드란트를 넣은지라")에서 한 가난한 과부가 성전의 연보 궤에 넣었던 두 개의 동전이었다. 렙돈의 가치에 관하여 마가가 지적하고 있듯 두 렙돈이 한 고드란트에 해당한다. 여기서 고드란트란 아사리온의 1/4에 해당하는 가치를 가진 동전이었다. 아사리온의 가치에 관하여는 마태복음 10장 29절 ("참새 두 마리가 한 앗사리온에 팔리는 것이 아니냐 그러나 너희 아버지께서 허락지 아니하시면 그 하나라도 땅에 떨어지지 아니하리라")을 통해서 알 수 있다. 결국 가난한 과부의 헌금 액수는 참새 한 마리도 살 수 없는 매우 적은 양에 해당한다는 것을 알 수 있다.

25. 베드로는 사도행전 15장 이후 더 이상 사도행전에 등장하지 않는다. 그 이후 그의 행적을 성경을 통해 알 수 있는가?

A 사도행전을 포함하여 베드로 사도에 관한 성경의 다양한 부분을 살펴보면 그의 활동 범위가 매우 넓었다고 결론을 내리는 데에는 전혀 무리가 없다. 사도행전에서는 15장 이후 사도 바울에 관하여 초점을 맞추려는 의도에서인지 베드로 사도에 관하여 언급이 생략되어 있다. 그러나 그의 저서인 베드로전서와 후서를 통해서 분명히 알 수 있는 사실은(예: 벧전 1:1 "예수 그리스도의 사도 베드로는 본도, 갈라디아, 갑바도기아, 아시아와 비두니아에 흩어진 나그네") 베드로가 사도행전 15장에서의 등장 이후 소아시아 지역에서 활동했었다는 것이다. 이것은 갈라디아서 2장 11절("게바가 안디옥에 이르렀을 때에 책망할 일이 있기로 내가 저를 면책하였노라")을 통해 알 수 있듯 안디옥에서의 그의 존재는 동일한 사실을 입증하고 있다.

그의 활동 범위가 아시아를 넘어 유럽까지 포함하였다는 증거 또한 존재한다. 무엇보다 먼저 바울 서신을 통해 간접적으로 볼 수 있는 사실은 베드로 사도가 고린도 교인들에게도 알려져 있었다는 것이다. 고린도전서 1장 12절("이는 다름 아니라 너희가 각각 이르되 나는 바울에게, 나는 아볼로에게, 나는 게바에게, 나는 그리스도에게 속한 자라 하는 것이니")에 나오듯 베드로 사도는 고린도 교인들에게 일종의 '분파'가 형성될 정도로 영향력이 있었다. 이뿐 아니라 고린도전서 9장 5절("우리가 다른 사도들과 주의 형제들과 게바와 같이 자매된 아내를 데리고 다닐 권이 없겠느냐")을 통해 베드로의 아내도 그의 선교 사역에 함께 했을 것이라는 결론을 내릴 수 있다.

　가톨릭 교회에서 주장하듯 일찍부터 로마에서 사역하여 로마 교회를 개척했다는 주장에 관하여는 의문스럽다. 최소한 사도 바울이 로마서를 쓸 당시 그곳에 베드로 사도가 없었을 가능성은 있었을 가능성보다 훨씬 크다. 첫째로 로마서를 통해 알 수 있듯 이미 그곳에는 교회가 존재하고 있었으며, 둘째로 만약 베드로 사도가 그곳에 있었다면 사도 바울은 그의 이름을 언급하며 그와의 관계를 부각함으로 자신을 소개하였을 것임이 너무나 당연하기 때문이다. 그러나 이러한 당연한 이유에도 불구하고 편지 전체를 통해 그의 존재의 힌트조차 없다는 사실은 로마서가 쓰여질 당시 베드로가 로마에 없었다는 것을 반증하고 있다. 그러나 그 이후 베드로 사도가 로마에 온 것은 확실한 것 같다. 이에 관해 역사가인 유세비우스에 따르면 사도행전의 끝 부분에 해당하는 즉 바울이 로마의 감옥에 있을 때 이탈리아에서 함께 사역했다는 것을 디오니시우스를 인용하며 증거하고 있다.

성경 속 제자들에게 배우는 리더십
제자가 리더다
ⓒ 순출판사 2007

2007년 7월 6일 초판 1쇄 발행
2019년 1월 3일 초판 7쇄 발행
글쓴이 : 박 성 민
펴낸이 : 김 윤 희
펴낸곳 : 순(筍)출판사

주소: 서울시 종로구 백석동 1가길 2-8
전화: 02)722-6931~2, 팩스: 02)722-6933

천리안: cccnews
한국 CCC 인터넷: http://www.kccc.org
등록: ⓡ 제 1-2464호
등록년월일: 1999.3.15

※잘못 만들어진 책은 바꿔 드립니다.   값 10,000원
본서의 판권은 순출판사에 있습니다. 무단 전재 및 복제를 금지합니다.
ISBN 89-389-0200-9